地域金融と地域づくり

【二層の広域連携時代における地域金融の課題と役割】

黒川和美
［編著］

木村恒弐
國田廣光
出口治明
松野由希
［著］

ぎょうせい

航空日帰り圏が充実しているヨーロッパ　欧州における航空日帰り圏の形成状況（2004年）　＊本文 P.34

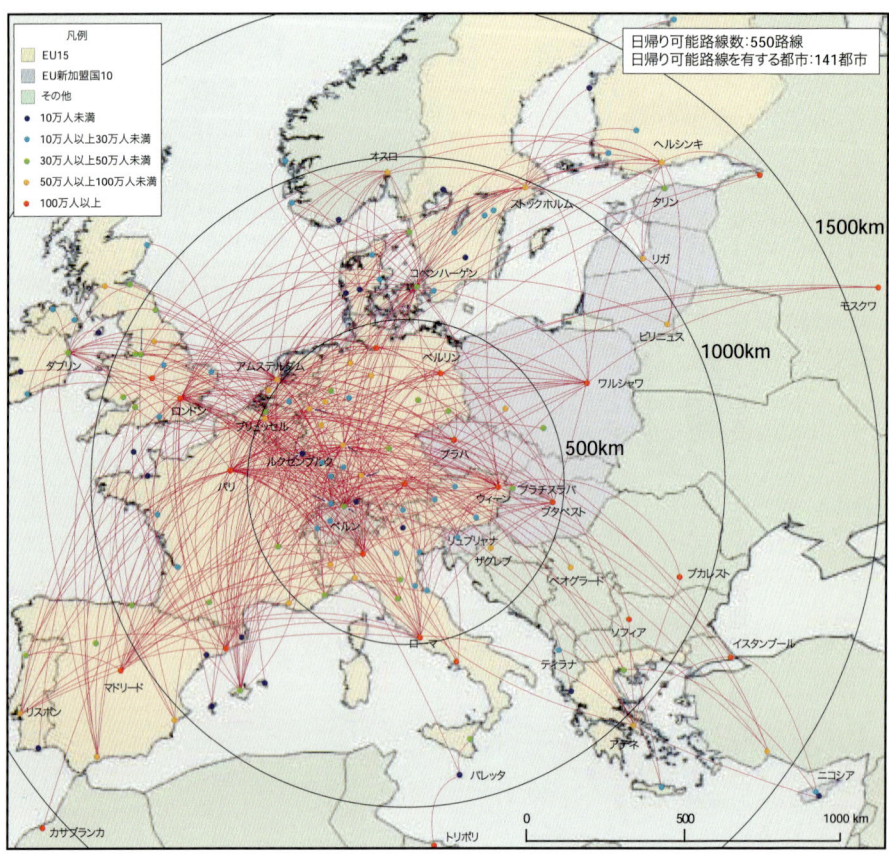

注1）日帰り可能な航空路線とは、一方の都市の空港を6:00以降に出発し、同日の24:00までに帰着する便を利用し、相手空港への到着から出発まで6時間以上滞在できる路線。
注2）EU25カ国、スイス、ノルウェーからの、欧州内および近隣諸国との路線を対象。
出典：OAG時刻表（2004年6月）により作成

はじめに

本書は東京財団によって設定された２００４年度研究プロジェクト「２１世紀の地域金融のあり方に関する研究」によって、地域の金融が抱える問題を検討するところから、スタートしている。わが国の経済発展が進む方向を示唆する地域金融のあり方を論ずることが主たる目的であるが、ここで議論された内容はより多岐に渡るものになった。この研究会に集まった私（黒川）や木村恒弐、出口治明、それにこの研究会をセッティングした國田廣光、あるいは松野由希の議論の結果、議論は大いに深まり、単に金融制度の問題を扱うだけではなく、将来の日本経済がよって立つ地域主導の日本経済論の姿を透視する提案が様々になされている。

本論で論じられている内容は大きく次の４点に集約できる。

①Polycentricityという哲学に基づく都市連携を前提にした「人口減少時代の国土ビジョン（後述）」が述べられていること。

②税収の上がる、あるいは効率的行財政システムを導入することを前提にしていること。

③地域金融の抱える問題点を具体的に把握し、なぜ地域の金融が中央に大いに依存し、地域主義ではなく、国を通して再分配されてしまっているかを認識することが地域金融の見直しの原点になっていること。

④金融手段を使って、より魅力的な金融商品を想定することで、本来の地域の活力を取り戻すためのい

I

くつかのアイデアが論じられていること。

全体の地域把握の前提として、都市連携、それはMonocentricityではなく、Polycentricityに基づく哲学を採用している。ここで議論されているわが国の国土は、面積では58％に過ぎないが、国民の92％、GDPの94％を抱えている地域で、地域は自立できるという前提に立っている。

これらの議論は『人口減少時代の国土ビジョン 新しい国のかたち「二層の広域圏」』（森地茂『二層の広域圏』形成研究会〔編著〕、日本経済新聞社）という本の中に、その正確な内容が示されており、本書ではその前提部分を議論として取り扱っている。

二層の広域連携の考え方は本書の中心的な視座を構築している。都市は人口10万以上の都市が時間距離30分以内で連携しているエリアを連携と定義し、相互に30分以内で移動ができるエリアを次々に一つの都市地域と見なしている。そしてわが国は82の都市地域に組み込まれている。人の移動に基づく調査が示唆している事実からの出発なのだ。つまりわが国は基本的に国土として都市化している。これが一層についての定義で、更に第二層としてそれぞれの都市地域が港湾や空港を通してダイレクトに外国と結びつくことによって、人々の移動の範囲が大幅に拡大していくことを成長の原動力と見なしている。

この原動力を金融もフォローしなければならないし、港湾や空港のシステムも対応しなければならないが、その他の都市とも高速高密度に連携しなければならないし、都市は地域内でも高速高密度に連携しなければならない。また海外とも連携している。この連携は東京や大阪といった大都市地域を経由して生み出されるとは考えていない。地域は地域で直接諸外国と結びつく、そのような例はEUの世界ではごく日常的になっているからだ。

これらの動きから地域の自立が可能になるためには、行政のあり方も新公共部門経営と言われる民間資

II

本が自由に公共部門の事業運営に参入し、効率的に機能発揮するような環境が整備されなければならない。情報通信革命が進行し、光ケーブルがバックボーンとしてわが国の国土を縦断して整備されているとき、管理者として中央政府がこれらの動きを事前にチェックしコントロールする必要はなくなってきている。地域の資金循環それ自体が二層の広域連携に沿った形で自然に浸透していなければならない。そのためにPPP、あるいはNPMが想定され、行政が抱える財産はできるだけ民間に保有されるか、管理されることが望ましく、その運営についても民間活力が活用されることを前提として議論している。

本書の中では、いかに行政が大量の公的資本を抱え、管理コストをかけ、管理している金融機能を発揮しているかが分かるように推計を行っているばかりでなく、社会資本の投下が日本経済全体の生産効率を高めることに多くの地域でまったく寄与していないことを示唆している。

今ある地域の金融システムが二層の広域連携と呼ばれる都市連携に沿って金融機能を発揮し、都市連携と投資の機会あるいは外国への直接投資の形をどのように実施するか本書の大きなテーマになっている。後半部分は地域に蓄積されている資本を魅力的な地域を作り出すためにどのように活用すべきかについての提案が数多くなされている。またアンバンドリングに基づく競争政策の考え方に基づいて製販分離、金融商品の作成と金融窓口業務を別個に評価する必要があることを示唆しているし、地域に思い入れをする地域の担い手となるべき金融システムのあり方を大規模に国際化する中央集権型の金融システムと対置して、あえて論じている。

これまで余剰資金は中央に集められ国際金融市場で与えられた地位の運用が行われるという前提で議論してきているが、本書の後半部分で論じられている地域金融の新組織は地域の経済力を素直に反映した地域に活用されやすい地域固有の金融市場を形成するものとして考えている。しかもそれが地域同士、直接

III

本書は研究会の報告として東京財団の運営する「虎ノ門DOJO」で紹介の機会を受け、多くの人から新たなアイデアを受け止めた上で上梓することができた。13回にも及ぶ研究会を懲りずに運営サポートしてくれた東京財団の國田氏にはどれほどの謝意を表しても表しえないほどお世話になっている。

本書が思い切った判断、例えば残り7ないし8％の国民が住んでいる条件不利地域、あるいは自然共生地域と呼ばれる地域の問題をあえて取り上げないで自立できそうな都市連携地域のみに光を当てる勇気を与えてくれたのは、この研究会の方向性を明快にしてくれた國田氏の貢献である。

本書は最近使われ始めている新しい言葉についてはキーワードとして別書きで説明している。また議論のプロセスで個別に専門的に研究を深めた部分については、トピックスとして本論とは別書きをしている。更に全体の議論の中であらたな動きとして注目し、押し進めなければならない問題については提言という括りで一連の議論をまとめている。

いずれにせよ都市連携の問題については著者も含む二層の広域連携に関する研究会でまとめられた多くの資料に基づいて議論されており、82の都市地域、8つの地域ブロックについても100％この研究会の調査に基づくものであり、この研究会の内容も合わせて多くの読者に読んでいただきたいと考えている。

二層の広域連携の研究会では、地域の財政や経済に関する問題を敢えて論じることはせず、地域連携論としての連携論を展開し、人々の移動の範囲の拡大テリトリーの拡大を示すことに一次、二次、三次生活圏としての連携論を展開し、本書ではこのテリトリーの拡大が金融市場の拡大を伴い、結果として地域経済の拡大を可能にし、それが日本経済の拡大につながるという論理を持っている。

的に外国と結びつき、地域が直接的に外国の事業者に同胞として投資する金融システムが想定されている。

最後に本書をユニークな形にまとめ、出版することが可能になったのは、ぎょうせいのスタッフの多大な協力が得られたことによる。心から感謝してお礼を申し上げる次第である。また、研究会の報告書をこのような本の形で示すことに賛同して下さった東京財団の日下公人会長にも心から感謝の気持ちを表したいと存じます。

2005年10月

黒川和美

目次

提言！

第1章 地域の繁栄が日本の繁栄

第1節 地域構造は一心集中から多心連携へ──「アジア」の中で地域は自立── ……13

一極（モノ）から多極（ポリ）へ ……13

EUの最優先課題は都市の連携 ……14

コンパクトシティの連携が大きな力を生み出している ……18

第2節 バナナからぶどうへ ……23

シラクが見たブルーバナナ ……23

二層の広域連携 ……25

第3節 二層の広域連携の現実を読む──域内都市連携と自立した都市群の国際連携環境── ……29

国民の9割が都市住民 ……29

人々がただ通り過ぎていく静岡の都市連携 ……30

一極集中のため改造を余儀なくされる東京 ……31

郵便貯金がもう要らない理由 ……32

第4節 地域の繁栄を支えるもの──都道府県が要らない理由── ……34

日帰りできないネットワークは片肺飛行 ……34

東京を必要としない生活圏づくり ……………………………………………… 36

第5節　地域の振興とは──自由主義国家日本の不自由── ……………… 37

　地域のお金を自由に使えないのはなぜ？ ………………………………………… 37

　Monocentricな都市内部のPolycentric化と日常生活での豊かな連携 ……… 39

　もう都道府県は要らない？ ………………………………………………………… 42

　憲法の見直し、国と地方の見直しが必要とされている理由 …………………… 43

第6節　国の「縛り」からの離脱──地域分権構造をどう確立するか── … 46

　負担なき税収増加を目指す経済構造改革 ……………………………………… 46

　甘えのシステム　郵貯、JA、NTT、道路公団 ………………………………… 48

第7節　戦略的財政運営の方法 ……………………………………………… 49

　住民の期待に応える戦略的財政運営 …………………………………………… 49

　官が抱える無駄 …………………………………………………………………… 51

　本来の機能を果たしていない日本のPFI ……………………………………… 53

　日本の自治体が税収を自力で増やせないわけ ………………………………… 53

　規制改革こそ再生の道── ……………………………………………………… 57

　特区から道州制・連邦制へ ……………………………………………………… 58

　市場化テストは時代の流れ ……………………………………………………… 60

第8節　地域行政の役割転換と地域金融の役割 …………………………… 61

　地域内サービスをどう民営化するか …………………………………………… 61

　農業、漁業、水管理を地域企業に！ …………………………………………… 67

VII

第2章　公有財産　その売却と生産力との関係

快適生活を妨げているもの ……………………………………… 69
世界一すぐれている日本の「食」 ………………………………… 71
行政支援型もPolycentricityへ …………………………………… 72
地域金融の大きな可能性 …………………………………………… 73
地域通貨の大きな可能性 …………………………………………… 76
歪んだ地銀の構造が地域にもたらしたもの …………………… 77

第1節　公有財産を売却する意味　所有から利用への発想の転換 …… 81
国有財産の現状 ……………………………………………………… 81
「自治体」でない日本の自治体 …………………………………… 82
自治体公有財産の仕組み …………………………………………… 85

第2節　自治体の公有財産の実態 ………………………………………… 87
都道府県の公有財産181兆円なり！ ……………………………… 87
市町村の公有財産167兆円！ ……………………………………… 90
7700億円の新たな税収が生まれる ……………………………… 91
非課税措置をゼロベースで見直せ ……………………………… 92

第3節　地域経済力の測り方 ……………………………………………… 94
民間資本と社会資本の実態 ……………………………………… 94

VIII

社会資本と生産とのマイナスの関係 …………………………… 96
市町村の有形固定資産のマイナスの関係 ………………………… 100
都道府県の有形固定資産もマイナスの関係 ……………………… 102

第3章 地域金融と地域金融機関の「いま」

第1節 苦境続く地域金融機関──地域資金循環の縮小と金融市場の広域化──

地域経済の不振が直撃 ……………………………………………… 105
貸したいが借り手がいない ………………………………………… 105
預金お断りします！ 地域内で回る資金は半分以下 …………… 110
ままならない融資の地元回帰 ……………………………………… 112
広域化する営業基盤 ………………………………………………… 116
金融庁が地域金融を縛る …………………………………………… 117
自己資本比率8％は妥当か BIS規制は与信を抑制する仕掛け … 119
自前の設備なんか要らない！ ……………………………………… 121

第2節 地域金融機関の経営

ラディカルだった整理統合 ………………………………………… 123
収益を増やすのは難題 ……………………………………………… 125

第3節 金融機能の強化

未熟だった与信判断能力 …………………………………………… 129

第4章 顧客本位の組織への脱却―地域金融改革への提言―

第1節 これからの地域金融機関
　課題は十人十色 ………………………………………… 143
　総合化―百貨店方式― ………………………………… 145
　高度化・専門化 ………………………………………… 146
　収益の改善 ……………………………………………… 147
　広域化の流れ …………………………………………… 149
　高まる経済・経営情報サービス提供機関としての要求 … 150
　欠かせない地域貢献の視点 …………………………… 151

第2節 利便性の向上、品質の向上に製販分離
　コストかサービスか …………………………………… 151
　地域金融の業務を一変！―新・銀行代理店業― …… 152

第4節 再編成で地域金融サービス強化
　出でよ！ 特色ある金融機関 ………………………… 139
　海外業務にいかに取り組むか ………………………… 139
　信用リスクをいかに吸収するか ……………………… 141

リレーションシップバンキングは成果をあげたか …… 133
金融市場は個人主役の時代 ……………………………… 137

X

第3節　**規制緩和された信託機能が地域経済に活力をもたらす**
　　　自前主義から製販分離へ ……………………………………………………………… 155
　　　リテールの主戦場は高齢者市場 ……………………………………………………… 157
　　　業務多角化に製販分離は時代の要請 ………………………………………………… 158
　　　期待される信託サービスの拡大—信託業法全面改正— ……………………………… 159
　　　リージョナル貸付信託 ………………………………………………………………… 159
　　　ノンバンク社債型信託 ………………………………………………………………… 161
　　　愛県投信のススメ ……………………………………………………………………… 164
　　　御当地金銭信託 ………………………………………………………………………… 167
　　　公共施設にも可能性—不動産投資信託— ……………………………………………… 168
　　　ふるさとを守る田園管理信託 ………………………………………………………… 168
　　　高齢者に安全・安心を—高齢者資産保護信託— ……………………………………… 169
　　　100年使える公共財としての高齢者共同住宅信託 ………………………………… 170
　　　遺言執行と遺産整理事業への参入 …………………………………………………… 172
　　　自然を守る公益信託 …………………………………………………………………… 173
　　　財産管理業務も可能になった ………………………………………………………… 174
　　　　　　　　　　　　　　　　　　　　　　　　　　　　　　　　　　　　……… 177

第5章　**地域国際化戦略　その理論と実際**

　第1節　地域を取り巻く状況 …………………………………………………………… 179

XI

おわりに

少子高齢化の荒波は地方が先にかぶる ……………………………………………………… 179
東京に頼らず、企業移転に頼らず ………………………………………………………… 181
栄えるということは人が集まるということ ……………………………………………… 183
観光客の経済効果 …………………………………………………………………………… 184
バーチャルなディズニーランド、ケアンズの魅力 ……………………………………… 187
市民全員が観光ガイド　サンチャゴ巡礼路の楽しみ …………………………………… 190

第2節　4つの地域振興策 …………………………………………………………………… 192
決め手は地域のディズニーランド化―提案1― ………………………………………… 192
廃校の有効利用で小学生を呼び込もう―提案2― ……………………………………… 202
食品のブランド化―提案3― ……………………………………………………………… 207

第3節　これからの地域金融 ……………………………………………………………… 216
眠っている資金を引き出す工夫をしよう！ ……………………………………………… 216
地域を愛する人に「地域」に投資させるワクフ―提案1― …………………………… 217
ローカルストックの活用―提案2― ……………………………………………………… 218
医療・介護保険とリバースモーゲージの組み合わせ―提案3― ……………………… 220
生涯安心権の国際連携―提案4― ………………………………………………………… 224
コミュニティ・マネー「トラベル」の導入―提案5― ………………………………… 226

XII

「規制業」時代の銀行ビジネスモデル
「自由業」時代の銀行ビジネスモデル
地域金融機関のこれからのビジネスモデル
「地域経済戦略」と地域金融

Column

ESDP、METREX、ESPON、TEN	15
Polycentricity と Monocentricity	16
エッジ・シティ Edge City	19
コンパクト・シティ	20
ランドシュタット Randstad	21
82の都市、8つの地域ブロック	26
PPP Public Private Partnerships	44
TIF Tax Increment Finance	45
PFI Private Finance Initiatives	54
債務負担行為	56
都市内分権	65
コンテスダブル・マーケット	65
コミュニティビジネス	66
アドプト制度	66
不良債権処理	106
自己資本比率規制	122
金融機能強化法	126
早期是正措置	127
リレーションシップバンキング	134
企業再生ビジネス	135
金融改革プログラム	144
新・銀行代理店	153
金融商品の製販分離	156
信託業務の改革	162
公益信託	175
合計特殊出生率	180
パラドール	193
ワーキングホリデー制度	201
GIs (Geographical Identifications, 地理的表示)	208
WTO (The World Trade Organization, 世界貿易機関)	208
食品品質認証システム（EU）	213
証券化 (securitization)	238

233
237
241
244

XIII

提言！

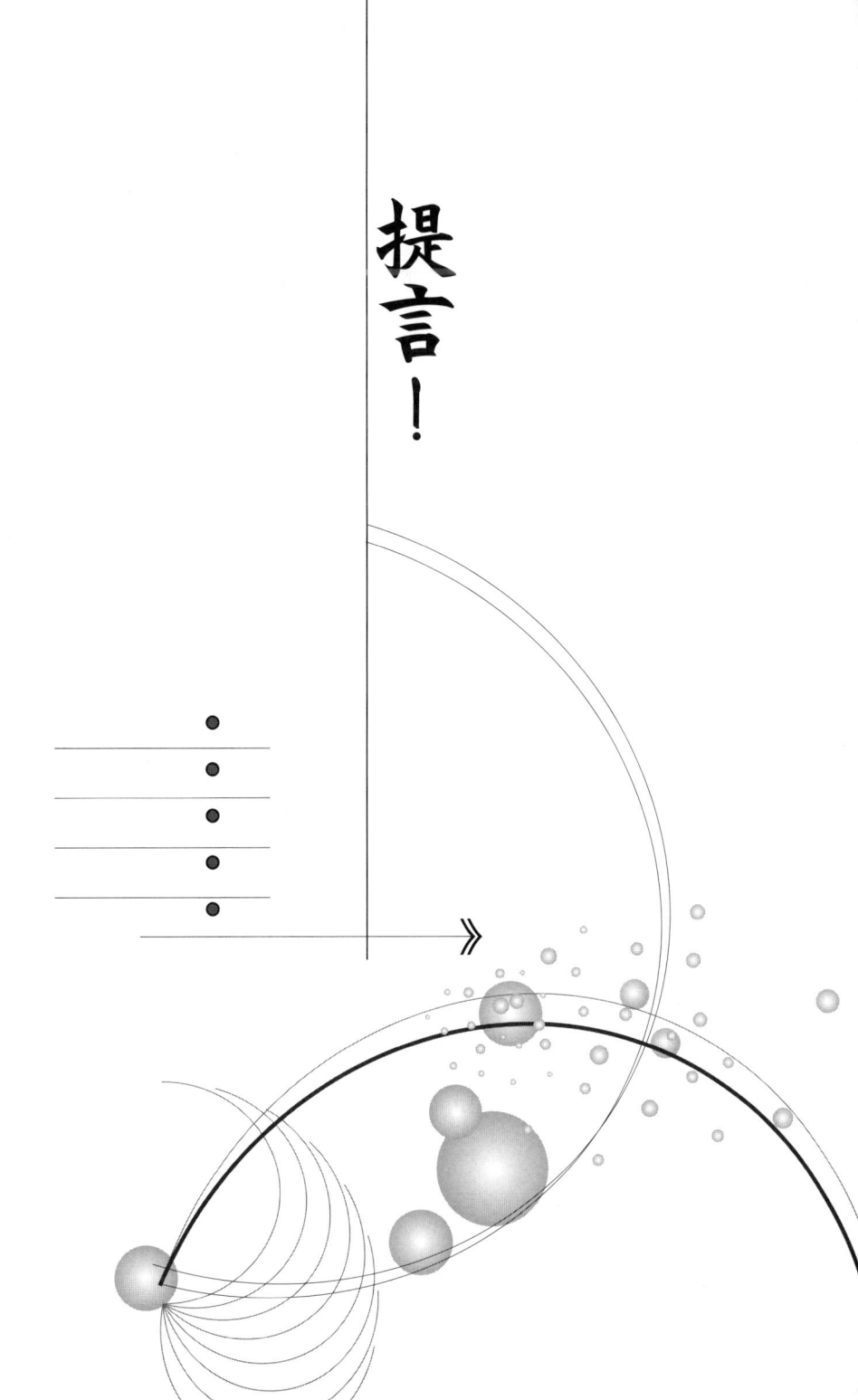

黒川和美の提言！

■ 地域構造は一心集中から多心連携へ転換する。

☆ 自治体は周辺自治体と広域インフラ整備をして連携すべきだ。

☆ 政治家は地域を代表として外国の都市と交渉するというように、活動範囲を広げ、互いの経済を拡大させるべきだ。

☆ 国は地域の空港、港湾を世界に向けてオープンする。

☆ 地域は外国への足がかりとビジネスを行い、投資メカニズムを模索する。

■ 地域の繁栄なくして日本の繁栄はない。EUの各都市の主体性を日本の自治体は学べ。

■ 都市の規模にかかわりなく、一つひとつの都市がそれぞれの発言権をもち、協力しながら自立すべきだ。都市は各々固有の地域性を追求できる。

■ 二層の広域連携で、域内都市連携して自立を目指し、都市群は国際連携へと環境を整備しなければならない。

■ 各々の都市地域を結ぶ高速鉄道、高速道路網、都市間鉄道、空港、港湾といっ

提言！

- 新幹線で結びつけられた諸都市に共通のネットワーク整備をせよ。

新幹線で結びつけられた諸都市、例えば九州新幹線でネットワーク連携されている諸都市は、高速道路網で結ばれ、もし地域の空港が国際化されれば、各々の都市は外国の都市と直接結びつくPolycentricityの条件を満たす強力な都市連携基盤が整備されているという認識を持つ。

- 空港、港湾、高速鉄道、都市間鉄道、高速道路を基本的なネットワーク社会資本として整備し、広域の情報通信網、広域の放送エリア網を確保することによって、都市は知らず知らずに広域連携の条件が整備され、結果として、一層としての国内都市間連携を果たし、二層の東京を経由せずに直接地域が世界の都市とネットワークする二層の広域連携が可能になる。東京に結びつこうとするな！ 外国と結びつけ！

- Monocentricな構造はすでに多極分散型国土論で指摘されていたように、多くの問題を引き起こしていた。都市構造として社会システムのセーフティとして東京に結びつけないことだ。

- 82の都市圏は、各々の都市の能力に応じて地域内のネットワークを高密度にす

るだけでなく、世界の諸都市と対等に連携する能力をもたなければならない。そうなると、地域の金融機関も、自立化する都市のあり方に対応して、その役割を変えながら、世界へと開かれてゆかなければならない。金融システムも広域化し、東京にリンクしないことだ。

■郵便貯金は、東京へ資金を結びつけさせてしまう。遊休資金がなぜ東京に集められるのか。「霞ヶ関」は財投資金や政府活用資金をダイレクトに集中させて、政府の仕事を生み出させている。

■Monocentricに国（東京）とリンクさせている都道府県制度を廃止せよ。

■Monocentricな都市内部を日常連携することでPolycentric化せよ。

■東京、名古屋、大阪のような大都市は、分散型の構造へシフトせよ。

■Polycentricな都市・郊外都市同士が連携せよ。

■NO_2土壌の富栄養化を回避し、CO_2温室効果ガスの温暖化を抑制するためには都市はコンパクトシティの要件を備える。

■資金の有効活用もMonocentric型の東京集中構造から世界に目を向けたPolycentricな資金有効活用論へ展開すべきだ。

提言！

■ 日常生活のグローバル化を行え。日常生活のグローバル化は、テレビ番組の共有、サッカーや野球の国際的なサポートシステムで可能となる。IT、情報チャンネルは多角化し、コンテンツが更に必要となる。

■ 今まで足を踏み入れたことのなかったアジアの諸都市に経済活動としてではなく、日常生活のグローバル化という形で人々がビジネスに、観光に、スポーツ観戦に遊びだしてゆく。

■ 人々の活動範囲が広がっていく。これは日本経済のワンランクアップにつながっていく。

■ PPPを活用することで「民」でできることは「民」に委ねる。

■ 霞ヶ関が全国の土地利用を一定の秩序の中において配分することを支えている都市計画法や建築基準法は根本的に見直すべきだ。各都市は土地の高度利用について、地域に応じたアイディアを出せ！

■ 日本経済は構造的に、経済が発展しても歳入増加に結びつかないようになっている。国有財産、公有財産を民間に売却・長期貸付することがよい。

■ 行政が保有する普通財産及び行政財産がわが国経済に占めるウエイトが大き

■税収を生み出さない公共部門に属する組織が、行政財産を管理している。これは先進諸国には存在しない。オフィスビル、宿舎、上中下水道事業、港湾、空港事業を民間へ売却すべきだ。そうすれば、固定資産税や都市計画税が基礎的自治体に財源として組み込まれる。〈税収構造の地方分権サポート方式1〉

■企業が所得を発生させれば、国税収入としての所得税収入が発生する。この民間事業拡大と所得税収拡大のサイクルを発展させるべきだ。

■人材を雇用していれば、外形標準課税としての法人事業税収入が広域地方自治体である都道府県に発生する。〈税収構造の地方分権サポート方式2〉

■日本は住宅供給市場をクラウディング・アウトしているのが現状だ。公営住宅から家賃補助に切り替えるべきだ。

■2つの行政財産管理の考え方について、政府は従来の公物管理の考え方をまったく変えようとしていない。地方税収増に繋がる行政財産の民間保有を国も評価せよ。

■自治体が財政赤字に陥ることなく公共財サービス供給を行うためには、それぞ

い。これら行政財産は公共部門に所有されているからこそ税収を発生させない。

6

 提言!

れの自治体が独自の財源を十分にもつことが必要である。法定外税の導入を真剣に検討すべきだ。

木村恒弌の提言！

■ 地域金融機関は地域を主導する金融の条件を満たせ。

■ 自己資本比率の引き下げ、銀行統合とテリトリーの拡大が地域ノンバンクの登場を促す。

■ 地域金融に合った水準の金融機関自己資本比率の検討をすべきだ。

■ 金融機関の再編は地域の経済圏に合わせたデザインで行うべきだ。

■ 健全なノンバンクや投資会社の育成だ。

■ 地方自治体の指定代理店契約に市場原理を導入すべきだ。

■ 信用度の低い貸し出しの利ザヤ拡大に努力すべきだ。これについては債務者や世間も理解すべきだ。

■ 銀行仲介代理店は銀行に所属組織ではなく、独立会社（ブローカー）の位置づけにすべきだ。

■ 銀行はコングロマリット化するのではなく、総合量販店化すべきだ。地方銀行の企業支配は終わった。

提言！

■ 銀行による投資信託販売、保険の窓販は100以上の銘柄を用意すべきだ。系列投資信託の扱いを最優先するな。パーミッション・マーケティングへ。

■ 信託法の改正が2006年に行われる予定。

■ 忠実義務の緩和は受益者保護に欠ける。

■ 公益信託の設定を容易にし、運営コストの削減策も考えるべきだ。

■ 高齢者の恒久的住宅は公共財だ。相続税等の優遇策も考えるべきだ。

■ 福祉や医療よりも「遊びごと」に対して補助し、需要を喚起すべきだ。

出口治明の提言!

- ■ 地域おこしの前提は「東京に頼らず、企業移転に頼らず」だ。
- ■ 観光、教育、食料の「三位一体」がこれからの地域おこしの鍵だ。
- ■ 日本は国際観光客誘致（プラス、エネルギー産業）シェア7％（GDPシェアの半分）を目指せ。
- ■ 観光資源をひとかたまりにして（1つの地域で）パソコン・インターネットで連結したバーチャルなディズニーランドを創り出せ。
- ■ 寺社仏閣を単なる見学場所から生活居住空間へと解放し日本型パラドールを創り出せ。
- ■ ワーキング・ホリデー制度の運用を地方自治体に委ねよ。
- ■ 廃校の有効利用で、大都市の小学生を呼び込もう。
- ■ 勉学集中型の農山漁村への長期合宿を正規のカリキュラムに組み込め。
- ■ 地域の定年後世代は資金も知恵も労力も「三位一体」で出せ。
- ■ 地理的表示（GIS）を活用して食品の高ブランド化を図れ。

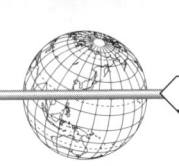

提言!

■ 最高のオーベルジュを創って、GIS食品や地酒を楽しもう。

■ 金融特区を活用して「ワクフ」(公益目的の寄付は無税)や「ローカルストック」(配当・売却益非課税)を創り出せ。

■ 医療・介護保険と リバースモーゲージを組み合わせて「生涯安心権」(終身住宅利用権・終身医療・介護保険・終身年金)を構築せよ。

■ 少子高齢化を踏まえて住宅政策は、庭付き一戸建て住宅の所有から良質な家具付き賃貸住宅の供給に切り替えよ。

■ 生涯安心権を活用して、海外にも広く開かれたバーチャルな生涯安心圏ー医療・介護付き高齢者ホームを立ち上げよ。

■ コミュニティ・マネー「トラベル」を創って海外の観光客と触れ合おう。

第1章 地域の繁栄が日本の繁栄

第1節 地域構造は一心集中から多心連携へ ——「アジア」の中で地域は自立——

現在、地方分権型経済社会構造へわが国は大きな構造改革の中にある。財政の見地からすると補助金を削減し、交付税を削減し、税源を移譲する三位一体の経済財政構造改革が進んでいる。それに向かうために**地域密着型の分権システムは、歳出歳入の効率性を追求する基本的な構造**といえる。日本の繁栄は東京から稚内や石垣に至るまでの全ての地域の自立的な繁栄なくして成立しない、という地域再生の論点に立っている。日本の繁栄が最も効率的な東京、大阪、名古屋といった一極・一心的な（Monocentric）地域中心となっている大都市圏の突出した繁栄から、新しいそれぞれの地域が自立し繁栄する構造に転換しなければならない（Monocentricの邦訳としては「一心」のほうが一般的だが本書では「一心」という言葉をつかうこととした）。

その構造は、3つの内容を含んでいる。

◇ **一極（モノ）から多極（ポリ）へ**

① 一心的な日本、あるいは地域の中心になっている東京、大阪、名古屋、札幌、仙台、広島、福岡といった中枢中核都市が、日本の発展を意識せず、つまり東京を目指す地域の経路を自分自身の都市の発展のために国境を超え、世界とネットワークする用途へと資源の利用転換をはからなければならない。

② 日本に今ある82の（後述、二層）都市連携地域が日本の中心である東京を始めとする7つの巨大都市に結びつけられるのではなく、それぞれの都市連携地域の中心から国境を越え、世界の都市と結びつくかたちに交通、情報通信のネットワークを整備しなければならない。

③ 都市、地域からはずれた自然共生地域と定義される、国土の4割あまりを占める、いわゆる条件不利地域は、それを条件不利と考えるのではなく、自らがもつ資源の粗放的利用、低価格性、自然的特徴を生かしてそれ自身魅力的な存在に中央からの補助や援助なく、体制を組みかえる必要がある。

これらの3つの考え方は、従来の中心地域、そして基本的な都市生活を支える国土構造を抑制して、自然資源を維持し、その魅力を高める地域、それぞれが国の政策、指針から離れ、自分自身の地域の利益のために世界に向かってひろがっていく、という意味を持っている。

このことは、地域構造は一心集中から、多心連携へ転換し、アジアの中で地域が自立するということの意味である。

◇ **EUの最優先課題は都市の連携**

わが国は、市町村合併により、1999年4月に3229あった市町村が、2006年3月末までには1821の市町村に再編されることになっている。合併によって求められているのは、小規模な自治体にもそれに必要な再分配の額が大きすぎ、それがトップ・ランナーの事業を抱える大都市圏のモチベーションを殺ぐからである。

欧州でもわが国と同じように小規模な自治体がEU全体の所得水準からすると著しく劣等な状況に陥っていることから、様々な新しい試みが行われている。ESDP（1999年から2006年を展望したEU

◇ESDP、METREX、ESPON、TEN
European Spatial Development Perspectives

ESPONとは、1999年から2006年までの、ヨーロッパの空間開発を展望する提案で、EU加盟国の空間開発における担当閣僚が、EUの今後の統合、発展のために、ESDPの考えに基づいて議論を進めていくことが、1999年、Potsdamにおいて締結された。

この展望の基礎にある考え方に、Polycentricity、Polynuclear Urban Regionsと言われる、Monocentiricy、一つの中心に放射状に結びつく従来の大都市形成ではなく、たくさんのPoly、中心が相互に独立に高密度のネットワークで結びつく、空間開発計画を考えている。EUの空間開発は、バランスのとれた、持続可能な開発を共同で推し進めることを目的としている。①経済と社会のつながり、②自然資源と文化遺産の保護と維持、③EUテリトリーのより調整のとれた競争力の確保が、共通の目的である。これらの目的を達成するために、ESPON2006プログラムが、2002年の8月から2004年の8月までEC、インターリージョン3の計画としてプロジェクトが進められた。ESPONとは、ヨーロッパ空間計画監視ネットワーク（European Spatial Planning Observation Network）の略で、この計画は、ドイツ、イタリア、オランダ、スウェーデン、イギリスの空間計画に関する研究所が、共同研究して作成したもので、地域経済開発計画、あるいは既に確立されているヨーロッパビジョンに基づいて作成されている。考え方は、ESDPを準備する段階で、既に確立されたPolycentricityに基づく、地域計画をテリトリー論として展開しており、特にEUの交通及び交通エネルギー、通信のネットワークのテリトリーにもたらす効果を評価する交通エネルギー通信（TEN）について、ESPON2002年の目的はEUの交通及びTENのテリトリーにもたらす効果をアセスする手法を開発し、テリトリーの指標を開発し、またテリトリーの類型や概念、それらを確立するデータベース、地図の作成、経験的な統計データ分析などを目的とし、更にテリトリーのトレンドや潜在力、及びEUの交通及びTEN政策をより拡大された、EUのテリトリーでの規模の異なる特徴を持つケースの分析をすることが狙われている。更に、そのTENの影響を当該開発地域にとって、最も望ましいスケールで提案し、EUとサブEU空間政策の間での相互関係を示し、実行のための最も良い事例を示すことにあり、更にはよりバランスのとれたPolycentricityなEUテリトリーでの集積を生み出すための開発政策を助言し、空間のコーディネーションを改善する適切な手法を助言することが狙われている。

◇PolycentricityとMonocentricity

　ものごとを考えるときの哲学。公共選択論の言葉である。都市機能等が中心都市に一極集中している構造をMonocentricといい、London、Paris、Berlinなどが挙げられる。一方、複数の都市が相互に機能を補完しあう構造をPolycentricという。小さな都市30万人程度が複数集まって高速交通網で結び付けられ、総合的に大都市としての機能を発揮することができるのである。主にRandstad（オランダ）、Rhine-Ruhr area（ドイツ）、Fremish Diamond（ベルギー）、Northern Italy（イタリア）はPolycentricな都市である。

　1つの区画（地域、都市圏）における複数機能中心性をもつその都市のつながり、polycentricityについては、以下のような特徴で表すことができる。①核となっている複数の都市における人口が密であること、②leading cityが存在せず、核都市がそれぞれに複数存在している。それぞれの都市が独自の意思決定を行っていて、序列関係になっていない、③核都市は様々な機能において、役割分担がなされており、連携関係を保っている、④それぞれの都市における都市の個性が保たれている、などが挙げられる。

　高度成長時代、東京も放射状交通の混雑、都心3区への業務の集中などから、Monocentricityな都市構造であると考えられていた。しかし、1987年に策定された第四次全国総合開発計画では、東京一極集中を是正し、多極分散型国土の形成が基本目標とされた。都心を中心に、副都心、核都市、業務核都市を指定し、指定都市には機能の集積を行い、それらを環状の広域交通体系で結び、都市間の相互連携や相互補完を行うことで、都市構造を強固なものとすることが計画されてきた。現在東京において、環状である南武線、武蔵野線、横浜線の交通需要が非常に伸びている。横浜市、八王子市、さいたま市などが核として十分に中心性を集める状況になっており、東京の都市構造はより強固なものとなっている。

空間開発計画展望）において、都市の連携が最も重要な政策として取り入れられ、その基本的な哲学に「Polycentricity」という言葉が用いられている。Polycentricityとは、poly＝多くの、centricity＝中心があるという意味で、EU全体の均衡ある経済発展を追求するにあたって、EU全体が受け入れることができてきた唯一の、しかし積極的な意味を持つ哲学である。多中心地域は多くの都市と都市を高速交通網で結びつけている。そして都市連携地域全体で潜在的な経済力、文化水準、生活水準を維持できる豊かな空間開発が可能であり、それを目指す考え方である。

日本とEUを比較することの意味について考えると、

「地域の繁栄なくして日本の繁栄はない」

という言葉は、

「EU内の個々の都市の繁栄なくしてEUの繁栄はない」

という意味であり、EUの各都市がわが国と違うのは、個々の都市がすでに自立した地域の経済ポテンシャル（競争力）を保有しているという点である。

EUにおけるPolycentricity、あるいはPUR（Polynuclear Urban Regions）は次のような概念でイメージされる。

EUには、ロンドンやパリ、ベルリンのような、ちょうど東京のような巨大都市がある一方で、固有の歴史や文化や魅力を備えてきており、今もなお規模とは無関係にそれぞれに都市固有の役割を持ち、文化を保ち、地域に固有の都市の魅力を各々の都市に持ち、それらを維持し、保持しなければならない歴史的文化的資産を、多く抱えている。

17　第1章　地域の繁栄が日本の繁栄

◇ **コンパクトシティの連携が大きな力を生み出している**

有力なPolycentricityの中で代表的な例を考えると、ランドシュタット、フレミッシュダイヤモンド、ノーザンイタリーズ、ルールゲビート、スイスリンク、スコットランドキャピタルズなどがあり、EUに新たに加わった10か国を加えると、ウィーン、プラハ、ブタペストといったモルダウ川沿岸連携なども新たな都市連携軸として注目されている。

ランドシュタットを例にとると、世界と結びつくロッテルダム、アムステルダムの2港湾を持ち、スキポール空港というハブ空港を抱え、アムステルダムからブラッセルを経由してパリに向かうタリーズ新幹線を持ち、オランダ全体の約3分の1の人口を最大人口70万人のアムステルダムからロッテルダム、デンハーグ、ライデン、ユトレヒト、デルフトなどの諸都市、さらにはもっと小規模な都市をインターシティ・エクスプレスで連結し、どの都市も世界と結びつきながら、個々の都市は相互に連携して都市ごとに固有の機能を持ち、全体としてパリ、ロンドンに匹敵する人口を確保し、潜在的経済力を維持している。

オランダ語のランドシュタットという名称がエッジ・シティの意味を持ち、過剰な開発を抑え、緑を保全し、窒素循環を確保しつつ、公共交通に依存しながらCO₂排出を抑制し、個々の都市は**コンパクト・シティの要件**を確保しながら全体としては人口550万の都市連携を可能にし、大都市機能を保持している。

ノーザンイタリーズを例にとれば、人口145万のミラノを中心に、マルペンサ、リナーテ両国際空港を持ち、ジェノバという国際港湾と、コモ湖を代表とする湖沼地域を持ち、人口100万の都市トリノやジェノバを持ち、モデナ、パルマ、ペルージャといったベネチアに繋がる多くの小都市をユーロ・スター(ES)やインターシティ・エクスプレス(ICE)で結びつけており、これらの諸都市は歴史、文化に支えられた観光、デザインや設計といった繊細な技術、更には背後にある農業なども組み込んだ魅力的な都

Column

◇エッジ・シティ Edge City

　1992年にJoel Garreauが書いたエッジシティという書籍は、たちまちアメリカ人をブームに巻き込んだ。本の副題は、新しいフロンティアでの生活、21世紀のアメリカ人の新しいライフスタイルをエッジシティに求めているものだった。その背景には、当時アメリカの巨大都市NewYork（ニュージャージー）、ワシントン、ボストン、バルティモア、デトロイト、アトランタ、ダラス、フェニックス、そして西海岸のサンフランシスコ、南カリフォルニア（ロサンゼルス郊外）のMonocentricity型の都市の郊外部に新しいライフスタイルを可能にする都市が生み出されてきている、という指摘であった。

　当時アメリカの大都市の内側では、ダウンタウンのリジェネレーション、再生が必要と叫ばれ、そのための様々な中心市街地活性化策が求められていたときであった。アメリカでは自動車社会がますます隆盛で、都市の中心からの公共交通が整備されない、都市の周辺に次々に大ショッピングモール、ゴルフ場が敷設されるような美しい住宅地、職住接近の郊外の緑の中のオフィスビル、女性が働きやすくなるための保育所などが整備され、それらの施設を道路が有機的にネットワークし、周辺には国際空港が整備され、都心までも車を用いれば、1時間以内で移動できる。職住接近の、しかもダウンタウンに居住するマイノリティを中心とした低所得者層が入り込むことができない、高額所得者だけの、安全で、商業が充実し、文化的活動が可能で、宗教的にも宗教活動が充実し、雇用の場があり、行政の管理が行き届いている、そんなまちづくりを可能にしている、という指摘であった。

　これらのまちでは、低所得者層が入り込めないために、隔離された高所得者だけの文化、宗教活動を可能にし、健康的な日常生活を送ることが可能になるようなまちづくりで、大型ショッピングモールや、教育文化の中心となる大学文化の設置などが一定の条件となっている。このようなまちづくりを、ある人は、「焼畑農業的まちづくり」という名称で批判した。

　というのは、郊外に魅力的なまちなみを形成すると、そこに都心部からマイノリティが進出し、それを嫌う富裕層が、それらのまちを見捨てて、いっそうこれらの彼らが侵入しないエリアに、自動車社会を確立し、高所

得者の彼らに固有のライフスタイルを追求できるまちづくりを可能にしていったからだ。今日「From Edge」という書籍が販売され、また、Peter CalthorpeやFrankらが「New Urbanism」という概念で、自動車を使わない、コンパクトシティの考え方に基づく、サステイナブルな都市生活を実現できる、歩くこと、自転車に乗ることが効率的な健康的な郊外型まちづくりの提案をし、エッジシティという言葉に対抗する、新たな都市の概念を提供している。エッジシティという言葉は、オランダではランドシュタットという言葉に置き換えられており、オランダのPolycentricな広域都市連携の代表モデルである、アムステルダム、ロッテルダム、デンハーグ、ライデン、ユトレヒト、ドルトレヒトのまち郡をそう読んでいる。エッジシティはネットワークされ、Polycentricなまま、魅力的な連携都市に成長しつつある。

　一方、ダウンタウンの再生を目指す、リジェネレーションプログラムは、各地で成功を収めている。中心市街地の空洞化を克服し、再生する様々なプログラムが、アメリカの諸都市で進められている。これらのプログラムは、SBA（中小企業庁）主導のプランや、BID（Business Improvement District）、メインストリートプロジェクトなど、様々なかたちで国が支援するものから、自治体が支援する地域主導のプログラムまで、多様に展開され、アメリカではエッジシティと都心への回帰が同時進行している。

◇コンパクト・シティ
　この考え方は、もともとヨーロッパの小規模な都市郡をイメージして論じられてきている。都市の規模を左右する、都市を形成するバックグラウンドを持つ。人々が生活するのに必要な水の確保、それは一定規模の人口の衛生状態を維持するために必要であるし、都市で有機的に汚された水は、処理されて、それらの多くは周辺の土に返される。この循環をサステイナブルな循環の条件とし、周辺の農地で生産された食べ物を食し、その排泄物を土に返す窒素循環、さらには都市の活動で発生するCO_2を吸収するだけの緑地の確保などのCO_2循環など、水、窒素、CO_2の基本的な循環の中に人々の活動の範囲を留めおく、生活様式が考えられている。これらの考

え方は、原理であって、必ずしも全てその地域の中に循環する必要はなく、都市間の機能分担によって大枠でその条件が達成されれば、つまり都市連携によってそれらの条件を満たせないほど、大規模に拡大したメガシティと同規模の経済活動を保障できる可能性を追求するのが、都市の連携Polycentricityの考え方になっている。自動車に依存せず、マストランジットが活用され、日常生活は限りなく徒歩や自転車利用で移動が可能な範囲の行動で人々の生活が達成できる。

◇ランドシュタット　Randstad

　Amsterdam（人口72万人）は金融拠点、Rotterudam（59万人）はコンテナ取扱量世界第1位を誇る重要な港湾としての物流拠点、Hagueは国際機関（44万人）、Utrehit（23万人）は地域行政、物流機能を有してそれぞれの中心性を持っている。どの都市にも20〜30分でアクセスでき、これらの、いわゆるエッジ・シティの意味をもつ、Randstadの都市全部を合わせて540万人人口圏を持ち、London、Parisに匹敵する経済力を有しているのである。中心部にはスキポール空港（世界4位）を保有している。ひとたびタリス新幹線に乗れば2時間40分でBrusselsへ、4時間10分でParisにアクセスできる便利さを持つ。人々はテリトリーを拡大して経済成長を遂げている地域である。都市の中心部においては、"green heart"と呼ばれる開発保全地域が存在し、環境にも配慮した都市構造となっている。

市連携地域を形成し、更にトリノを超えてリヨンとの連携も考えられ始めている。

ドイツ、ライン流域のルールゲビートは少し異なった特徴を持っている。人口59万人のドルトムント、51万のエッセンを中心に、ボッフム、デュイスブルグ、オーバーハウゼン、ゲルゼンキルヘン、といった諸都市を綿密に高速鉄道、高速道路、3つの河川と運河によって結びつけている。このルールゲビート・エリアは、ドイツの中では河川、運河沿いの大規模港湾を持つ、かつてはドイツ最大の重厚長大工業地域であった。これらの小都市が相互に協力して、大規模に構造改革を展開している。全ての地域の人口を合計すると20余りの諸都市で約550万の人口を抱え、経済ポテンシャルとしてはドイツで最も大きな存在になっている。

周辺にライン川沿いのフランクフルト、ボン、ケルン、デュッセルドルフという都市群と隣接し、個々の都市の規模は小さいながら重厚長大型産業繁栄時期に汚染された河川や土壌を改良しながら、新たなIT産業などに急速に構造転換しつつある地域で、一つひとつの都市はコンパクトで環境に優しく固有の都市機能を抱えながら相互に連携することによってドイツで最も大きなポテンシャルを抱える都市連携地域になっている。

ルールゲビートは、広域行政の組織であって、都市の規模に関わりなく一つひとつの都市がそれぞれ発言権を持ち協力しながら自立している。

フレミッシュダイヤモンドと呼ばれる、オランダとフランスに挟まれたベルギーの中心地を連携する都市連携もEUペンタゴンの中では極めて成長率の高い地域になっている。EUの食生活を連携する新鮮野菜や新鮮果物などで潤す食糧の輸入拠点が、アントワープ港であり、歴史都市ゲント、ブルージュ工業都市リエージェを連携するブラッセルは今日EUの中でも最も所得水準が高く、かつ高度な消費を維持している地域で、アムステルダム、ロッテルダム、アントワープ、ブラッセル、パリと新幹線のネットワークに組み込

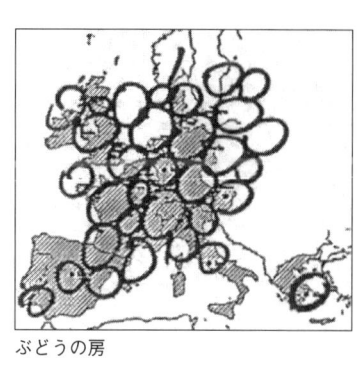

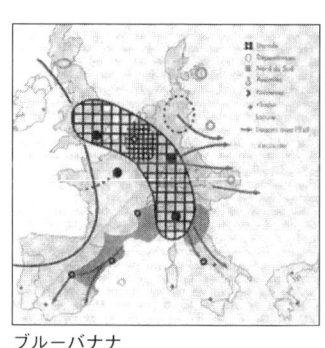

ブルーバナナ　　　　　　　　　　　ぶどうの房

第2節　バナナからぶどうへ

◇ シラクが見たブルーバナナ

「青いバナナ（blue bananas）からぶどうの房（bunches of grapes）へ」というのは、EUにおける地域開発政策論争の例えである。ブルーバナナのアイデアはフランス空間計画機関DATARのレポートとして1980年代後半に発表されたものである。これによると、現在のEUの中心地域ロンドン・パリ・ミラノ・ウィーン・ミュンヘンなど（EUペンタゴン）をセンターコアとして、東側へ新しい発展経路が地図にして示されている。

まれ、オストエンデからブラッセルを通って、ルクセンブルグに至るICEのネットワークは、ブラッセル国際空港で、リンクしている。ベルギーはEU政治の中心であるばかりでなく、数多くのリサーチパークを含み持つ。新たな産業拠点として国際的、国内的、両面で高い生産力を維持し拡大している。人々は、この地域をフレミッシュダイヤモンドと呼び、ランドシュタット、ルールゲビートと共に3大「多中心」と都市連携とみている。

このような都市連携が目立ってEU内で大きく成長を遂げている。EUの人々にとって魅力的な都市連携が地域の開発に欠かせないものだという認識がある。それゆえ、「多中心」の哲学はEUの均衡ある発展にとって欠くことができない。

当時、フランス計画相ジャック・シラク（Jacques Chirac）がDATARを訪れ、この青図を見て、この「青いバナナ」は何の意味かと尋ねたことから、ネーミングが始まったとされている。従来のEUの開発の仕方は、既存の中心地域、ロンドン、パリ、ミラノ、ルールを中心に、メガシティの連携として現在のフランスやベルギーやオランダの地域に置き、そこから伸びていく交通ネットワークに合わせた新たな開発の図を描いた青く印刷されていた地図である。それがシラクにはブルーのバナナに見えたと言われている。

この考え方はブルーバナナ論として90年代のEUの開発計画を誘導するたとえとして用いられていた。これに対して99年にESDP（ヨーロッパ空間開発展望。European Spatial Development Perspectiveの略）において、「多中心」（Polycentricity）というアイデアが出された。この考え方は、バナナのアイデアに対するドイツやイタリアの研究者の反論であり、ヨーロッパの地域の持続的発展を考えるクンズマンなどの議論に従っている。一つひとつの粒を細かいネットワークとして提案された。

ヨーロッパは今、中心と周辺、Core（コア）とPeriphery（周辺）というアイデアに立つフランス型の空間開発計画のアイデアから一つひとつのぶどうの粒が細かくネットワークされて房のようになっているぶどうの房、ヨーロッパのぶどうという比喩で、ドイツを中心にする多中心論が、コンパクト・シティの考え方を背景に広がってきている。

この考え方が対置されてわざわざ議論される理由は、EUの地域開発補助金の活用のされ方に根拠があある。中心から周辺に対して徐々に拡大し広がっていくという従来の再分配を中心とした開発論から、個々の地域のポテンシャリティをいかに地域で作り出していくかという地域開発論（潜在活力活性化論）の2つの間での論争であって、その背景に、また地方財政の在り方を問う議論が透けて見える。

第2節　バナナからぶどうへ　24

本論でも中心から周辺に対する「一心的」(Monocentric)な価値観に基づく経済成長論ベースの地域開発論の考え方から、地方分権哲学を基礎とする一つひとつのぶどうの粒を大事にする緻密なネットワーク論である「多中心的」な地域開発論への考え方の転換を重視している。

◇ 二層の広域連携

いまわが国が抱えている地方財政の問題を改めて見直してみることにしよう。

日本の比較でいうと、EUが繁栄するためには、国ではなく都市連携による繁栄が必要であるということになる。

これを日本に置き換えると、わが国の第五次全国総合開発計画の中に示されたグランドデザインに示唆されている「二層の広域連携(日本版Polycentricity)」という概念が当てはまる。

二層の広域連携は82の都市連携地域によって構成され、更にそれは8つのより広域の道州制に近い形の人々の活動の範囲を指し示している。8つの地域で見る限り、北海道・東北地域は、人口と面積の関係が他の地域と比べて著しく異なっているが、それでもこれらの地域においてすら、ヨーロッパの主要な都市地域と十分に対等に競争することができるポテンシャルを持っている。不足している部分は何か、国境を越える地方都市の海外都市との連携、日常生活での豊かさ、国際化などが求められる。

残りの6地域は人口・経済力ともに世界で最も高い水準の経済ポテンシャルを持ち、アジア地域との経済活動の共有化を可能にする条件が整っている。**82の都市地域はそれぞれが港湾、空港、高速公共鉄道網、高速道路**で結びつけられ、都市間の競争を維持することができるだけでなく、それによって、地域の競争力を高め、東アジアのどの地域と比較しても最も高い所得水準と経済ポテンシャルを持っていると考えることができる。

25　第1章　地域の繁栄が日本の繁栄

◇82の都市、8つの地域ブロック

「二層の広域圏の形成に資する総合的な交通体系に関する検討委員会」において、日本は8つの地域ブロックと82の都市圏で地域連携が構成されていることが示されている。8つの地域ブロックの区分の仕方は、1999年の高速道路利用交通量の起終点調査により、最大流動先の都市圏を算定して求めてある。非常に特徴的なのは、山口県の大部分が九州に組込まれている、鳥取県は関西に組込まれている、新潟県、長野県は関東に組込まれている、福島も関東の一部である、などが挙げられる。

8つの地域ブロックの中には、82の都市圏が構成されている。この都市圏は、日常生活の拠点となる人口10万人程度以上の都市から、複数の市町村にまたがり、交通1時間圏で人口規模が30万人前後のまとまりを目安として、生活圏域が設定されている。この圏域は国土の55％で、圏内に全人口の90％が居住している。日本はほとんどの地域が都市化している状況にあると言える。

8つの地域ブロックの特徴についてみる。まず人口について、関東は4,700万人、関西は2,400万人、中部は1,300万人である。北海道、中国、四国は500万人規模である。ヨーロッパでいうと、デンマーク、フィンランドが同程度の人口規模である。

高齢化率は東北が20.38％と最も高く、次に高いのは中国の20.03％である。一方関東は15.71％と最も低く、次いで中部、関西と続く。人口密度では圧倒的に関東が多く、710人である。最も低いのは、北海道の73人である。可住地人口密度で見ると、関西が1,783人と、最も高く、次いで関東、中部と続く。北海道は最も低い。一人当たり課税対象所得額は、関東が160万円で最も高い。中部、関西がそれに続く。九州は110万円台で最も低く、東北も低い。1990年から2000年までの人口増加率は関東、中部が4％台である。四国はマイナスを示している。

地域差はそれぞれあるものの、経済ポテンシャルはどの地域も非常に高い。

二層の広域連携、地域比較

地域ブロック	H12人口	面積（km²）	高年齢化比率	人口密度	可住地人口密度	1人当たり課税対象所得（千円）	1990-2000人口増加率
北海道	5,683,062	78,459	18.15	73	259	1,285	0.70
東北	9,406,028	65,242	20.38	144	475	1,196	0.80
関東	47,664,711	67,137	15.71	710	1,682	1,685	4.34
中部	13,389,105	26,507	16.25	505	1,518	1,587	4.03
関西	24,768,750	43,387	16.90	571	1,783	1,472	1.95
中国	5,747,919	22,494	20.03	256	984	1,381	0.50
四国	4,154,039	18,802	21.83	221	856	1,236	−0.98
九州	16,086,336	49,776	19.55	323	896	1,148	1.32

図表1−1 交通1時間圏・人口30万人前後の都市圏（82都市圏）

都市圏		
◯◯	都市圏名	
市町村数	人口（千人）	面積（万km²）
2,123 (65.8%)	115,368 (90.9%)	20.3 (54.6%)

注）人口は2000年国勢調査速報値（カッコ内は対全国比）

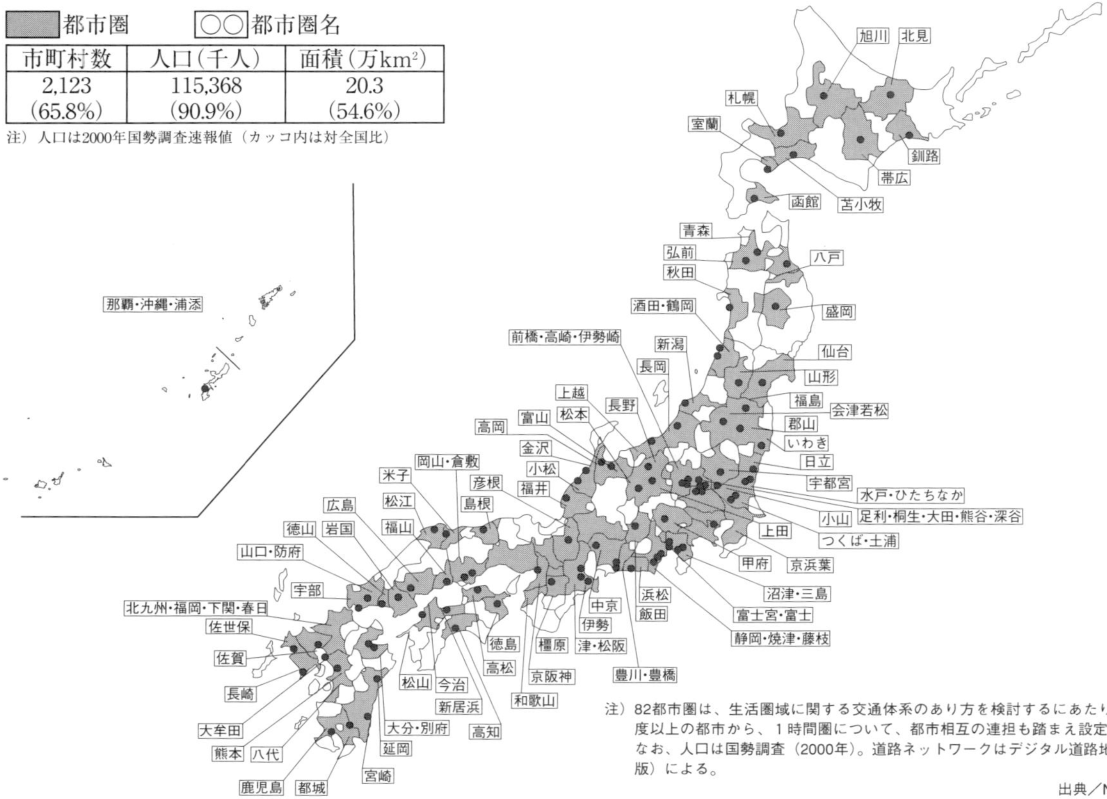

注）82都市圏は、生活圏域に関する交通体系のあり方を検討するにあたり、人口10万人程度以上の都市から、1時間圏（2000年）。都市相互の連担も踏まえ設定したものである。なお、人口は国勢調査（2000年）。道路ネットワークはデジタル道路地図（2002年3月版）による。

出典／NITAS利用による

27　第1章　地域の繁栄が日本の繁栄

図表1−2 8つの地域ブロック

交通流動から見た8～9つからなる広域的なブロックの形成

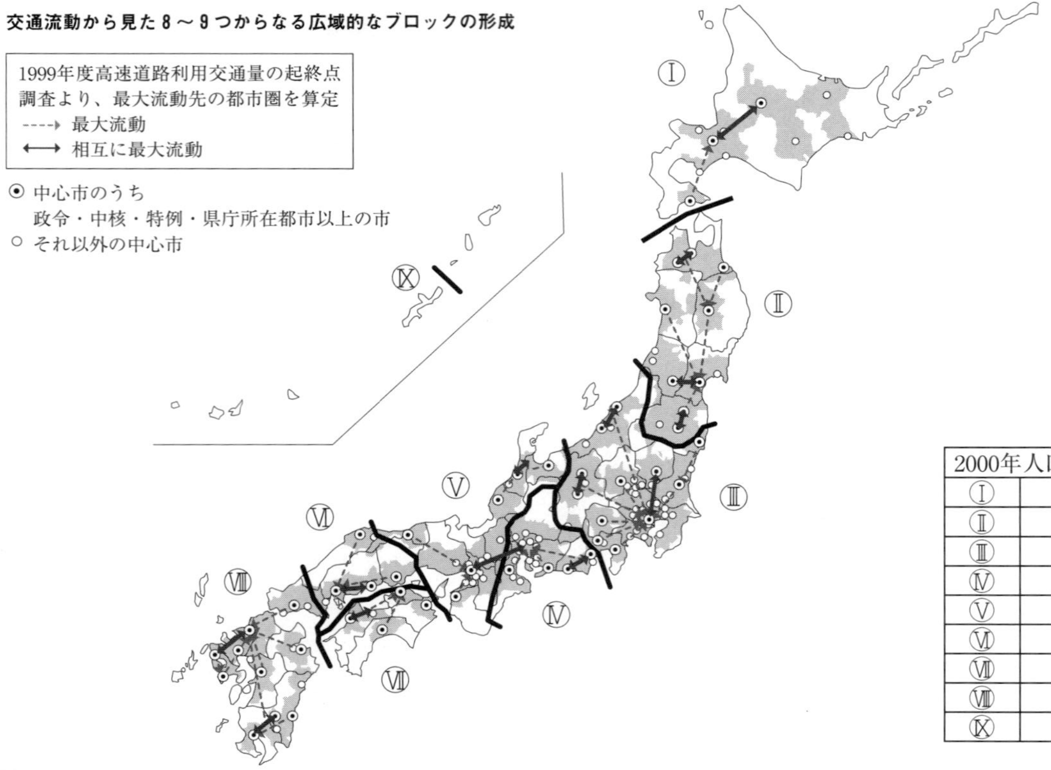

1999年度高速道路利用交通量の起終点調査より、最大流動先の都市圏を算定
---▶ 最大流動
◆━━▶ 相互に最大流動

◉ 中心市のうち
　政令・中核・特例・県庁所在都市以上の市
○ それ以外の中心市

2000年人口（万人）	
Ⅰ	570
Ⅱ	940
Ⅲ	4,770
Ⅳ	1,350
Ⅴ	2,460
Ⅵ	580
Ⅶ	420
Ⅷ	1,480
Ⅸ	130

（Ⅵ・Ⅶで1,000）

出典：1999年度全国高速道路自動車起終点調査より作成

第2節　バナナからぶどうへ

第3節　二層の広域連携の現実を読む──域内都市連携と自立した都市群の国際連携環境──

◇ 国民の9割が都市住民

日本は82の都市圏、8つの地域ブロックを形成している。人口10万以上の都市が250余りある。その多くは大都市圏に存在している。都市化社会から都市型社会へと変化し、すでにわが国の国土はほぼ都市地域に組み込まれている。そのことを示すデータとして「二層の広域圏形成研究会」（国土交通省）は、OD調査、パーソントリップ調査（人・物の移動に基づく調査）を基礎に次のような調査をした。

新幹線や高速道路を使わずにある都市から隣接する都市まで30分以内に移動ができれば、それは連携していると見なす。更に、政令市については、その政令市までの時間距離が1時間以内であれば、連携しているとみなして機械的に計算をする。

そうすると日本は概ね82の都市圏の中にGDPの94％、人口の92％、そして面積の58％が含まれる。つまり、わが国はすでにほぼ国民の92％を都市に組み入れているということがいえる。これは、明治維新以来、道路や鉄道、港湾、空港など、必要な社会資本整備を着実に進めてきた結果として生じた状況であり、結果として**都市型社会**を形成しているのだ。

問題は残された人口の8％が居住する国土の42％を占める、いわゆる条件不利地域についての施策になる。しかし、ここではそれを問わない。とりあえずGDPの94％、人口の92％を占める都市地域の経済ポテンシャルをいかに高めることができるか、いかに持続的に成長させることができるかが問題の本質であるる。これまで8％を論じることで都市化した地域に居住する92％の自立をあえて論じない風潮があるからだ。日本の都市化は、郵政法案を問うた小泉型総選挙の方式や結果に如実に現れた。

◇ 人々がただ通り過ぎていく静岡の都市連携

EUの「多中心」（Polycentricity）といわれるランドシュタットやフレミッシュダイヤモンド、ノーザンイタリーズ、ルールゲビートに求められている成長を維持する条件に対応させて論じると、それぞれの都市地域を結ぶ高速鉄道、高速道路網、都市間鉄道、空港、港湾といった、より高度な都市連携地域に地域本位に整備された共通のネットワーク整備が必要である。

例えば、典型的な事例といえる静岡県の都市連携を考えてみよう。

浜松、掛川、静岡、富士、三島、熱海といった新幹線の駅を持ち、清水港湾という国際港湾を持って物流で世界とつながり、新たに静岡空港を建設しようとしている。この静岡の諸都市は、新幹線の駅を持たない磐田や藤枝・島田・沼津といった都市も含めて高速道路、新幹線ネットワークを保有し、優れた港湾を持ち、新たに空港を確保できれば、典型的なEU型「多心」の条件を保有する。

いまこの地域に何が劣っているかといえば、新幹線「こだま」の高速鉄道ネットワークが、東京―大阪間を結ぶ「一心的」な思想の下で運行されていて、静岡県民にとって最も都合の良いネットワークとして活用できていないことである。更には、多くの高速道路利用者、新幹線利用者が年間立ち寄ることなく約2億人がスルーしている（通り抜けてしまっている）。更には、直接静岡の諸都市と外国の諸都市とをダイレクトに結びつける空のネットワークが動き出していないことだろう。

北九州市もこれに近い環境を持っている。新幹線駅小倉を中心に、門司、八幡、若松、黒崎といった諸都市が鉄道網と高速道路網で結びつけられ、優れた港湾を持ち、更に北九州空港を整備して、東アジアの諸都市とダイレクトに結びつく可能性を生み出していることである。

このように考えると、山口県の諸都市、広島県の諸都市、岡山県の諸都市といったように新たに九州新幹線でネットワーク連携されている諸都市は、高速道路網でも結つけられた諸都市、例えば新たに九州新幹線でネットワーク連携されている諸都市は、高速道路網でも結

ばれ、もし地域の空港が国際化されればそれぞれの国際の諸都市は外国の諸都市と直接結びつく「多中心」の条件を満たすことになる。しかもこれらの多くの都市はすでに優れた港湾も保有しているのだ。

◇ 一極集中のため改造を余儀なくされる東京

空港、港湾、高速鉄道、都市間鉄道、高速道を基本的なネットワーク社会資本として整備し、広域の情報通信網、広域の放送エリア網を確保することによって、都市は知らず知らずに広域連携の条件が整備され、結果として、一層としての国内都市間連携を果たし、二層としての東京を経由せずダイレクトに地域が世界の都市とネットワークする二層の広域連携が可能になる。

二層の広域連携は、これまで日本が備えている東京を中心にしたつまり多極分散型国土論に変化するだけでなく、それらの多極がそれぞれ世界の国々と直接に結びついてゆく新たな連携を作り出そうとしていることである。

Monocentricな都市構造はすでに多極分散型国土論で指摘されていたように多くの問題を引き起こしていた。大都市圏自体の混雑、廃棄物処理の問題や、東京の都市の効率的な土地利用を図るために、地方都市は製造業の工場や農地活用を余儀なくされ、東京の土地利用の影響を受けて地方都市の土地利用計画が決定されるという東京一極論の問題を抱えていた。周辺の都市は皆、大都市の経済社会構造に依存して周辺都市はその土地利用を制約されるという問題があった。

また、東京の都心の土地利用が多摩ニュータウンや港北、千葉ニュータウンなどの住居型土地利用を余儀なくし、東京都心と郊外の間で相互に土地利用の制約が起きたように地方都市との間にも一定の役割分担が生まれていた。

しかし東京の大手町の金融集積機能が崩れ、東京丸の内の重厚長大型産業のヘッド・クォーター機能が

崩れ、東京霞ヶ関の中央集権型機能が地方分権型へと変化する中で弱められ、それらの機能に従属していた地方の土地利用は大きく変更を余儀なくされる。

その結果、国の行政の中心が国内問題より外交、経済援助、国際平和などグローバルな問題へと視野を拡げ、国内問題は県市町村行政、あるいは広域都市行政サミットなどに決定権を委ねていくことになる。羽田空港は全国の諸都市の拠点である東京に確実に1日4便ないし5便の便を確保している。結局この混雑が東京にとっての羽田空港活用の不便性を生み出してしまった。東京で経済活動をする人は今日本の地方都市に結び付くよりは、もっとソウルや上海や香港やシンガポールに利便に直接結びついてほしいと考えている。東京にはソウルや上海や香港へのシャトル便が必要なのだ。このように東京自体が構造改革を余儀なくされている。

◇ 郵便貯金がもう要らない理由

これまでの「一心的」(Monocentric)な土地利用、それに伴うネットワークの構造が大きく崩れている。

それゆえ、地方都市は東京に結びつくのではなく、周辺の諸都市と高速高密度に連携し、更に地域の空港を活用して、直接東アジアの諸都市と結びついていくネットワークを整備することによって、わが国の経済は新たな方向に動き始めることができる。

しかし、日本の改革は遅れ、特に日本の地域の自立的な思考が遅れており、日本の地域はそれぞれに独立に能力を発揮し、世界の諸都市の能力に直接連携して経済活動を追行する能力を保持しているとは思えない。

82の都市圏は、それぞれその都市の能力に応じて地域内のネットワークを高密度にするだけでなく、世界の諸都市と対等に連携する能力を持たなければならない。そうなると地域の金融も、自立化する都市のあ

り方に対応してその役割を変えながら世界へと開かれてゆかなければならない。
見方を変えれば、**郵便貯金が要らなくなる理由もここにある**。それは官より民が良いということだけではない。資金の流れに問題があるのだ。

なぜ遊休資金は東京に集められてしまうのか！
なぜ人々は郵便貯金に口座を持ち、そこに資金を集中させてしまうのか！
なぜ地方銀行は有力な国際市場に目を向けないのか！
どうして地方都市は国内の秩序から抜け出そうとしないのか！
地方の諸都市が独自に外交を行い、国際的に都市連携をする構造に進まないのか！

それは日本の行政や企業の構造に問題がある。企業は、その多くの金融活動を東京で実行しようとする。東京には金融情報があふれ、有利に運用する機会があり、有利に資金調達する環境があるからかもしれない。しかし、東アジアの都市は今投資に必要な資金をそろって世界に求めている。

都市の地域金融機関が投資をする機会をそこに持つことができないのはなぜか。地方の繁栄なくして日本の繁栄はないということの金融における意味は、地方の資金を含めた連携する都市との間での投資循環を可能にすることによって、初めて日本の繁栄が生まれるという意味である。

地方で遊休したお金は集められ、郵貯という形をとり、簡保という形をとり、財投を経由して政治力で地方へ再分配される東京一極集中の呪縛から開放されなければならないのだ。都市や地域の側にもいつの間にか自分達が「一心的」な東京論理に巻き込まれている意識を捨てなければならない。そしてなお、ODAなどをテコにアジアの諸都市を「一心的」な構造に組み込もうとしている。

その意味では、二層の広域連携は、今のところ未だ「お題目」である。政治家、地銀のスタッフの自立心、経営手腕が最も期待されている。

33　第1章　地域の繁栄が日本の繁栄

第4節　地域の繁栄を支えるもの —都道府県が要らない理由—

◇ 日帰りできないネットワークは片肺飛行

　日本経済は、これまでの一心型の都市構造に基づく繁栄の壁に当たり、新たなPolycentricity型が他の経済社会構造に移ることで、次の経済構造へと転換しなければならない。欧州と比較してわが国の諸都市の経済構造に移ることで、次の経済構造へと転換しなければならない。
　空港から日帰りできる外国の都市はほとんどない。東京や大阪、福岡からソウルに向けて唯一日帰り可能になっているかもしれない。しかしドイツの多くの地方都市は図表1−3に示されるように、一つの都市で日帰り可能な国際的なペア都市が平均30余りある（欧州図については見返し部分のカラー図参照）。
　ドイツやフランスの諸都市では、その日のうちに外国に行って帰ることができる都市連携が当たり前のように存在しているうらやましい構造なのだ。日本でも韓流ブームですでに大韓航空で欧米に行くことの大きな妨げになっているほど、韓国への便はブームに乗る人々によって完全に占領されている。結果として大韓航空は国際線の乗客を伸ばせないでいる。つまり日韓の航空便は未だに極めて限られたネットワークしか存在しないのだ。
　欧州と比較して日帰り可能な外国都市がないということは、地理的な問題、政治的な問題、さらには東アジア諸都市と日本の間での経済格差の問題など多くの問題を抱えてきたからである。しかし事態は急速に変化している。サウスチャイナといわれる香港、マカオ、珠海などを基点とするパールリバーをゲートとする広州エリアと、日本経済との繋がりは急速に質量共に増加している。
　韓国の釜山とわが国の諸港湾との関係も急速に変化している。これらの変化を論理的に正確に理解しておかなければならない。そのことが、
「地域の繁栄こそ日本の繁栄の礎になる」

図表1−3 欧州では小型機の航空網の充実で人口の10〜50倍の国際交流人口を形成。東アジア空港間の日帰り可能圏域の比較（欧州空港間、東アジア空港間の日帰り可能圏域の比較）

欧州では人口100万人前後の都市でも広く日帰り可能圏域を形成し、人口の10〜50倍の国際交流人口を有している。東アジアでも、シンガポールは小型機を活用することにより日帰り可能圏域を拡げている。一方、日本では自都市と同程度の国際交流人口にとどまっている。

欧州

	リヨン	マンチェスター	ハンブルグ	ミラノ	バルセロナ
人口（※注1）	41万人（第3位）	43万人（第9位）	170万人（第2位）	130万人	145万人（第2位）
日帰り路線数	15	18	20	19	13
国際交流人口	3,035万人	1,755万人	2,457万人	2,718万人	1,895万人
既成人口	74.0	40.8	14.5	20.9	13.0
日帰り可能圏域	1,388km	1,810km	1,657km	1,201km	1,224km
最長距離	(リスボン)	(ヘルシンキ)	(ルツェンキ)	(マンチェスター)	(マルマ島)

※注1）カッコ内は国内の都市規模の順位

注）日帰り可能圏域：居住地の空港を6:00以降に出発し、同日の24:00以前に到着する便を利用し相手空港への到着から出発まで6時間以上確保できる都市を仮定。

注）国際交流人口：日帰りが可能な相手都市人口の総数

東アジア

日帰り可能な路線の使用機材

空港	相手空港	機材の種類
東京	ソウル	中型機
大阪	ソウル	中型機
ソウル	東京	大型機
	大阪	中型機
	シンガポール	中型機
香港	マニラ	小型機
	バンコク	小型機
	バンコク	小型機
	クアラルンプール	小型機
	香港	小型機
シンガポール	デンパサール	小型機
	ジャカルタ	小型機
	クチン	小型機
	メダン	小型機
	ペナン	小型機
	スラバヤ	小型機

注）機材の分類基準　大型機：定員300人以上　中型機：定員200〜299人　小型機：定員100〜199人

	東京	大阪	ソウル	香港	シンガポール
人口（※注1）	1,200万人（第1位）	880万人（第3位）	1,000万人（第1位）	650万人（第2位）	316万人（第1位）
日帰り路線数	1	2	3	2	5
国際交流人口	1,000万人	1,000万人	2,080万人	1,984万人	3,161万人
既成人口	0.8	1.1	2.1	3.1	10.0
最長距離	1,335km（ソウル）	943km（ソウル）	1,335km（東京）	2,984km（シンガポール）	2,984km（香港）

注）中国国内の日帰り可能路線は国際交流人口には含まず。

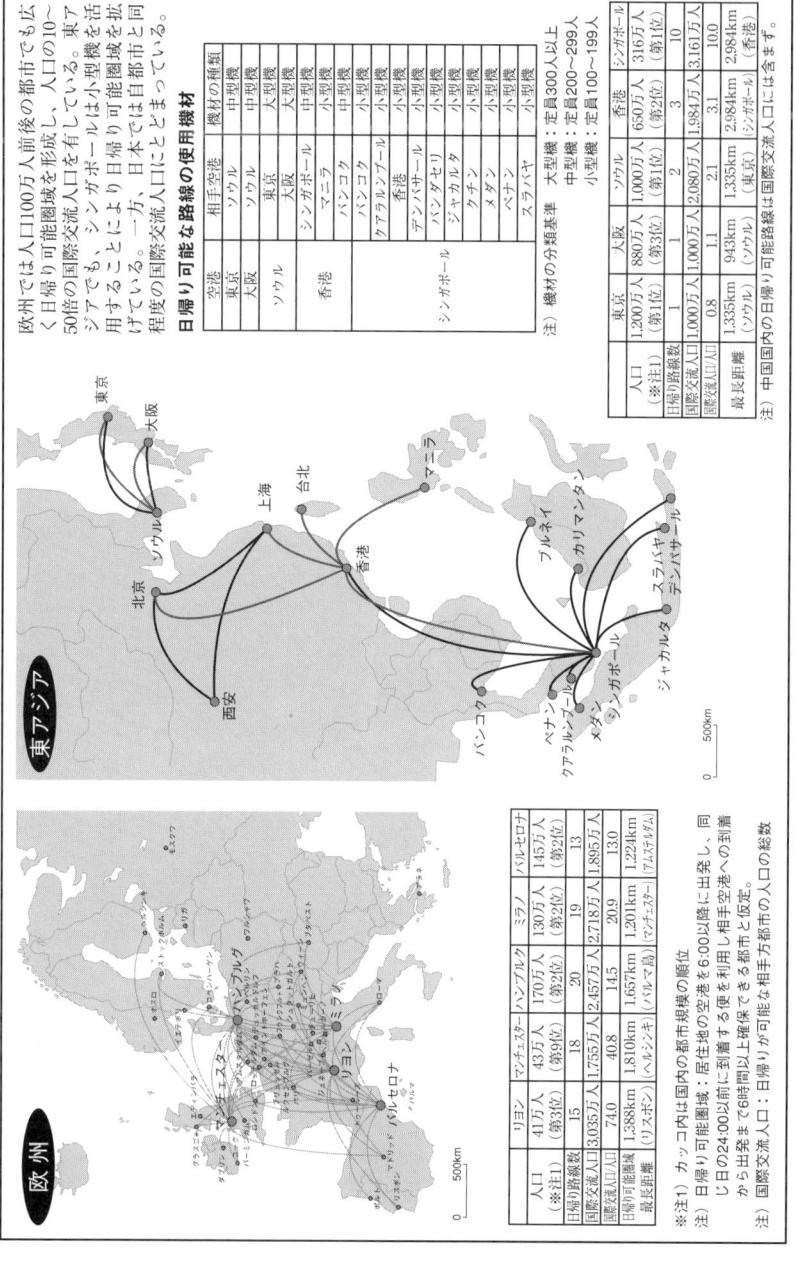

出典：「新しい国のかたち『二層の広域圏』交通体系の視点からの提案」（国土交通省）

第1章　地域の繁栄が日本の繁栄

という意味を正確に理解することになる。これらの問題を考える要素が、

① テリトリー、多様な日常生活圏域の拡大、人々の移動の範囲と容易さ
② 混雑の減少、情報ノイズの解消
③ NO_2、CO_2問題の克服、コンパクトシティ、サスティナブルな都市
④ 資金の二層で分散型・グローバル型有効活用
⑤ 日本人の日常生活の国際化、放送、スポーツ、観光、音楽、通信などのグローバル化、殊に老人でなく次世代の国際化

の5つである。

◇ 東京を必要としない生活圏づくり

これらは私たちの生活が生活の中で国際化することであり、東京を経由しないで国際化することであり、東京に一極集中させない地域の機能のグローバル化を伴っている。中高生のスポーツ、音楽など文化活動の交流機会を拡大させ、充実させてゆくことである。

テリトリーの拡大は、人々が日常的に行き来できる範囲と頻度を高めることである。都市が高密度に高頻度に高速鉄道網で結びつけられると、人々は日常生活の中で活動する範囲を広げることが可能になる。

一人ひとりのテリトリーの拡大は、結果的にその地域内の様々な経済活動の競争力を高め、結果的に経済ポテンシャルを強化することになる。更にこのテリトリーがポイント・トゥー・ポイントで空港ネットワークによって別の都市とダイレクトに結びつくことが可能になる。

それは国内であれグローバルにであれ、テリトリーを広げることになる。テリトリーが広がること、そ

第4節　地域の繁栄を支えるもの ―都道府県が要らない理由― 　36

れはその都市連携地域内の人々の活動を増すことであり、結果的に経済力を高め、結果的に競争力を持つことになる。混雑現象は特定の機能が一箇所に集中するのではなく、あらゆる機能が一箇所に集中してしまうことによって起きる。

第5節　地域の振興とは——自由主義国家日本の不自由——

◇ 地域のお金を自由に使えないのはなぜ？

地域振興は、「テリトリー（人々が日常的に移動する範囲や定期的に移動する範囲や外国を含めた移動の範囲）」を拡大することである。公共交通や道路の整備が進むと、人々には限られた時間の中で移動できる距離や面積は拡がるというメリットがある。この移動の範囲を拡げるには、道路、鉄道、港湾、空港などの交通インフラを使うことになり、情報通信ネットワークにも補完的に依存する。

実際の移動空間のみならず、人々のバーチャル・テリトリーは、猛烈な勢いで広がっている。国が検討している国土計画の見直し論において次のような調査が行われている。国土交通省の『二層の広域圏形成研究会』の考え方では、地域間、つまり都市間連携とそれを支える交通通信ネットワークの利便性を日常生活の範囲の中で高め、他方国境を越えるもう一つの広がりとの二層で利便性の高度化を捉えている。ネットワークの高度化は活動の範囲を広げ、連携する地域を競争環境に入れてゆく。

二層の広域連携論が示すパーソントリップ調査のデータによると、今日、わが国においては、都市連携の構造が、82の都市地域と8つの広域エリアに分けることができることはすでに指摘した。都市間を高速道路や新幹線を使わないで30分以内で移動することができれば、その2つの都市はすでに「連携」してい

37　第1章　地域の繁栄が日本の繁栄

ると考えるという前提で分析している。この広域連携に含まれていると６００余りあった市は８２の都市連携地域に分けられ、この地域の中に２００４年度のデータで３２００余りある市町村のうち、２２００余りがこの８２の都市地域に含まれ、ＧＤＰの９４％、人口の９２％、国土の５８％が含まれているのだ。これらの中には条件不利地域とされている９００余りの市町村を含んでいない。

今この９００余りの市町村の問題は一応外して議論することにする。というのは、この８２地域の都市のみにおいては、再分配のメカニズムよりは都市としての潜在的な能力を発揮するための独自のアイデアを自分自身で発見し、育てていくことが十分できる上に、これらの地域は身近なところで港湾や空港を通して世界とも結びつけることが可能なほどすでに交通インフラは整備されているということがわかっているからだ。

これらの地域では再分配的配慮が必要ではなく、潜在的な地域経済的発展の芽を自己責任を基礎に追求できるからだ。少なくともこれらの地域について言えば、もし東アジアの国々にその港湾地域や空港が国の制約を外して隣人として弾力的に相互に経済や文化のスピルオーバーが発生すれば、それらの地域は地域に貯蓄として溜まっている資金を郵貯に預け、国が一括して中央に集めて運用する必要など大幅になくなるからだ。

地域では、貯金はできるが、その地域の経済力を生かして、より身近な外国と結びつくための交通、情報通信、金融上の自由度を与えられていない。それぞれの地域が固有に他国の都市と結びつくことの難しさについて議論する前に、そのような機会の創出を国に委ねて、地域の開発が地域の内側にのみ向けられ、投資先の不足を問題にしてきた。外国資本が地域に入ってくることも地域の経済が外国の地域に浸透していくことも困難を極めている。テリトリーは限られており、地方空港は東京・羽田に結びつくこと条件は整っているにもかかわらず。

第５節　地域の振興とは　─自由主義国家日本の不自由─

図表1-4 北東アジアと日本海側地域との関係

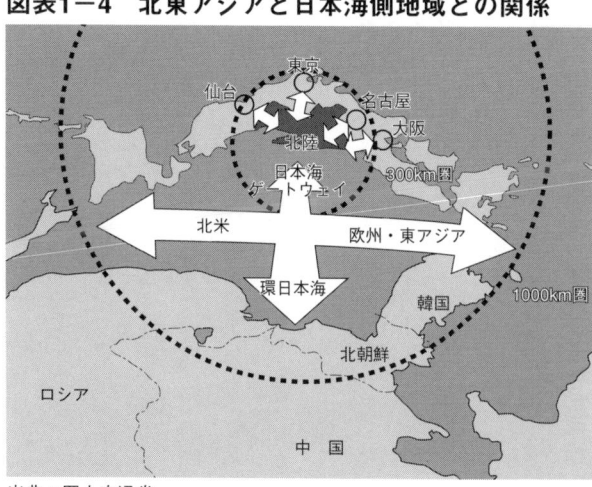

出典：国土交通省

を目的として整備され、新幹線は東京、大阪、名古屋に速達することを目的としてきた。地方分権の中に国際化、経済の外国へ滲み出し、そのための地域交通ネットワークの直接的な外国との結びつきは、地方分権の基本になる。金融交通のソフトインフラはいまだに整備されないまま地域は狭い範囲での振興論を求められてきた。

確かに一つのネットワークがたくさんの経済活動を支えることによってこの一極集中型の交通ネットワークは効率的に運行されることになる。しかし、あらゆるものが「一心的」(Monocentric)な都心の機能に従属することになると、様々なピーク時間問題が発生し、都市としてはPeak Road Pricingのようなネットワークの時間配分機能を必要としてくる。それは究極の混雑対応策になる。

◇ Monocentricな都市内部のPolycentric化と日常生活での豊かな連携

東京、名古屋、大阪のような大都市では、放射状型のネットワークが発達し、ピーク時集中度を高める傾向にある。これらの混雑がもたらす非効率やわずらわしさ、精神的な貧しさを克服するためには、分散型、Polycentricな都市連携が必要になる。

なぜなら一つひとつの都市の機能がそれぞれ他の都市と比較優位に特化されており、都市はその特化と合わせて都市の魅力形成を可能にすることができる。これらの都市には共通

39　第1章　地域の繁栄が日本の繁栄

に都市のアイデンティティを確保するために、放送網や文化施設の他に地域固有のプロ・サッカー・チームやプロ野球球団が生まれてくる。

わが国でも、札幌、仙台、東京、横浜、名古屋、大阪、広島、福岡に球団がある。更に、札幌、仙台、草津、山形、水戸、大宮、浦和、柏、千葉、東京、川崎、横浜、新潟、甲府、磐田、清水、大阪、京都、神戸、広島、徳島、大分、鳥栖、福岡にJリーグのサッカーチームがある。これらの都市はホーム・タウン・サミットという新しいJリーグを支えるサポーターの連携システムを持っている。

なぜこのような都市名を列挙したかといえば、これらのサッカーチームは都市に所属し、それぞれの都市のチームをホームとアウェイでサポーターが行き来するからである。プロ野球の場合、このサポーターの移動は限られているが、Jリーグの場合このサポーターの移動が相当の数に及んでいるのだ。

欧州では高齢者のサッカー・フリークにとって老後の大きな楽しみがホーム・チームを応援するために外国に一飛びする旅行の楽しみにある。これは観光といった行動とは異なる。ミュージカルやコンサートを楽しむ領域なのである。

経済成長はしばしば経済活動をワンランクアップさせると議論しがちであるが、この経済活動の一つがテリトリーの拡大、いわゆる日常生活のグローバル化であり、いわゆる生産的活動を高めることによって生まれる経済成長ではなく、豊かな日常生活を送ることによって生まれる経済活動のランクアップである。その意味でワンランクアップの構造を獲得することである。

混雑の現象を多極分散化することは、CO_2温室効果ガスの温暖化を抑制するための克服は、私達の生活にとって避けることが出来ないグローバルな社会システムを確保するための必須条件になってきている。

更にNO_2土壌の富栄養化を回避し、CO_2温室効果ガスの温暖化を抑制するための克服は、私達の生活にとって避けることが出来ないグローバルな社会システムにとって避けることが出来ないグローバルな社会システムの必須条件になってきている。

廃棄物はできる限り日常的に豊かな土を造るために土に返さなければならなく、私たちはできる限りCO_2を発生させない、あるいはCO_2中立のエネルギー・システムを都市構造として確保しなければならなく

第5節　地域の振興とは ―自由主義国家日本の不自由―　　40

なってきている。自動車の利用や化石燃料の活用を構造的に減少させなければならず、家具や内装財として私達は材木やプラスチック製品を身の回りに配置し、セルロースとして炭素を固定化し、て排出することを抑制する生活様式を採用していかなければならない。

積極的にこのような都市構造を採用するために「一心型」の混雑構造を内包した都市構造から、「多心型」のライフスタイルに移し変え、かつ都市内で排出される排出物を都市を取り囲む農地や緑地に循環させ、そしてその農地から食材を得るコンパクトシティの考え方を導入しなければならない。

資金の有効活用も一心型の東京集中構造から世界に目を向けた多心的な資金有効活用論へと転換されなければならない。東京の金融機関だけが情報を豊かに持つのではなく、連携する外国の諸都市の金融情報により特化した金融情報システムを各都市が維持することによって、地域内に貯蓄されている資金を有効活用しなければならない。膨大な投資需要が見込まれるアジアの地域に国際金融市場というツールで集中投資するシステムの問題は東アジアの金融破綻で一度大きな壁にぶつかっている。

地域には地域の固有の投資環境があり、そこに世界の資金がグローバルに集中する一極集中問題は、緻密な地域間情報システムによって克服されていかなければならない。為替レートの問題がこの問題を困難にしているが、EUが経験したバスケット方式ECUのような二段構えの、為替取引きの安定化システムが必要になる。

日常生活のグローバル化は、テレビ番組の共有、サッカーや野球の国際的なサポートシステムを通じて、今まで足を踏み入れたことのなかった多くのアジアの諸都市に経済活動としてではなく、日常生活のグローバル化として人々が移動していく。そのような時代になっているのだ。これが私たちの経済活動を地域から繁栄させ、結果として日本の繁栄に繋がるような環境を配慮し、相手の国の金融状況を配慮

し、お互いの国のスポーツ選手を応援し、結果として国内の混雑を減らし、人々の活動のテリトリーを広げていく日本経済のワンランクアップの構造になる。

◇ もう都道府県は要らない？

生活の中で国際化し、東京を経由しない国際化が進み、東京に集中させない地域のグローバルな資金が生まれることが、欧州が持っている「多心的」(Polycentric) な構造を可能にする日本の構造改革の基礎とならなければならない。言うまでもなく、これらの構造を維持するためには繰り返し述べることになるが、空港、港湾、高速鉄道、都市間鉄道、高速道路、広域情報通信網、広域放送網の確保が必要になる。そして、日本における82の都市圏の中でかなりの地域がすでにこの条件を満たしつつあり、この都市圏はすでに8つの地域ブロックを形成しているのである。

この82の都市圏8つの地域ブロック、そして残された条件不利地域の支援策についてメリハリのある適切なシステムが、民間でできることは民間に委ね、PPP (Public Private Partnerships) として設計されなければならない。つまり国の行政管理を末端で手助けしてきた**都道府県の制度は要らなくなってい**る。

東京のような大都市では、郊外鉄道と地下鉄がシームレス化、相互乗り入れすることなどによって、可能になる数分の時間短縮がほんのわずかに利便性を高めることで混雑の中で生産性を上げることを可能にしている。もちろんこのような高密度な投資を必要とする地域は限られており、それに見合った集中集積に基づく固有の文化やライフ・スタイルや価値を生み出すに違いない。しかもそれらはグローバル・テリトリーの延長線上に位置することになる。

つまり、東京や名古屋や大阪は日本のトップ・ランナーとして固有の集積を果たし、そこでしか生み出

しえない世界を牽引する新しい最先端の技術と情報に支えられた経済活動を行う。この分野での活動は従来の国土計画、土地利用計画、都市計画で想定されていたような土地利用とは全く異なる、その場にしか発生しないようなエキセントリックな緊張空間を作り出す。

一方、全国の82の都市地域では、それぞれの地域において、従来は東京を中心にモノを考えた場合に必要となる土地利用計画が想定されており、例えば広島や札幌に容積率1500％を容認するような土地の高度利用による緑地空間を生み出すというアイデアは全く生まれてこない。

これまでのように霞ヶ関が全国の土地利用を一定の秩序の中において配分する考え方を支える、国土計画、土地利用計画、都市計画や建築基準法は根本的に見直さなければならなくなっている。魅力的な農村地域、魅力的な港湾地域、魅力的な山村は、今の制度の中では条件不利地域として扱われてしまうが、これまで綿々と維持してきたこれらの法体系は国内の秩序の中で考慮されてきているものであって、それぞれの都市が世界の中で地域がおかれた環境を考えると、土地利用規制や港湾空港の国際化など根本的な規制改革が必要になっている。そして、ぶん取り合いの内向きの政治システムから、外交、経済援助など外向きの政治システムに脱皮しなければならないのだ。

◇ 憲法の見直し、国と地方の見直しが必要とされている理由

しかし、哲学をもつだけで分権化の実を上げることはできない。財政構造も地方分権に見合う形が要るし、地域の経営方針も着実に浸透してきたNPMの考え方がいる。政策評価、事業評価、バランスシート、Public Involvement、Strategic Public Financeの世界が日本にも浸透しつつある。税制も国を中心とする消費税と、地域を中心とする固定資産税、都市計画税の世界に主力を移し、税率はフラットで民間にできることは民間に委ねる方向に動いてきている。しかも、市場化テスト、民間主導、PPPなど、一連の公

Column

◇PPP　Public Private Partnerships

　PPPという概念は、わが国では行政の民間への権限の委譲に基づく行政手法の総称として考えられている。しかし、諸外国では、民営化手法のバリエーションと考えられている。公共財やサービスの供給を公的に行っている現状から、民間へ委ねる、例えばアウトソーシング、コントラクトアウト、外注することから委託することまで様々な形態が考えられるし、その意味で、サービスの供給をできるだけ民間に委ねるという、考え方の一環になっている。例えば英国では、市場化テスト（CCT）強制競争入札の考え方が最初にあり、行政の反対によってとりあえず委託やアウトソーシングの形をとり、結果的に公企業の民営化、公共サービスの民間供給といった形までこのPPPの考え方に含まれている。わが国では、地方自治体においては、指定管理者制度の導入が2006年から本格化する。また市場化テストは2005年にはモデルケースとして、2006年には市場化テスト法に基づく一般的な手法として、全ての行政サービスが官民の競争的入札の中で、実行されようとしている。このほかに地方自治体では民間企業への入札のほかに、コミュニティの問題に対して、NPOであるコミュニティ組織に行政が担ってきたサービス供給を丸ごと移管する都市内分権の考え方も多くの自治で検討されている。わが国では地方議会や地方行政組織は国の制度として確立され、地方公務員法や地方議会が国によって維持される（議員には必ず給与が支払われる）手法がとられてきている。自然発生的に生まれてきた西欧諸国の地方自治の制度は規模が小さい場合には無給で地域の問題を選ばれた議員たちが議論し、意思決定するケースが一般的で、また、よほどの規模がない限り専業の公務員を雇うことも難しくなる。この場合議会は、必要なサービスを民間企業や周辺の規模の大きい自治体に委ねなければならず、もともと契約によってサービスを享受するシステムを確保しなければならなくなっている。わが国の場合、どんなに小規模な自治体でも専任の議員と公務員がおり、彼らの給与を維持するだけで、行政を独立して運営することができなくなってしまうような、特殊な環境にある。このような環境の中でPPPが考えられると、そこでの議論は欧米とは著しく異なる内容に陥っている。

Column

◇TIF　Tax Increment Finance

　TIFの手法は、アメリカなどの地方自治体にとっては共通の事業手法として多様に活用されているが、わが国では、この手法を導入することを行政はかたくなに拒んでいる。アメリカを例にとると、地域振興の手法として各州、100あまりの事例が常に同時並行して進んでおり、数千の規模でTIFプロジェクトがある。ワシントンDCと、インディアナ州では、なぜかこの手法は採用されていない。全米48の州で活用されている。TIFの手法は、開発の利益が及ぶ範囲を、その事業の範囲TIF Districtと指定し、その地域での事業に必要な資金を金融機関から借り入れ、事業の結果改善された地域での固定資産税や、事業税、売上税などのそのエリアでの増加分を15年ないし20年の期間にわたって、金融機関に返済するということで実施する地域振興プロジェクトのファイナンス手法である。疲弊した地域では、その地域で発生する社会的費用は増加し、その地域での地価や不動産価値は大幅に低下し、地域にとってマイナスの財産となっている。このような場合に、この地域全体でTIF districtとして指定し、地域全体の開発プランを、行政を中心に考える手法である。税による資金の調達が、前もって行えないので、思い切って民間金融機関から資金を調達するケースが多い。この場合、リスクは金融機関がとるので、プログラムが実現可能性がなく、魅力的でなければ、金融市場のチェックによってそのプログラムは実現されない。逆に、そのプランが極めて将来性のあるもので、将来の地域から発生する税収が確実と思われる場合には、多くの金融機関が進んで資金の提供を申し出る。事業の展開が順調であるかどうかは、弁護士事務所や会計士事務所にそのチェックが委ねられ、地域主導で、民間企業のバックアップのもとで地域振興策が実行されていく。地方自治体の戦略的な財政手法としてアメリカでは特に一般的な手法となっている。将来の税収を担保して金融機関から資金を調達する、つまり長期に渡って、将来税収の使い道を限定してしまうという特徴があるために、いわゆる債務負担行為となるために、わが国では、現在の財政法の体系の中では実現できない、と行政サイドは主張する。これに対し、メインストリートプロジェクトという考え方がある。メインストリートプロジェクトを実行する中心市街地では、そのエリアを、Main Street Project Districtとして指定し、地域内の事業者の7割以上が賛成する場合に、自分たちが支払う税を3割増やし、地域の発展のためにその税収増を活用して、プログラムを作るという手法も存在している。

共部門見直しが進行する。
　PFIが浸透し、TIFも実現されなければならない。市場化テストが導入され、特区によって中央省庁の規制が一つずつ改められている。国が管理する国有財産、地方自治体が管理する地域の公有財産などは、確実にその管理の手を民間に移し、民間活動の拠点となり、地域の基本的な税源として再構成されて良い。
　地方分権、地方自治、地方財政の考え方は憲法で改めて、地域主権の立場から再構成されていく。

第6節　国の「縛り」からの離脱─地域分権構造をどう確立するか─

◇ 負担なき税収増加を目指す経済構造改革

　わが国の経済は決して著しく停滞しているわけではない。非常に高い経済活動水準を、平成に入って17年も維持し続けている。この間、IT革命、インターネット、ブロードバンドが生み出す産業構造の変化によって、350万の失業が生まれ、370万の新規雇用が発生し、2005年にやっと失業の重みを解決してきている。

　わが国の歳入構造はいびつで経済の水準に対して歳入は拡大しない。なぜかというと、**経済が発展しても歳入増加に結びつかない構造が日本経済に構造的に組み込まれているからである。**増税は票を失うため、国債発行、赤字累積で支出を拡大している。諸外国と比べていくつかの点で公共部門のあり方が制度的に異なっており、この分野がわが国の歳入水準を経済の水準ほどには高めてない原因を作っている。

　公共部門の経常支出で見るのではなく、豊かになった日本経済の資本ストックでみると、**わが国の行政が保有する普通財産および行政財産の経済におけるウエイトが極めて大きい。**これらの行政財産は公共部門に所有されているから税収を発生させない。行政財産の管理が民間にゆだねられることがないため、公

務員や、公務員に準ずる立場に置かれた人がそれらを管理することになる。そのために諸外国には存在しないような国有、公有財産があり、財産課税から生じる税収を発生させない。公共部門に属する組織が行政財産を所有し、管理しているからである。

例えば、世界の先進諸国ではあまり見ない、公営住宅、公社、公団の賃貸住宅、公務員宿舎、衆参議員宿舎などについて考えてみる。

まず、これらの施設が果たして必要であるかどうか、という問題は問わないことにして、もし公務員宿舎を民間企業から賃借していれば、これらの資産は民間に所有されており、**当然固定資産税収入や都市計画税収入**といった基礎的自治体に帰属する税収入が発生するし、そのサービスを提供する企業が所得を発生させれば、国税収入としての所得税収入が発生し、またそれらの会社が多くの**人材を雇用**していれば、外形標準課税としての法人事業税収入が広域地方自治体である都道府県に発生する。

更にこれらの事業が収益をあげれば、国税の収入が発生する。全国に何軒分の公務員宿舎が存在しているのであろうか。これらのすべてが行政財産として管理されており、その意味で民間が供給できるサービスを行政が敢えて供給することによって**住宅供給市場をクラウディング・アウト**している。このような問題について国有財産管理当局は民間が供給する住宅を借りるよりも、国が直営で供給し管理するほうが結局安上がりでそれゆえ、直接供給しているのだという。

民間が供給する場合その費用の中に租税公課が含まれる。一方、行政が供給する場合、それを生産するコストだけが計上され、全体としてそれらを管理する公務員給与すら、費用にカウントされない。これらの2つの**行政財産管理の考え方**について、わが国の政府は従来の考え方をまったく変えていない。わが国には恐るべき数の行政財産が非効率のまま、十分に活用されないまま、安上がりの財産として保有され続けている。もしこれらの財産ができるだけ多く民間事業者の手に渡り、あるいは個人の資産とし

て所有されれば、たとえ国に税収が発生しなくても地方自治体には税収が発生する。

◇ 甘えのシステム　郵貯、JA、NTT、道路公団

わが国では、条件不利地域は、中央からの資金援助や、メニューに基づいて、進められるのが明治維新以降の常であった。しかし江戸時代には、江戸や京都や大阪は確かに中心的な都市機能を果たしていたが、それが地方都市を援助するような形で進められていたわけではない。

パリ、ロンドン、といったEUにおける「一心的」(Monocentric)な都市がシラクの言うようにそれら巨大都市の財源によって支援され、周辺部の地域を開発するコアからペリフェリーへの再分配機能による地域振興論は、江戸時代では決して日本の中心的な考え方ではなかった。各地域の大名は、それぞれ地域の資源を最も有効に地域の開発に結びつけ、経済力を高め、地域間の競争にそなえており、中央は、そこから奉納される資源で生きていた。つまり、今とはまったく逆の構造にあったのだ。

わが国の条件不利地域と呼ばれるようになった、自然共生地域を自立させるためにこれまでは国や都道府県による国庫支出金のシステム、(補助金システム)に基づく中央から地方への再分配によってきている。私たちが慣れてしまっている、国土の公正な活用に基づく再分配政策は、例えば年金、医療保険、郵便局の立地、JAへの支援、ユニバーサルサービスファンドに基づくデジタルデバイドの克服、非採算地域への日本道路公団の投資などに見ることができる。

日本にとって脅威となる東アジア地域の経済の発展は、その競争力の源が安価な賃金や、安価な資源に基づく生産物から生まれていることは、周知のとおりである。東京と沖縄の1人当たりの所得は、100対40になっている。恐らく東京と北海道や、東北、四国の生産力格差は、平均すると100対50〜60といった水準になるに違いない。

第7節　戦略的財政運営の方法

◇ 住民の期待に応える戦略的財政運営

地方自治体が戦略的に財政を運用することは、決して民主主義のフィルターとしてパブリックコメントや事業評価制度や指定管理者制度を導入すること、そして政府が公共交通のバランスシートを作成することとは同一ではない。

地域というテリトリーエリアは流動的であり、必ずしも都市連携エリアごとに合併して、一つの自治体にもかかわらず、それらの地域では所得水準の低さ、賃金水準の安さ、地価の安さを競争力の源とはせず、医療費は全国共通、年金支払額も全国共通、鉄道の運賃も全国共通といったかたちで運営され、国から地方への交付税や、補助の金額も、全国共通でそれら公共事業の積算単価まで全国共通にしてきた、中央政府の画一的な行政が、かえって地域の競争力を失わせたという問題がある。

東京での高速道路料金と、地方都市での高速道路料金は、大いに違っていておかしくない。にもかかわらず、地方都市での空港や港湾や、新幹線や高速道路の料金が東海道メガロポリスなど、大都市圏と変わらないのはその建設コストや、買収地価などに大きな差異がなかったことから生まれている。

地域が競争力を持つためには、圧倒的に安価に財やサービスを供給できることであって、そのためには東アジアの地域と十分に競争ができるような品質を確保しながら東京とはまったく異なる価格体系で財やサービスの生産ができるという特徴を生かさない限り、自然共生地域は、永久に東京の論理で決められた価格体系の中で、救済されるように見えながら、競争力を失わされ、結果として永久に中央官庁の官僚の再分配の仕事を確保し、彼らの仕事を永久に保障し続けている。

になるべきであると議論しているわけではない。都市連携エリアでは、大きな戦略が採用されなければならず、そこでは広域の最も効率的で魅力的なサービスを供給できるシステムが導入されなければならない。それは官であるかもしれないし、弾力的に経営される民間の組織で経営されることもありえるし、NPO法人でもありえる。

上海の地域開発に見られるように、多くの公益事業にPFIが導入され、BOT方式が導入されてきている。わが国では、今、実験として、これらのことが導入されているように見える。まして独自に課税することが自治体に認められていない現行の税制度の中では、将来の税収入を部分的に担保にして地域開発を行うTIFのようなアイデアを導入することもできない。せいぜいミニファンドを部分的に導入してNPMの真似事をしたり、地域の魅力を維持するための市民向けプロパティ・ファンドが考慮されているにすぎないのだ。

地方分権が確立し、有給の議員や市長がその能力を発揮して戦略的な財政運営を実施し、市民の期待にこたえる地域経営を実行し、その評価を選挙で甘受する。そのような状況こそが先進的な地方分権社会のイメージであり、シティ・マネージャー制度やメインストリートプロジェクトが戦略的に実行できるプロセスが、市民へのアカウンタビリティを構成する。シティ・マネージャーの能力、プロジェクトの魅力が、金融市場で評価されなければ、資金調達はできず、戦略的投資は実行されない。そんな民間企業が日常的に競争市場で直面している金融の世界に財政は近づいている。

経営主体（自治体）は、戦略として金融機関から資金を調達し、戦略的投資を地域経済ポテンシャルを高めるために実行する。リスクは金融機関が負う。つまり債務を資本支出として自治体は返済する。この Strategic Public Finance の時代とはいえ、日本はその入口にいまやっとたどりついている。

◇ 官が抱える無駄

これまでNTT、JR、JTなどの企業が民営化策に対する強い批判の中で民営化されてきた。しかしまだNTTにおいてさえ、その55％が民間の所有になったに過ぎず、残りはまだ国の所有のままである。

同様にJRは過去の累積赤字を大規模に抱えて膨らむ負の財産を形成したまま、なおも多くの部分が国の所有のままになっている。

それではどれくらい国は行政財産を抱えているのか。面積で考えると3770万haが日本の国土の広さである。

この国土のうち760万haが国有林野事業として国に所有され、毎年その維持のために多額の支出を余儀なくされている。わが国のすべての港湾が税によって整備され、その管理に多大な費用を要している。すべての港湾が民間で整備することができないという環境のもとに、都道府県が管理する国の資金で作られた行政財産として存在している。すべての道路、すべての公立学校敷地建物、すべての公園、すべての上中下水道施設、すべての空港がこの例にあたる。

▼1985年にNTTが民営化され発行株式総数1560万株のすべてが政府保有となった。資本金7800億円、額面5万円。その後市中に売却され、2003年度現在、政府保有722万7000株45・4％、市中保有870万5400株54・6％。

▼1998年度に約3兆8000億円あった累積債務のうち、約2兆8000億円を一般会計に承継。残る約1兆円を一般会計からの利子補給を受けつつ、国有林野事業特別会計で50年かけて返済することとなった。現在国有林野事業は、一般会計の繰入を前提とした特別会計制度へ移行されている。一般会計からの受け入れは、平成14年度が841億円、平成15年度が995億円である。平成15年度の国有林野事業の収入に占める一般会計受け入れ割合は、30・65％である。

51　第1章　地域の繁栄が日本の繁栄

すべての市町村および国の主要な庁舎は原則として公共部門が所有している。もしすべての庁舎を民間企業から借りて利用するのであれば、これらの施設は民間が所有することが可能であり、そこから事業による収入を得ることが可能である。

例えば、日本郵政公社は2004年に公社化されたことではじめて、市町村納付金として112億円を支払うことになった。現在、税制面での優遇をどうするか、議論が行われている。行政の所有する公有財産を単純に全て民間に売却して民間が所有しているとすると、1・4％の固定資産税率を単純に掛け合わせるだけで6兆3800億円の税収が市町村に発生する。もうこのうち売却可能なものが、政府出資などを除いて約400兆円に対して箱物など15％分、60兆円であるとすると、固定資産税、都市計画税収で約1兆5000億円、毎年税収が上がるはずだ。そして管理費用は大幅に減少する。

▼公有財産についての詳しい説明は第2章を参照。国、都道府県（推計値）、市町村（推計値）の行政財産の合計が456・2兆円である。

行政は、公有財産として約456・2兆円保有している。

しかし行政財産に私権を設定することが困難であるとの考え方が依然として強く続く限り、公務員の数は増加し、おのずと民間の所有する財産は減少し、当然税収は減少する。

道路公団の道路、郵政公社が持つ1400の集配業務を行う郵便局舎、2万4700の特定郵便局などは、もし仮に民営化されると、それを民営化して株式を売却することによる収入の増加により地方分権を大いに期待できるが、なによりも地方に帰属するこれらの事業財産が生み出す固定資産税収入の増加は地方分権をめざすわが国にとって重要なものになる。民間では4万7000ある農協店舗と競争に入る。これまで郵便局だけが固定資産税の支払いをしておらず、今年から2分の1の免除のもとに支払うようになった。これまで郵便局だけが固定資産税の支払いをしておらず、今年から2分の1の免除のもとに支払うようになった。民間では4万7000あるコンビニエンス・ストアに対し2万4700の店舗を持つ郵便局群が、1万3000ある農協店舗と競争に入る。

◇ **本来の機能を果たしていない日本のPFI**

公有財産456兆円の売却によって国・地方が抱えている累積債務700兆円分をわずかでも減らす。しかし、なかなか実現していない。**PFI手法**が2000年に導入されたものの、公共事業の主たる手法には成長していない。その理由はPFI方式の中でBOT（ビルト・オペレート・トランスファー）のうち、トランスファーに関する問題と**行政財産管理の問題**が重なっているからだ。これによって、PFI手法が主要な公共事業手法にはなりえないようにコントロールされている。BTOの形が日本のPFI手法の典型になってしまっている。

BOTでなくBTOにしなければならない理由はどこにあるのか。つまり民間主導で事業を計画し建築し、運営したとしてもいつでもその所有権を国が持ち続けようとする動きである。政府はこの重要性を繰り返し主張するが、諸外国ではBOTが一般的になっている。つまりBTO型PFIはわが国の官僚の権限行使を確保した結果であり、その結果、PFI事業において民間企業が創意工夫を発揮することができず、PFI事業がただの決まったサービスを安上がりに入札する手法にしてしまっている。

◇ **日本の自治体が税収を自力で増やせないわけ**

何故Tax Increment Financeは日本でできないのか。TIFシステムの導入にも同様の問題が生まれている。TIFシステムはアメリカの二つの州を除くすべての州や市町村に導入されている地方自治体に固有の財源調達システムで、これらのシステムはMain Street ProgramやBusiness Improvement Districtsなどアメリカの民間主導の地域振興政策の主要な手法を形成するものであるが、わが国への導入の努力にもかかわらず、わが国固有の行政財産システムがこれらを妨げ、結果として民間の創意工夫を抑え、税収増加を妨げている。

Column

◇PFI　Private Finance Initiatives

　日本で1999年7月に、民間資金等の活用による公共施設等の整備等の推進に関する法律「PFI推進法」が成立した。英国の制度をまねて制定されたが、その期待される効果は全く非なるものだ。すでに200件あまりの事業がこれによって実施されているが、主に地方自治体での社会資本整備が中心になっている。手法には、BOTとBTOという、2つの手法が想定されることが多いが、わが国の場合、行政財産の管理手法に制限があり、また、債務負担行為の考え方が強く推進されるため、多くの場合、BTO、建設した後、行政にその所有権が移され、あとはその運営を民間に委ねるという、建設と運営に関する外注の入札方式に陥っている。PFIの最も大きな狙いは、民間的な事業の手法や工夫を求めることであるが、地方自治体が所有権を確保してしまうと、民間に委ねた場合に発生する税収入を、考慮することができない。この結果、工夫のない事業の安価な入札、という事業手法に陥っている。更にこの事業に関して、予定価格を設定しており、一般的な従来どおりの事業手法を行った場合に、およそどの程度の費用がかかるかを前もって計算している。技術基準や事業手法を前もって想定し、その上での入札という、従来の手法とほとんど変わらないPFI手法、という名ばかりの手法に陥っている。地方自治体は無理やりPFI手法で導入しようと考えているに過ぎず、それに成果があがっているかどうかは、今後改めて検証する必要がある。

　加えて、PFIの本来の言葉の意味は、資金調達に応じる民間の金融機関が市場の判断において事業に融資をする（リスクをとる）ことが想定されているが、わが国の場合、PFI手法でリスクをとるのはほとんど行政サイドになる。そのようになる理由も、わが国のPFI手法の構造に依存しているからだ。

TIFとは開発を必要とする地域をTIF Districtと指定し、その地域で生み出されてくる新たな事業活動による税収入の増加分の一定割合を返済の原資とすることによって銀行などの民間金融機関から地域振興策に必要な資金を借り入れる方式である。この方式の問題点は将来生まれてくるであろう税収増加を前もって現時点で銀行への返済資金として割り当ててしまうことに対する行政側の課す制限である。

これらは**債務負担行為**として、わが国では公共投資の返済に関して行政が長期にわたって補助を保障するようなケースとして考えられているものに該当する。しかし実際には貸付に当たっては銀行がその事業計画を自己判断し、返済が可能であると認識することによって貸付を実行しており、リスクは民間金融機関によって引き受けられている。

問題は長期にわたってTIF Districtで発生する税収増加分の使い道を返済に充てるということで将来の**議会の意思決定の範囲を狭めてしまうという民主主義の問題だけが残る**。アメリカでは一州内でこのようなエリアが数百箇所指定されている。重要な点はこのような地域振興策を行政主導ではなく、コミュニティや地域の銀行が中心になって検討しその費用負担についても自ら考えることができるという点にある。

これと比較するとわが国の地域振興策はまちづくり交付金などの新たな制度導入にもかかわらずどこまでも行政中心であり、国の補助金に頼る形態を維持し続けているように思われる。これは明らかに官僚が自分たちの持つ権限を失わないために必死になって民間に事業の主導権を奪われないように論理を作り上げ反対しているようにみえる。このために地方自治体は先進諸国の分権化された地方自治体の有力な手法であるStrategic Public Financeの考え方を根本的に採用することができない。地方分権を地域主権論で論じてゆくには、憲法改正というステップが必要になる。

Column

◇債務負担行為

　わが国は単年度予算主義を採用しており、予算年度の範囲の支払いを法律で予算案として担保するのが原則になっている。しかし、一般的に建設事業などの大規模な支出については、翌年度以降にも支払いを予定することが起こりうる。この場合、あらかじめ議会の議決を踏んで次年度以降の予算決定に大きな制約を課さないようにする方式がとられる。ところが、このような単年度主義を採用すると、PFI手法やTIF手法を採用することができない。なぜなら、中長期の将来にわたって予算案を拘束するようになるような大規模な事業予算を一般的に組むことができなくなってしまうという問題が発生する。特に地方自治体が戦略的な公共支出を経営的視点で実施しようとすると、将来の税収増加を想定して民間金融機関などから資金を調達して事業を実施する、そのような経営的視点を完璧に排除してしまう。この場合、リスクは行政がとるのではなく、金融市場で資金調達に応じる金融機関も応分のリスクをとるのであるから、現行法が想定しているほど、この事業が問題であるとはいえない。新たに生まれる歳入を前提に事業を実施するようなPFIやTIFが使えなくなってしまうからだ。つまり、自治体に経営的な視点を持たせないという隠れた意図が働いているとさえ言える。

◇規制改革こそ再生の道―

1990年に一般会計税収が60兆円を超えて、1986年からバブルのピークである90年代までに一気に約18兆円の税収が増加した。しかしその後バブルの崩壊、経済の停滞によって税収は減少し現在18年前の42兆円の水準に戻っている。バブルの時期に増えている税収の大きなウェイトは所得税であった。1990年から2004年までで、所得税収が26兆円から13兆円へと半減し、法人税収も、18兆円から9兆円と半減した。一般会計税収の減少は、所得税、法人税の減収に大きく依存している。一方、消費税は10兆円程度で、安定的に毎年推移しており、人々の消費行動は極端に悪化しているとは思えない。これに対し公債の発行残高は500兆円（2004年度末で483兆円）に近づいている。この額は全世界の発展途上国の全累積債務総額の2倍に当たる（全世界の開発途上国の累積債務総額は2002年末で約275兆円である）。

借金の総額は一般会計税収の約12年分に相当している（2004年度一般会計税収予算額は約41・7兆円である）。これらの深刻な財政逼迫を解消するために、現在「三位一体の改革」が進められている。しかし膨大な累積債務や国地方を合わせた700兆円を超える長期債務があるとき、民間経済は国の財政状況にもかかわらずこれまでのわが国の経済規模を低下させることなく維持し続けている（2004年度末719兆円）。これはゼロ成長であるけれども厳しい経済環境の中でわが国の民間経済部門が思い切った構造改革を行って世界経済の中で一定の役割を果たし続けていることを示唆している。

しかしわが国の経済は誰もが指摘しているように過剰貯蓄、民間過少消費の状態にあってそのままギャップを行政が補う形で公共支出の拡大をし続けてきている。構造は高齢者などへの移転がそのまま内需を生み出さず、過剰な貯蓄を拡大する状況であって金融市場では長くゼロ金利状態が継続し、結果として民間の金融機関への預け入れ金利よりも国が発行する国債の金利の方が高く維持され、銀行はその機能として民間

57　第1章　地域の繁栄が日本の繁栄

る場を失い、国債引き受け機関になっている。

その一方ですでに述べたように、中央政府は高齢化社会、地域再生、景気対策という大儀を前面に押し出し、確実に補助金を使って箱物など行政財産を国、地方に隈なく拡大し続け、なおも行政財産を拡大し続けている。すでに一部構造修正されている郵便貯金がその財投制度の入口を形成し、まったく自由に一定の枠組みの資金を、これら行政財産を形成する公共投資に振り向けてきている。

結果として郵便貯金の制度は補助制度と財投制度を通じて、昭和50年代中頃より、わが国に多大な行政財産を短期間に生み出し、民間企業の活動が生まれず、いわゆるクラウディング・アウト批判を避けながら政府系金融機関主導、民間補完型の行政依存になる形を、公共投資を実施する中で作り出している。多くのものが官業で独占的に供給されている。

る官業固有のもので、病院、上中下水道などの水利施設、交通、スポーツ施設、福祉などの施設整備は、民間には参入することのできない重い事業なのであろうか。

これらの公共事業とは別に、官業が現在独占的に供給しているサービスが、内閣府規制改革・民間開放推進会議のアンケートによって812項目あるとし、民間開放を求めている。これらは民間人では供給できず、公務員としての資格を持つ守秘義務を必要とする長期に渡る複雑な問題を解決するために、裁量的な判断が可能である公務員にのみ委ねられるべき仕事であると論じられている。

◇ **特区から道州制・連邦制へ**

① 守秘義務

② 公務員の裁量性

各省庁では公務員が供給しなければならない理由を概ね以下の6つの理由から主張している。

③ 国際条約による決定
④ 国民による信頼
⑤ 公務員の能力
⑥ 民間人はやりたがらない

これらはおそらくできることとできないことがあるだろう。更に特区制度を用いた全国から寄せられた新たな地域固有の規制緩和による地域振興策は1000地域を超え、それらの多くはその地域のみならず、日本のすべての地域に一般化拡大適用されようとしている。

もし特定の地域で成功した事例が全国に拡大されると、従来の規制は実質的に完全に規制の意味を失うことになる。特区の制度はその意味で、これまで実験すら試みることができなかったわが国の行政制度に実験を可能にする環境を作り出し、実験が良い成果を示してくれればこれまで規制の必要性を主張してきた官僚の言い分が必ずしも正しくなかったことを示すことになる。

法規制は条例とは異なり、全国に同じルールを適用するという意味を持っているが、現在のわが国の地域の経済社会状況は地域によってまったく異なっており、A地域でもっとも合理的であることがB地域ではまったく不合理であるようなことが十分に起こり得る。それが、地域の個性であるとも言える。その意味で明治維新時期や第2次世界大戦後に国の強い主導の下で全国共通の政策を実施しなければならなかった時代とは、大いに状況が変わってしまっているのだ。

特区は一般化されても全国一律に一般化されるとは限らないし、しかし周辺地域を巻き込んで幅広く特区として機能することもありうる。この考え方がより一般的な制度になるとき道州制や連邦制といった分権の制度が新たに検討されなければならない。

◇ 市場化テストは時代の流れ

行政は行政のサービス供給を従来の立場に基づいて要求する。しかしそのサービス供給が、人々の納得を十分に得られるだけよい成果を得られているかどうか誰かが明らかにしなければならない。この制度を市場化テストと呼び、イギリスを中心にわが国と同様の問題を抱える先進諸国がわが国よりも先んじて試みてきている。

サッチャー政権ではCCT（Compulsory Competitive Tendering）という制度としてすべての公共サービスがいったいどれだけのコストをかけて供給されているかについて、そのデータを国民に示さなければならないとした。これはその費用であればもっと安く供給できるとする民間会社への状況提供となって、民間会社が同じ社会的責任をもってそのサービス供給をもっと安価に供給するプランを提示することができる。もし公共サービス要求コストが民間提案よりも高くなってしまうと、このサービスは民間に委ねられることになる。このような強制競争入札の方式は当然労働組合などの反発を買ったが、一方では国民の大きな支持も受け、現在ではVCT（Voluntary Competitive Tendering）という形で一般化し、世界に拡大している。

2000年にわが国では政策評価法が成立し、国、地方を問わずあらゆる行政サービスについて事前評価、再評価、事後評価の評価システムが導入され、また2002年に総合的に政策評価を行うことが法で定められた。全国の一定規模以上の市町村でも職員の内部評価による事業評価が導入され、すでに公務員自ら効率的な公共支出の考え方になじんできている。

国全体として官民が競争し、官業がその独占的な地位を確保できるのは唯一、官業の方が人々に支持され効率的に供給できることが証明できる場合に限られる。このような状況で官と民との関係が従来よりも数段競争的になっているとはいえ、まだ多くの部分で官側の強い抵抗が存在し続けている。その最も鍵と

なる点が行政財産の管理・公物管理に関する官僚の考え方である。

第8節　地域行政の役割転換と地域金融の役割

◇　地域内サービスをどう民営化するか

地域において行政が基本的なサービスとして供給している教育、福祉、衛生、防災、安全、まちづくり、あるいは総体としての地域振興に関わるさまざまな事業をより効率的に実施するために、民間事業者に委ねる方法はさまざまな形をとって現れてくる。

TIFはその事業が金融の視点から見て意義あるかどうか、市場化のチェックを果たす役割を持つ。民間金融機関があえて融資を容認するということでリスクが民間金融機関にとられることになるだけでなく、そのサービスに対する効率的供給の重要なアカウンタビリティを第三者が提供するという役割を果たしている。

福祉については、いわゆる**都市内分権**行政が、地域のとりわけコミュニティに密着した組織にそのサービス提供を容認するさまざまなバリエーションを示唆している。

図表1－5は2000年のサバス（E.S.Savas）の文献に現れてくるPublic Private Partnershipsの、いわゆる民営化のバリエーションの事例であるが、公共サービスの供給はこのようにさまざまに多様な形を取ることができる。

また現在、自治体で導入されている指定管理者制度の活用によって、さまざまな民間事業者が行政サービス供給に参入する機会を与えられることになる。この場合、従来独占的に行政サービスを供給している団体が、必ずしもそのサービス供給の既得権を確保しているわけではなく、常に新たな事業者の参入を認

病院	住宅	ごみ収集	交通
郡立病院	公的な住宅機関	地方公共団体の衛生部門	バスを運行する公共交通局
		商店が固形廃棄物収集の費用を町に支払う	特別な行事のために、会社が市のバスと運転手を借り上げる
市は居住者が広域行政区の病院で治療を受けられるよう手配する	町が郡の住宅機関と契約する	市が広域行政区の固形廃棄物処理機関に加わる	市は、広域の交通網の一部にある
郡立病院がカフェテリア・サービスのために企業を雇う	住宅機関が修理とペンキ塗装のために請負業者を雇う	生ごみ収集のために、市が請負業者を雇い、費用を支出する	教育委員会は生徒の通学用にバス会社を雇う
		民間企業が生ごみを収集し居住者から代金を徴収することを、市が許可する	政府は会社にバスを運行する独占権を与える
非営利病院の拡張に対する政府補助	低所得者住宅の建設と管理をする民間企業に対する補助金	市は収集料金を徴収するが、高齢者世帯と低所得者世帯には補助金を出す	政府は、民間バス会社のバス購入に、補助金を出す
メディケイド・カード所有者は、どこでも治療が受けられる	バウチャーで、低所得借家人は許容範囲の手頃なアパートを借りられる		高齢者と身障者がタクシーを利用できる交通バウチャー、等
私立（営利）病院	通常の民間住宅	各世帯はサービスを提供する民間企業を雇う	安物自転車の自由市場、賃貸し用の自家用車
コミュニティを基盤とする非営利病院	住宅協同組合	住宅所有者団体がサービスを提供する業者を雇う	郊外居住者が、近隣同士のグループでカープールを組織する
自己治療、チキンスープ、その他の伝統的な民間療法	DIYによる住宅建設	各世帯が廃棄物を町のごみ処理場に運ぶ	自分の自動車を運転する、自転車に乗る、歩く

図表1−5 地方公共サービス供給に使われている諸制度

制度的取決め	教育	警察保護	一般道路 高速道路	公園とレクリエーション施設
行政サービス	伝統的な公立学校システム	伝統的な警察部門	地方公共団体の高速道路部門	地方公共団体の公園部門
行政による販売	地方公立学校が校区外の生徒を受け入れ、保護者は授業料を支払う	コンサートの主催者が、警官による群衆整理のために市に費用を支払う	パレードの後で、サーカスは通りの清掃費を市に支払う	会社のピクニックの後で、主催者は公園の清掃費を町に支払う
政府間協定	生徒は隣町の学校に通学し、送り元の町は受け入れ先の町に費用を支払う	町が郡保安官に金を支払って巡回サービスをしてもらう	町の中にある国道の清掃費を、国が町に支払う	市が、広域行政区の中の特別レクリエーション地区に参加する
契約	市が民間企業に金を払って職業訓練プログラムを運営	市が政府の建物のために民間警備会社を雇う	市が市道の清掃と除雪のために民間業者を雇う	市が、木の剪定と芝生の手入れのために、民間業者を雇う
免許(フランチャイズ)				企業が市有のゴルフコースを運営し料金を課すことを許可される
補助	私立大学は在籍学生ごとに政府補助金を受け取る			
保証(バウチャー)	小学校の授業料バウチャーと大学に対する復員兵援護法			
自由市場	私立学校	銀行が民間警備を雇う	地域の商業団体が道路清掃業者を雇う	営利のテニスコートと打ち放しゴルフ練習所
ボランタリーなサービス	教区立学校	町内会が住民の犯罪監視団を結成する	自家所有者団体が地域の道路清掃のために業者を雇う	私的なテニスクラブとフィットネス・センター
自分たちによる供給(セルフサービス)	自宅学習	鍵や警備装置を設置し、銃器を購入する	商店主が店の前の歩道を掃く	自宅の水泳プール

出典：Privatization and public private partnerships

める環境を維持することが必要であり、供給者は一社独占の市場環境に置かれているが、市場は競争的＝コンペティティブというよりは、**比較可能・コンテスタブルの状況**にあり、参入、退出の自由を市場は保障している。

特にこのコンテスタブルなマーケットを維持し、競争条件を拡げていくためには、参入事業者の範囲を拡げ、より有力な事業者がその効率的で優れたサービスの供給、サービスの質に関わる競争において、競争上有利な地位を持つサービス供給者が勝ち残っていき、それらが規模を拡大することによって有力な事業者に成長していくプロセスを展望していなければならない。そのために常に自治体は契約条件を公表し、サービス水準と費用の関係が市民や参入機会をうかがう他事業者に常にディスクローズされる必要がある。

このような環境は、もう一つの大きな効果を持つことになる。わが国は、諸外国と比較して自ら経営者になり起業する人々の数が著しく少なく、高学歴になればなるほど人々は資格や就職といった誰かが提供する職につく傾向にある。民間主導型として起業が日常化していくためにはさまざまな工夫が必要になる。

わが国の場合、大手有力企業がブランチとして新事業部門を開くことが一般的であるが、アメリカのスモール・ビジネス、スモール・オフィス、ホーム・オフィスの展開状況を見ると、誕生日会を提供するサービスやパーティを盛り上げるサービス、草刈りやペンキ塗りといったホーム・サービスなどがほとんどのニュー・ビジネスの出発点になっている。

わが国では、介護サービスなどをはじめとして一部にホーム・サービスが導入されつつあるが、起業化をより日常的にしていくためのさまざまな工夫が必要になってくる。高齢化が進行する地域では**コミュニティビジネス**というビジネスコンセプトが定着している。

第8節　地域行政の役割転換と地域金融の役割　64

Column

◇都市内分権

　都市内分権の政策は、多くの自治体で議論され始めたばかりだが、基本的には従来自治体の仕事であったものを、地域に根ざしたNPOや自治会組織に委ねようという考え方で、実際に必要な資金も直接それらの団体に提供して行政が自ら供給していた行政サービスを一部分権し、委譲する考え方の総称。現実には大都市の場合にはその予算の一割ないし一割五分の部分が既に様々な地域の組織に移転され、地域住民の利便性やコミュニティ形成に必要なサービス供給を委ねている。このような方式を都市内分権と呼んでいる。その内容は、従来からあるもの、新たに生まれてきているものなど様々で、まだ全国に共通の考え方は確立していない。しかし、確実に地方議会が行政のイニシアティブをとり、サービス供給を民間事業者に委託する行政手法が広がっていくと、都市内分権の考え方は行政サービスの主要部分にまで及ぶ可能性が強い。これらの考え方をPublic Private Partnershipと総称して特に地方の政治家に浸透している。

◇コンテスタブル・マーケット

　マーケットにたった一社しかない状態でも、形態的に競争的であるといえる状態をいう。独占事業者が独占的利益を追求しないで、効率的な経営を行い、生産コストに適切な利益を加えて財サービスを供給している場合であり、潜在的競争者は、この分野にあえて投資をして参入しても大きな利益を得られないと考えられるようなケース。一社しかなくても競争的になっている。

　電力、通信、鉄道などは、固定費用が非常に大きいので、自然独占産業であるという。自然独占であれば、企業一社で独占して、規模の経済を働かせた方が効率的であるので、参入規制を行うことが正当化される。ただその固定費用が、本当に固定費用とみなされるのかが疑問視されはじめた。例えば航空業界では、飛行機などの中古市場が非常に発達している。その

ように中古市場が発達していて、その市場に新しく参入したり退出したりするコストが十分に低ければ、競争市場におけるのと同様に市場の価格メカニズムが働くというものである。そうであれば、参入規制を行う理由はなくなる。こうして、アメリカの航空業界の規制緩和は推進されてきた。

◇コミュニティビジネス

　高齢化や過疎化で、地域経済の停滞に危機感を持った住民、行政などが、地域おこしや産業振興などを、改めて行い始めてきている。地域には、おいしい水、きれいな自然、自然と共生していく知恵、伝統工芸、おばあちゃんの知恵、様々な魅力がある。それらを上手に活用して、ビジネス化するのである。地域で、物販、飲食、宿泊などの消費が行われ、地場産品や地域農産品が売れれば、雇用も維持され、地域経済は潤う。ただ、その地域資源の魅力をきちんと見定め、その運営を黒字化させることは、絶対条件である。住民と行政の十分なパートナーシップ、役割分担こそが、コミュニティビジネスの成否を決する。

◇アドプト制度

　行政財産の管理を本来は、行政が行うものを民間に委ねて地域の道路や公園などの公共空間を、養子（アドプト）のように大事にして、ボランティアとして管理することを指す。公共空間は何も行政だけが整備するものではない。その公共空間を常日頃活用している住民が、日ごろからその空間を大事にして、掃除をしたり、木を植えて憩いの空間を作ったりすることである。行政が提供できるボランティアの仕組みである。地域を美しくしようとする取り組みは、コミュニティの活性化をももたらす。

◇ **農業、漁業、水管理を地域企業に！**

国道の高規格化はおおむね全国で一定水準に整備されているが、それらの維持管理に際して国は**アドプト制度**という地域ボランティアの制度を導入し、なかなかの成果を挙げている。国道の維持管理を国道を管理する事務所だけで十分に魅力的に遂行することはできない。

その道路を最も頻繁に活用する地域の人々が、沿道に季節の花を植えたり、それらを大事にする心構えが地域の側に生まれている。地域住民が支援するというよりはどちらかといえば、地域の工務店のグループが、全体として広域の道路管理を担う傾向にある。

農業用水の管理についても同様に水利施設の周辺の草刈りや、浚渫といった仕事を地元住民や地域の工務店などのグループが担うという、ケースも増えている。国有財産管理型、と言われるダムや大型の水利施設の維持管理については、あえて国が地域の土地改良区などに小額の補助金を与えることでその補助体である土地改良区や、彼らを中心とした支援システムによって効率的に維持管理するシステムも有効に機能しはじめている。

更に条件不利地域の棚田や畑地が耕作放棄されるにつれて、それらの農地を地元の企業がボランティア活動以上の意味を持って耕作し、それらの産品を自らが経営するレストランに供したり、生み出された牧草地で子供たちとか小動物を触れ合わせる癒しの活動が進められ、大きな効果をあげているところもある。

つまり農業後継者を十分に確保できない農村地域においては、所得保障というよりはその農村地域に存在している農地の有効活用のために地域で余力を持っている事業者工務店経営者、建設業者、レストラン経営者などが農業に必要な時期に、一時本業から付帯事業としての農業事業を推進することで十分にそれらの農地を活用することが可能になっている。

これまで国の補助によって農村地域の農業生産基盤が整備されてきたが、それらの維持管理には農業者のみならず、多くの事業者が地域の発展のため地域資源有効活用のために一肌脱ぎ、建設土木事業者は、農業も担う複合総合企業へと転換し、経営的な視点を持ち始めている。農業者が、定数組織残されて農業法人として独立し、経営的に組織運営された成果を上げるケースも増えている。

その基本的な条件を考えると、第1に、テリトリーの拡大でワンランクアップの地域経済を展望した際に指摘したテリトリーのグローバル化の問題がある。第2に、日常サービスを提供する起業の形態をバック・アップする金融機関の支援がいる。アメリカでは、ワン・ストップ・キャピタル・ショップとして珍重されたものである。第3には、多層、さまざまなタイプのサービスをネットワークし、ホームサービス提供会社が次第に総合的に組織化されていく形を想定する。

地域で提供しているサービスは今日隣接地域に拡張する傾向があるが、いわゆる日常的サービスはその技術を、国境を越えて東アジアの地域に供給することが可能になる。地域の宅配事業が大規模に中国国内で展開されているように、あるいは国内で必要な介護サービスが大規模に海外の労働力を用いて提供できるように、これらの企業がそして総合的な地域サービスを提供できる企業になるように、さまざまな経営的なノウハウや情報をグローバルに提供する可能性を追求していかなければならない。

地域の人々が地域の魅力を拡大していくために、積極的に支援ができる環境を整備するいわゆる政治的企業家の必要性もある。ミニ地方債やコミュニティ・ファンド、地域通貨といった資金援助のシステムは、今日ほとんど行政によって行われているが、それは行政が地域の中で唯一信頼を得ている組織として存在しているからだ。行政がバック・アップし、地域に必要な資金を地域住民から集めることができるさまざまな金融上のツールが必要になる。

◇ 歪んだ地銀の構造が地域にもたらしたもの

　地域の金融システムは、都市銀行のレベルとは独立に、各都道府県ごとに地域の独占、あるいは寡占の状況を呈している。また、組合型の金融として、地域には労金や農協があり、条件不利地域をカバーするように郵貯がある。これらの地域に割り当てられた金融の寡占的な構造は、様々な問題を引き起こしているが、中でも最も深刻な問題が、地域の内側に投資する、新規事業や高度な新サービスを見つけることができないために、結果として国が提供する高利回りの国債を引き受け、また縁故で地方自治体の債権を引き受けている。

　受け入れている預貯金に対し、地域で見つけることのできる投資先がおおむね3割から4割の、低水準であり、この状況を打開できない。わが国は世界の現預金額の約半分を担っており、貯蓄超過で投資先が見つからない。

　その結果、国の公共投資が票拡大という名目で景気対策として推し進める理屈づけになってきた。しかし、素直に地域に発生した預貯金を投資するという行動様式をEUの世界で考えてみると、地域は容易に国境を越えて周囲に投資スピルオーバーを生み出しているのだ。

　それゆえ、開発地域を国の内側にではなく、より投資を必要としている外側の地域に見つけ出すのが通常の考え方であり、しかもそれは「一心的」（Monocentric）な国策に基づくものではなく、地域の経済が素直に国境の外側にある地域に必要な資金を投資していくというプロセスをわが国の場合、まったく保有していないことが島国であるとはいえ、わが国の地域金融の構造を特殊なものにしてきているということがいえる。

　後の章で示すように、東京に集中している資金を東京と直接関連のある、世界の大都市に投資していくように地域には地域の国際関係があり、その国際関係に基づいて素直に投資する、スピルオーバーな行動

69　第1章　地域の繁栄が日本の繁栄

が必要なはずだ。地域独占の地銀の構造は、地域の主要企業に多くの資金を投入すると同時に天下り支配の人材をも生み出している。

独占の典型的な弊害をほぼ全ての都道府県の地銀は行っている。間接金融方式による銀行の企業支配が残念ながら地域においては未だに存続し、それらの投資は限られた地域の有力企業に集中し、残された資金は郵貯と同様に、大都市圏に集中させられ、「一心的」な国策に基づく投資に充当されているのだ。

わが国の経済の国際化が十分に浸透していないのは、世界の市場をネットワークするフォーチュン500に示されるような有力企業の資金バックアップではなくて、東アジア地域の、地域の発展にわが国の各都市地域がどれだけリレーションシップを重視しながら進めていくことができるか、という問題にかかっている。地方銀行(以下「地銀」という)にとっては極めてリスクの大きいことのように見えるが、地銀も国際環境の中でとりわけ地域リレーションシップの中で新たな事業の可能性を国内の事業で遂行したように、広げていく責務がある。

残念ながらわが国の地銀は、周辺都道府県に出て行くことも稀で、多くの場合、東京やあるいは得意な地域関連性を持つ都道府県に進出するケースがほとんどで、外国に進出しようとするモチベーションは極めて低かった。日本経済の島国性は、国際企業によって破られるのではなく、地域の企業が地域の金融機関とともに周辺の国々に進出していくプロセスで投資の拡大を考えるのが素直な筋道であるが、その模索を怠っていた。

これは地銀に責任があるというよりは、わが国の金融行政に対する「一心的」な国の支配の考え方が追求されていたためで、地方分権時代においてはこの金融行政管理システムを緩和し、地域が周辺諸国の経済成長に沿った形でその事業の範囲を拡大していく背後から地銀が資金的支援をするというプロセスを必要としている。国内に向けての投資は天下りを生み出すが、海外へ向けての投資はリスクを伴いながら競

第8節 地域行政の役割転換と地域金融の役割

争的な健全な銀行経営の形を思い起こさせる。地域金融もまた「多心的」(Polycentric) へという意味は、このような内容を含んでいる。

にもかかわらず、日本の地方都市は、地域再生の声が高まり、経済は疲弊し、途方に暮れている。この最も大きな理由は現在の東京、霞ヶ関を中心とした「一心的」な国土構造が地域の金融構造にも大きく反映されているからだ。

◇ **地域通貨の大きな可能性**

地域通貨は、地産地消型の環境問題を背景にCO_2の削減やコンパクト・シティのアイデアを念頭において地域システムの確立を意識しており、それらを支える地域の資金をコミュニティ・ファンドやミニ地域債の発行によって可能にしている。

特に市民に共通のシンボル、公園やサッカー場やスポーツ施設を整備するにあたってその利用権を配当としてコミュニティ・ファンドやミニ地方債の発行が可能になるかもしれず、また地域通貨は時間貯蓄として介護サービスを将来配当として受けることができる地産地消型サービスの提供の典型となる。多くの人々が地域に貢献をすることによって地域の価値を高めるという、リージョナル・ファンドの機能を追求でき、結果として市民は負担をすることによってまちづくりを楽しむワンランクアップの市民に成長することができる。

アメリカでは、Main Street ProgramやBusiness Improvement Districtsの制度が個々の制度の差異はあるとして全米に広がっており、数千にわたるプロジェクトを展開している。それらの多くは積極的に自分たちのまちづくりのために市民は増税を受け入れ、資金を提供するということである。

岐阜県の泰阜村は、無駄な行政サービスを提供している典型的な街として話題になっているが、この泰

阜村では市民に寄付を求めた。多くの市民が公募したばかりでなく、全国から魅力的な農山村を維持するための寄付による資金援助が続いている。千葉県市川市では、自分の支払っている税の1％を自分が市内で行う活動に還元させるハンガリー型1％還元税を導入している。自らまちづくりに貢献する人には、支払った税の一部を還元するという新しい方式で、わが国でもすでにこのような自ら負担することでまちづくりを楽しむ動きが生まれてきている。

これらは金融をベースに地域を振興させる事業手法の一つで、自ら地域振興のために事業を起こす動きと連動している。これらの事例は行政サービスを民間が供給するという形に端を発しているが、結果的には市民が自ら進んで行政サービスを提供するばかりでなく、市民にとって必要なサービスを自ら事業を起こして提供するという基本的な考え方に立ち戻っていることになる。

◇ **地域金融もPolycentricityへ**

地域の金融は郵貯、地銀等を通じて東京に集められる。地域はその資金を自分たちの地域を発展させるツールを模索しながら事業展開できる可能性を持っているにも関わらず、都合のよい投資に委ねられるべきであるし、金融は中央でコントロールするのではなく、それぞれの能力を持つ港は世界に開かれるべきであるし、金融は中央でコントロールするのではなく、それぞれの能力を持って東アジアの開発に目を向けなければならないし、地域のテリトリーを拡大するために、地域に都合の良い、地域固有の交通ネットワークに投資され、それに基づいた事業展開を可能にするソフトウエアを開発しなければならない。

二層の広域連携は地域内の都市連携内部のテリトリーを交通インフラを基礎に頻度、速度を高めること

によって、経済活動ポテンシャルを高めるという役割を持つとともに、そこの**都市連携地域が直接海外に結びつく、オープンな構造**を地域ごとに採っていく必要がある。

九州の、多くの経営を悪化させたゴルフ場が海外の資金を活用しながら、アジアからの顧客を集める動きを展開しているし、北海道のニセコでは、オーストラリアの資金を確保しながらオーストラリア人にとって魅力的なリゾート開発を進めている。

わが国の観光ポテンシャル、食の魅力、文化、日常生活での国際交流が日本経済の新たな活力になる。更にプロ野球やサッカーのアジアチャンピオンシップなど、人々の国境を越える行動は新たな段階を迎えている。東アジアとの人々の交流を生産局面ではなく、**日常のグローバル化**という概念で拡大している可能性をここでは追求している。

◇ **行政支援型まちづくり**

PFI事業は第2段階に入っている。実際に事業に移されたPFIの内容は単体の事業で、BTOで、民間事業者の創意工夫を発揮させることが極めて少ない場合に限られている。このようなPFIでは、設計し、積算し、予定価格を想定し、入札をする従来の方式が債務負担行為を部分的に認めることによって少し拡張されただけにすぎない。

PFIと言いながら基本的には行政、**公務員の仕事をほとんど縮小することなく公務員の設計を前提**にし、ただ単に民間がお金を出して安く建設し、加えて維持管理をするといったものであり、PFI本来の考え方からはほど遠い。PFI手法をより民間事業者の競争と創意工夫の発揮を期待して導入しようとすれば、その運営は複雑になるかもしれないが多くの行政の人材をカットすることができる。

事業は多重で単体の事業というよりは、総合的で面整備的で多くの周辺環境条件に依存したサービスの提

供が出来る可能性が生まれてくる。

一つの事例を考えてみよう。農村は、今農業用水の環境汚染を避けるために農村地域の下水道事業として集落排水事業を実施している。その達成水準は極めて低いもので、未だに2割を超えない。更にPFIの事業手法を使って集落排水を整備するには、あまりにも事業費が高くなりすぎて採算が取れない。更に一地域10億円未満の事業規模では民間事業者の事業インセンティブも沸かない。

そこで、5つの地域を総合的に面的に整備する集落排水事業を、例えば実施し、加えて集落排水の終末処理で生まれてくる廃棄物汚泥をバイオマス発電に活用し、更に減反に揺れる多くの農業用水路の傾斜を利用して農地をエネルギー作物の作付けに転換することによってバイオマス発電効率を高め、農業用水路の傾斜を利用して小規模発電を行い、日常的なエネルギーや水管理システムの運営を賄い、更に養鶏場や養豚場から発生する汚水を集落排水の汚水と合流させながらバイオマス発電を行うような地域の、例えば扇状型の扇状地一体の水管理、排水管理、エネルギー発電、農地活用を総合的に考える地域のプランナーが、創意工夫を凝らして地域のために事業を展開するイメージを考えてみよう。

最小の補助金で将来ともに安価で土壌や水質に優しい地域の総合的な環境システムを導入することは現状では困難になっている。廃棄物、エネルギー、富栄養化抑制、CO_2削減といった事業を補助金付きPFIで、様々な技術に基づいた技術水準の高い大規模な事業者が農村地域で実施する可能性は、今のPFIでは全く生まれてこない。

PFIの考え方は、民間資金によってこれらの事業を展開し、結果としてそのサービスに必要な費用を15年ないし30年の期間に使用料という名で支払っていく方式になっている。最初にこの資金を提供する金融機関はできれば補助金のような、あるいは政策金融のようなメザニンの立場でこの事業を展開する金融環境を長期に渡って維持し続けなければならない。

第8節 地域行政の役割転換と地域金融の役割

PFI事業はこのような総合的で統合的な設計で地域全体を面整備型で魅力的に事業展開するところで大いにその能力を発揮する事業手法になっている。

現在、農村整備交付金やまちづくり交付金のように総合的な計画に基づいて地域を道路、公園、河川、住宅、下水道、公共交通などを総合的に整備する場合に、統合的な計画に基づき魅力的な集中統合型の地域整備手法が整備されればそこに資金が投入されるメカニズムになっている。

金融手法であるが、財政ベースでこれらの問題を遂行するには交付金型の事業手法が最も可能性が強い。TIFやBIDはそのような手法に基づく民間主導の果たして住宅か公園か河川か道路か広場か下水道かといった個別の基盤整備事業に費用が使われるべきなのか、福祉や情報通信、教育、環境といったまちづくりを背後から支援するソフト政策によってまちづくりを推進するかは地域の判断による。補助金付きPFIで総合設計し統合的にデザインし、魅力的な面整備グランドデザインを示す工夫を地域ごとに固有のプランとして推進できる手法へ、三位一体の財政改革は補助金から交付金へ、個別事業補助から総合的な事業補助へと財政支出の形も大きく変えつつある。

これらの交付金の使われ方についての事業評価は、より総合的で効率的に資金の有効利用が行われたかどうかといった大局的な判断に基づいて行われていくことになる。地域によってはブロードバンドや携帯電話の普及こそが最も重要であると考えるかもしれないし、公共交通の整備が最も重要であると考える人もいるし、魅力的な地域景観を確保することが重要であると考える人もいるかもしれない。

これらの判断を財政の規律を管理する行政のサイドから縦横に比較することは極めて困難になってくる。PFIもTIFもBIDもまちづくり交付金もその事業の評価がその事業を見守る多くの人に情報公開することによって、何にどのようにお金が使われ、成果を上げることになったかについて見守ることができる。そのプロセスで地域住民が積極的に貢献するミニ地域債やリージョナル・ファンドやコミュニティ・ファンドや地域通貨が活用され、住民が自ら負担することによって地域を魅力的にする可能性が生ま

れてくる。

◇ 世界一すぐれている日本の「食」

　日本人は、世界一豊富でおいしい果物を食べているということに異論を挟む人はいないだろう。すっぱくて食べることができない果実をジャムやパイにしてきた国と違い、日本では果物それ自体がどこの国のどの果実と比べてもおいしい。こんなおいしい果物を世界の人はおそらく食べたことがないし、知らない。日本人は中国においしい食べ物を食べに出かけていくが、日本の中華が本場を離れてこんなにおいしくなっていることを中国の人たちはもう認めている。韓国の焼肉と日本の焼肉についても多くの人が日本のおいしさを認める。ベトナム戦争のおり、日本に駐留した米兵が日本のステーキのおいしさを帰国後アメリカ本国に伝え、結果としてアメリカの全てのステーキハウスに照り焼きステーキの名前が広がった。

　あらゆる食べ物は世界の水準と比較して日本のそれは群を抜いて優れているし、その供給システムも先進国の中では特出するものである。個々の農村や農家は、地域で供給する地元産品しか知らないが大都市地域には日本中のあらゆる産地から人々がほしいと思う時期に地理的条件を生かして、特定の季節に向けて食材が供給されている。

　食べ物は、作り置きをすることが基本的に困難であることから旬のおいしさや季節感まで多様な喜びを人々に与えてくれるが、これがエアコンの効いた地下街で真夏にでも鍋物を食べることができるという特殊な環境を日常化させている。

　文化的に後ろ向きな発言をする人もいるが、日本の食べ物の季節ローレンツ曲線を平等にしているこの支えるシステムと個々の地域の工夫は世界に誇ることができる。日本は長い長い紙と木と水の文化を持っ

ている。これが歴史の背景にあり、各地域に外国人はもちろんのこと、日本人にさえ説明することが難しい文化を蓄積してきた。それによって、日本固有の建築物とそれを利用するマナーが生まれ、日本中に魅力的な外国人にとっても最も高価なニーズとなるような旅館サービスを供給することもできる。

日本には魅力的なものが数多くあって、自動車や工業製品や情報通信の最先端の技術においても、更には医療や福祉のサービスについても世界最高水準の技術と文化的蓄積を持っている。

◇ **快適生活を妨げているもの**

一体、日本人は何に不安を感じているのだろうか。私たちがそのサービスをもっともっと享受したいと思っているのにそれを抑制させているものがある。一方で日本の政府は物価の下落や地価の下落を抑えるべきだと日本経済をバブルの延長上に置きたがっている。地価はまだまだ高くあってほしいし、株価も高くあってほしい。そうすることによって建設会社や銀行はそれほど辛い思いをせずに改革ができるからだ。

全国の新しく魅力的な動きを示している地域を考えてみる。

東京・原宿の2本裏、3本裏通りの壊れかけた一軒家がブティックになりギャラリーになる。熊本の中心市街地の区画整備が進行する地域で、裏の空き店舗が魅力的な喫茶店やイタリアンレストランになり、誰も立ち寄らなかった倉庫がライブハウスになっている。

魅力的な新しい事業の目は、家賃も資材もほとんどない新しい事業を始めようとする人にとって、極めて魅力的な条件から試みや工夫は生み出されてくる。日本は今、何か工夫をして新しく事業展開をするアイデアにあふれた、しかしお金のない若い人々で十分に財産をストックしてない人々で溢れている。その財産を失いたくない大手の企業や成功した高齢者たちは大きな改革を望んでいない。

もし中心市街地の地価が今の半額、あるいは3分の1まで下がれば、その土地を利用しようとする人がいくらでもいる。にもかかわらず、そうはさせない力が働いている。

同じようなことは国の大きな景気対策についても現れている。大規模な高速道路の建設やダムの建設あるいは、高層ビルの建設を一方で推進しようとするがこれらは確かに特定の事業者にお金を集積させ、一気に大規模な事業を推進することで、魅力的な空間を作ることができる。

しかしこれらの建物はおそらくこれまでと同様に家賃が高すぎて外国からもあるいは日本の優良企業もそのビルに入ろうとはしないだろう。基本的に人々の気持ちは慎重になっているからだ。バブルの上乗せが生じるだけなのだ。

これに対して道幅の狭い電信柱が路に大きく立ちふさがっているような狭い街路の中では、もしこれを電線の地中化という事業によって実施しようとすれば、一つひとつの事業にそれほどお金が投入されるわけではないが、明らかにたくさんの人の手を要し、全国でそのような電線地中化事業を実施すれば必然的にたくさんの雇用を伴うことになる。小さな仕事を工夫をしながらたくさん積み重ねるという考え方が日本の密集した住宅地の魅力的な景観を取り戻すことになるのだ。

大規模なビル建設は、たくさんの建設機材を使うだろうが、金額ほど人を雇用することにならない。結果的に、雇用を増やすことにはならず、大きなお金だけが動く、その事業が当初目的とした景気対策の効果をもたないかもしれない。今大きな構造改革の時にあり、このような改革を成功させるのは、構造改革によって大きな痛みを伴う人たちは、彼らが失うものを安く利用するチャンスを次の世代に与えることが必要なのだ。

日本の食文化や地方の歴史文化や観光の魅力を世界に知らせることを妨げているものは、鉄道や航空の運賃や旅館代金の異常な高さにある。移動に要する費用を半分にすることができ、思い切って日本にたく

さんの外国人観光客が訪れ日本を楽しむ環境を作ることは、その第一歩となるに違いない。ワールドカップは、そのようなチャンスを私達に提供しようとしているが、韓国ではたくさんのホームステイが用意されほとんど無料に近い宿泊費で韓国ツアーができるように試みられているのに対し、日本では高価なホテルの建設ラッシュが進むという考え方の転倒がまだ続いている。

■参考文献

E.S.Savas (2000) Privatization and public private partnerships, *CHATHAM HOUSE PUBLISHERS*

Joel Garreau (1992) Edge City, *ANCHOR BOOKS*

Kunzmann K. R. (1996) EUro-megalopolis or Theme park EUrope? "Scenarios for EUropean Spatial Development, International Planning Studies II"

Michael D. MacGinnis (1999) Polycentiricity and Local Public Economy, *Michigan Univ. Press*

Willem Salet, Andy Thornley and Anton KrEUkels (2003) Metropolitan Governance and Spatial Planning, London, Spon Press

FederalOffice for Building and Regional Planning,
http://www.bbr.bund.de/english/index.htm

ESPON, http://www.espon.lu/

第2章 公有財産 その売却と生産力との関係

第1節 公有財産を売却する意味 所有から利用への発想の転換

この章では、地域金融を支える地域経済に目を向けてみよう。

対して、現在、地域には、行政財産として税金もかけられ、管理コストばかりかかる膨大な財産が存在している。これは日本経済のウェイトとしては非常に大きい。ここでは、この公有財産を正確に把握することをまず行いたい。そして、その公有財産が地域の経済力にどういう影響を与えているのかについて見てみたい。

◇「自治体」でない日本の自治体

NPM（New Public Management）の考え方が浸透し、行政評価制度が確立する中で、公会計処理も少しずつ進展している。都道府県・市町村も、それぞれバランス・シートを作成するようになり、自治体の公有財産を把握することが容易になり始めた。

最近では、地域活性化の観点から、都市再開発などの資金調達手法としてのTIFが、採用可能かどうかが問われ始めた（残念ながら却下されている）。しかし、PPPを中心として民営化が浸透するに従って公有財産を売却することにより、管理費用が削減される一方で、都市計画税及び固定資産税の増加が見込まれることになると、最適な公有財産の投資配分と公有財産や公共サービス

のあり方が問われるようになっている。

自治体の目標は、公共財サービスの最適な供給にある。そして、公共財サービスを供給するための費用負担は、料金・税金、あるいは公債を通じて行う。広域の行政サービスは都道府県、身近な行政サービスは市町村によって供給される。当然のことながら、**自治体が財政赤字に陥ることなく公共財サービス供給を行うためには、それぞれの自治体が独自の財源を十分に持つことが必要である**。もし自治体が多大な公有財産を保有しているのなら、その売却によって資金を得る。また、民間活動を活発にすることで新たな税収を得る。こうした独自財源をもつことこそが地方分権を実効あらしめるものであり、残念ながらわが国の制度は、欧米先進諸国に比べ、そのような独自財源を持つにいたっていないということである。

地方自治体は行政サービスを提供する際に、土地・建物を購入してサービス提供を行う。この場合、自治体が土地・建物を所有する理由とは何だろうか。民間が土地・建物を有し、行政はその使用料を民間に支払い、民間はその経済活動の中から税金を払うという構図ではなぜだめなのだろうか。結論から言うと、筆者はそうすべきであると考える。その理由は3つある。

① 民間側に新たな経済活動を創出することができる。
② 固定資産税・都市計画税の税収を見込むことができる。
③ 行政の管理コストが減る。

つまり、今まで内部化していた、見えない費用を明らかにすることで、公共財サービス供給の、真の費用負担がわかるようになるのである。

◇ **国有財産の現状**

国有財産は総額で102兆2000億円である（2004年度末）。国有財産は2つのカテゴリー、すな

第1節　公有財産を売却する意味　所有から利用への発想の転換　　82

わち「行政財産」と「普通財産」に分けることができる。前者が50兆5000億円、後者が51兆7000億円になっている。行政財産は、各省庁の長が管理するが、これを直接処分したり私権を設定することも可能である。行政財産が不用になった場合には、各省庁の長がその用途を廃止して普通財産とする。普通財産は財務大臣が管理処分し私権を設定することもできる。

行政財産は次の4つからなっており、以下にその額と内訳、更に売却可能施設を例示する。

①公用財産——総額40兆7000億円（防衛施設13兆4000億円、国立学校文教施設9兆7000億）。売却可能なものとしては、国立学校、空港施設、国立病院などの医療施設、刑務所、裁判所施設、一般庁舎があげられる。

②公共用財産——7000億円（御苑、外苑、記念公園）。いずれも信託の対象になりうる。

③皇室用財産——4000億円

④企業用財産——8兆5000億円（主たるものは国有林野事業）（2003年4月1日から郵政事業庁が公社化されたことや造幣局及び印刷局が独立行政法人化されたために国の組織として所管していた財産を出資することになり企業用財産は減少し国有林野事業だけになったのである。ちなみに02年度末の郵政事業が4兆8000億円、印刷局が4000億円、造幣局が1000億円であった）

普通財産は、次のような内訳になっている。

①政府出資——43兆9000億円。全体の8割を占めるが、この出資が資産として存続していると考えている専門家は少ない。つまり、形は出資であるが、支出されたものと認識されるからだ。

②土地7兆4000億円——米軍提供分3兆1000億円、地方自治体貸付地2兆2000億円、未利用国有地9000億円（未利用地の大半は相続税の物納により収納した物件）

具体的に私権が設定されているのは、国有財産102兆円のうちの1兆円にしか過ぎない（99年1兆81

図表2−1　国有財産一覧と売却可能性

		内訳	金額(億円)	割合(%)	仮・売却の可能性(%)	仮・売却金額(億円)
行政財産 (計:505,022)	公用財産 (計:407,145)	防衛施設	134,793	13.2	0	0
		国立学校文教施設	97,283	9.5	30	29,185
		空港施設	21,532	2.1	30	6,460
		国立病院及び国立療養所の医療施設	17,584	1.7	20	3,517
		刑務所、拘置所、少年院等の矯正施設	9,954	1.0	30	2,986
		裁判所施設	8,285	0.8	30	2,486
		その他（一般庁舎等）	117,712	11.5	50	58,856
	公共用財産 (計:7,577)	新宿御苑	858	0.1	0	0
		皇居外苑	841	0.1	0	0
		海の中道海浜公園	713	0.1	0	0
		国営沖縄記念公園	369	0.0	0	0
		国営明石海峡公園（淡路地区）	254	0.0	0	0
		国営明石海峡公園（神戸地区）	252	0.0	0	0
		その他（国営沖縄記念公園首里城地区等）	4,265	0.4	0	0
	皇室用財産 (計:4,777)	皇居	2,193	0.2	0	0
		赤坂御用地	1,506	0.1	0	0
		京都御所	467	0.0	0	0
		陵墓	225	0.0	0	0
		常盤松御用邸	115	0.0	0	0
		高輪皇族邸	110	0.0	0	0
		その他（葉山御用邸等）	157	0.0	0	0
	企業用財産 (国有林野事業) (計:85,221)	土地	3,131	0.3	30	939
		立木竹	65,448	6.4	30	19,634
		雑船	0	0.0	0	0
		建物	631	0.1	10	63
		工作物	16,309	1.6	10	1,631
普通財産 (計:517,193)		政府出資等	430,941	42.2	10	43,094
		土地	74,038	7.2		
		米軍へ提供中	31,469	3.1	0	0
		他省庁に使用させている土地	2,351	0.2	70	1,646
		地方公共団体等への貸付地	22,327	2.2	70	15,629
		未利用国有地等	9,157	0.9	80	7,326
		その他（山林・原野等）	3,016	0.3	30	905
		特別会計所属普通財産	5,492	0.5	50	2,746
		建物	6,239	0.6	50	3,120
		工作物	5,473	0.5	50	2,737
		その他	501	0.0	50	251
合計			1,022,215			203,208

財務省財務総合政策研究所編（2005）『財政金融統計月報』634号より作成

〇〇億円、〇〇年1兆7600億円、01年1兆4300億円、02年1兆2000億円、03年9000億円)。大体1年間に2000億円未利用地として発生し3000億円処分されている。

それでは売却対象となる財はどの程度であろうか。国有財産102・2兆円のうち、図表2─1は、仮にその割合を売却することができると仮定して合計した。その額は **20兆3000億円**である。これは、国が一般庁舎や、裁判所等の場所を所有する必要はなく、民間から用地を借りて、その使用料を支払えばよいのである。土地に価格メカニズムを持たせれば、最適な財産の配置が行われ、地代の高いところでは、土地利用の高度化が進むだろう。

最近ようやく国有財産の民間開放について、議論が進められている(日本経済新聞05年2月17日)。それによると、財務省は2006年度から国有財産法などを改正し、国有財産として保有しているビルなどの民間への賃貸を解禁することを認める方向で、財政制度等審議会国有財産分科会において検討を始めている。対象となっているのは、「公用財産」の民間利用である(現在は、公用財産の民間への賃貸は、原則として禁止)。国が持つ施設は都心部に多く、民間の利用を掘り起こせれば、国の財政の改善にも役立つ。今、賃貸に関する議論が始まったばかりであり、この動きが国有財産の民間への売却という方向まで進んでいく必要がある。

◇ **自治体公有財産の仕組み**

国有財産同様、地方自治体の公有財産にも、細かな制度が存在する。行政へ求められる役割の拡大、多様化に伴い、公共施設の整備拡充は、道路、住宅、教育施設、上下水道、工業用水道、その他の公共施設と、拡大の一途をたどってきた。そしてまた公有財産の管理も、非常に複雑多岐に渡る制度となっている。

図表2-2 地方自治体のバランスシート作成状況

	全体	バランスシート		行政コスト計算書		全体のバランスシート	
	団体数	団体数	%	団体数	%	団体数	%
都道府県	47	47	100.00	45	95.74	31	65.96
市区町村	3,155	1,769	56.07	955	30.27	311	9.86

総務省、2004年7月13日調べ

地方自治法がその取得、管理又は処分について規定を設けている地方自治体の財産は、公有財産、物品、債権及び基金の四種の財産と、特別なものとしての歳計現金となっている。「公有財産」の範囲は、次に掲げるものをいう（基金に属するものは除かれる。地方自治法第238条第1項）。

① すべての不動産
② 船舶、浮標、浮桟橋及び浮ドック並びに航空機
③ 前①及び②に掲げる不動産及び動産の従物
④ 地上権、地役権、鉱業権等の用益物権
⑤ 特許権、著作権、商標権、実用新案権等の無体財産権
⑥ 株券、社債券、地方債証券、国債証券等の有価証券
⑦ 出資による権利
⑧ 不動産の信託の受益権

そして国有財産と同様、その用途に応じて「行政財産」と「普通財産」に分類されている。行政財産は法令で定めるものを除き、貸し付け、交換し、売り払い、譲与し、出資の目的とし、若しくは信託に付し、又はこれに私権を設定すること等は許されない。一方、用途又は目的を妨げない限度で使用を許可できる。

公用財産とは、地方自治体が、その事務又は事業を執行するために直接使用する財産。庁舎、議事堂、研究所、議事堂、研究所、試験場、実習船等である。

公共用財産とは、住民の一般的共同利用に供する財産。道路、病院、学校、保育園等の敷地

及び建物である。

普通財産とは、行政財産以外の公有財産をいう。貸付け、売払い、私権の設定等、私法の規定の適用が容認される。そして公用又は公共用に供する必要が生じたときは契約を解除できる。ただし、行政財産・普通財産の区分を行っている自治体は非常に少ない。

自治体にいくら所有されているかは、各自治体のバランス・シートに記載されている。これらの財産が各自

第2節　自治体の公有財産の実態

◇ 都道府県の公有財産181兆円なり！

現在、すべての都道府県ではバランスシートが作成されているが、市区町村レベルでは56・07％に過ぎない。公営企業などの普通会計以外を含んだ全体の会計では都道府県が65・96％、市区町村では9・86％である。公有財産の把握には、このバランスシートが不可欠である。総務省は各団体のバランスシートをとりまとめていないので、実際の数値は各団体を個々に調べるしかない（本章に使用した自治体のバランスシート収集は05年6月現在）。

公有財産の各自治体の金額を調べるため、バランスシートを入手する。まず、普通会計については全ての都道府県はホームページなどで公開している。その47都道府県の普通会計の合計は143兆2000億円である。一方、公営事業などで、普通会計以外を公開している31団体の合計は、38兆3000億円である。次に、公開している団体の数値を用いて、有形固定資産の人口・面積との関係についてみる。また、公営事業など、普通会計以外の団体について、公開していない団体の金額について推計を行う。したがって、両者を合わせると181・6兆円となる。

図表2－3　都道府県有形固定資産の推計

被説明変数	説明変数	係数	ロバスト値	t値	P値	R-squared	Root MSE	観測値
普通会計	人口	0.453	0.071	6.380	0.000	0.821	670000.0	47
	面積	61.479	5.509	11.160	0.000			
	定数項	1333285.000	131272.500	10.160	0.000			
公営事業会計等 (両対数)	人口	1.138	0.240	4.750	0.000	0.508	0.939	31
	定数項	－3.780	3.430	－1.100	0.279			

▼公営など、普通会計以外を公開していない都道府県は、宮城県・福島県・群馬県・富山県・石川県・山梨県・三重県・京都府・島根県・岡山県・広島県・福岡県・佐賀県・熊本県・大分県・沖縄県と、16都道府県に上る。

図表2－3は、人口・面積を説明変数として、一次形式・二次形式・対数変換などの方法で、もっとも推計の説明力が高く、係数が有意であったものを示した。

普通会計は、実数でのあてはまりがよく、t値が有意である。人口が増えれば増えるほど、面積が増えるほど、有形固定資産は増える傾向にあることが分かる。

公営事業会計は、対数を用いた回帰式のあてはまりが良かった。説明変数は、人口が有意であるが、定数項は有意でない。説明力は0・508である。この回帰式を用いて、公開していない団体についても、推計を行う。

図表2－3の係数を用いて、人口から有形固定資産の金額を推計する。各都道府県の数値については図表2－4に示している。これによると、普通会計の合計が143・2兆円、公開している公営事業などの会計の合計が38・3兆円、全体で公開している連結会計の合計が、137・8兆円である。また、公開していない公営事業などの会計で、推計したものの合計が、5・1兆円であった。よって、**都道府県が保有する有形固定資産は、推計値も含めて合計で182・9兆円である。**

その有形固定資産の内訳としては、農林水産業費と土木費が圧倒的なシェアとなっている。港湾、空港、道路、河川、ダム、流域下水、治山などのインフラ整備がその主な対象である。ここで議論している売却可能な財にあたるものとしては、庁

第 2 節　自治体の公有財産の実態　88

図表2-4　都道府県有形固定資産の推計値

	人口 2003 (人)	面積 2003 (km²)	有形固定資産（百万円）				公営事業会計等		連結		データ収集 平成年度
			普通会計								
			農林水産業費	土木費	うち土地	有形固定資産	実際の数	推定値	実際の数	推定値	
北海道	5,662,856	83,455	3,191,896	4,315,597	898,510	8,770,326	108,166		8,878,492		15
青森	1,487,451	9,607	835,305	1,726,468	536,030	2,995,715	150,322		3,146,037		15
岩手	1,411,176	15,279	916,193	1,439,081	413,651	2,823,588	284,392		3,107,980		15
宮城	2,350,132	7,285	689,800	1,546,300		2,778,900		408,612		3,187,512	14
秋田	1,182,025	11,612	171,500	1,282,000		2,132,000	84,400		2,216,400		15
山形	1,232,578	9,323	124,730	975,164	231,679	1,297,981	232,974		1,530,955		14
福島	2,122,613	13,783	667,734	1,930,460	632,810	3,126,213		363,887		3,490,100	15
茨城	2,993,746	6,096	444,048	1,954,759		3,327,150	833,459		4,160,609		15
栃木	2,005,467	6,408	342,877	1,489,501	647,424	2,296,510	221,699		2,518,209		15
群馬	2,022,666	6,363	420,610	1,378,796	554,038	2,272,296		344,446		2,616,742	15
埼玉	6,954,276	3,797	204,885	3,129,900	2,159,630	4,515,381	1,048,951		5,564,332		15
千葉	5,978,287	5,157	535,789	2,698,291	1,493,470	4,187,171	3,059,742		7,246,913		15
東京	11,996,460	2,187				8,089,000	19,195,500		27,284,500		15
神奈川	8,546,857	2,416				2,805,400	604,900		3,410,300		14
新潟	2,463,740	12,582	1,200,854	3,282,241	982,036	4,939,094	572,795		5,511,889		15
富山	1,120,843	4,247	462,324	1,594,424	406,309	2,356,616		175,892		2,532,508	14
石川	1,176,100	4,185	484,914	1,377,239	576,403	2,277,026		185,798		2,462,824	15
福井	826,400	4,189	406,154	1,152,602	343,900	1,936,920	236,058		2,172,978		14
山梨	884,170	4,465	514,540	1,336,733	517,037	2,119,679		134,269		2,253,948	15
長野	2,202,733	13,585	703,900	2,415,700	953,900	3,646,000	328,200		3,974,200		14
岐阜	2,109,185	10,598	181,900	1,238,600	604,500	2,309,300	149,600		2,458,900		13
静岡	3,769,776	7,780	618,964	2,737,155	1,206,961	4,096,006	473,334		4,569,340		15
愛知	6,998,027	5,162				5,139,188	1,192,565		6,331,753		15
三重	1,858,114	5,777	416,184	1,446,880	498,077	2,265,817		312,728		2,578,545	15
滋賀	1,348,241	4,017	290,273	1,017,884	434,864	1,744,137	378,439		2,122,576		14
京都	2,563,773	4,613	163,405	1,296,525	521,939	1,865,740		451,159		2,316,899	15
大阪	8,643,677	1,894	127,337	4,361,019	2,217,478	5,694,879	1,664,212		7,359,091		15
兵庫	5,561,222	8,393	521,000	3,832,800		5,392,800	1,621,500		7,014,300		15
奈良	1,441,971	3,691	148,152	1,230,752	557,256	1,660,944	443,867		2,104,811		15
和歌山	1,079,055	4,726	281,519	1,355,694	556,052	1,930,369	556,052		2,486,421		15
鳥取	615,812	3,507	320,949	1,038,893	367,682	1,593,238	79,443		1,672,681		15
島根	756,770	6,707	626,463	1,541,888	450,321	2,527,184		112,474		2,639,658	15
岡山	1,957,313	7,113	365,434	1,654,646	662,389	2,435,823		331,804		2,767,627	12
広島	2,870,542	8,478	443,699	2,300,467	815,759	3,278,482		513,108		3,791,590	15
山口	1,517,954	6,111	345,905	1,777,419	556,237	2,527,330	232,564		2,759,894		13
徳島	827,086	4,145	388,185	1,296,741	470,616	1,953,444	76,469		2,029,913		14
香川	1,031,185	1,876	143,230	1,150,608	561,502	1,648,103	166,901		1,815,004		15
愛媛	1,502,496	5,677	363,386	1,775,151	584,377	2,394,128	83,729		2,477,857		14
高知	813,237	7,105	466,454	1,439,126	469,790	2,146,610	118,212		2,264,822		13
福岡	5,001,592	4,974	510,358	2,077,444	776,500	3,189,775		965,469		4,155,244	15
佐賀	878,797	2,439	440,903	1,201,929	431,196	1,893,002		133,341		2,026,343	13
長崎	1,516,920	4,094	774,052	1,867,145	510,811	3,018,605	120,997		3,139,602		13
熊本	1,866,553	7,404	696,338	1,686,196	521,027	2,765,116	314,346		3,079,462		15
大分	1,229,659	6,339	563,647	1,534,796	444,707	2,411,683	195,460		2,607,143		12
宮崎	1,179,983	7,735				2,457,513	107,770		2,565,283		14
鹿児島	1,775,636	9,187	1,180,716	2,225,767	628,538	3,830,576	3,944,600		7,775,176		14
沖縄	1,353,212	2,273	415,324	1,544,449	679,509	2,390,030		217,970		2,608,000	13
合計			23,111,830	79,655,430	26,874,440	143,252,788	38,371,812	5,160,762	141,671,218	45,114,144	

図表2−5 地域ブロック、人口規模、都道府県別サンプルの内訳

地域ブロック	データ数	地域ブロック	データ数	人口規模	データ数	人口規模	データ数
北海道	20	中国	16	5,000以下	8	20〜30万	18
東北	20	四国	10	5,000〜1万	16	30〜50万	21
関東	42	九州	22	1〜5万	57	50〜100万	8
中部	20	合計	187	5〜10万	26	100万以上	8
関西	37			10〜20万	25	合計	187

都道府県	データ数	都道府県	データ数	都道府県	データ数
北海道	20	長野県	10	高知県	1
青森県	2	岐阜県	4	福岡県	3
岩手県	4	静岡県	5	佐賀県	2
宮城県	2	愛知県	9	長崎県	2
秋田県	3	三重県	3	熊本県	3
山形県	6	滋賀県	3	大分県	2
福島県	3	京都府	4	宮崎県	2
茨城県	2	大阪府	3	鹿児島県	3
栃木県	4	兵庫県	7	沖縄県	3
群馬県	4	奈良県	1	合計	187
埼玉県	5	和歌山県	2		
千葉県	4	鳥取県	6		
東京都	2	島根県	4		
神奈川県	3	岡山県	5		
新潟県	4	広島県	8		
富山県	4	山口県	3		
石川県	3	徳島県	2		
福井県	3	香川県	4		
山梨県	2	愛媛県	3		

◇**市町村の公有財産167兆円！**

市町村の公有財産の把握についてはバランス・シートを会計全体について作成しているところはほとんどなく、ここでは普通会計についてのみが、議論の対象となる。3155団体のうち、1769団体が作成しているが、うち公開している団体は994団体となっている。

各自治体のホームページより、人口規模、都道府県にバラツキが出ないよう、サンプリングしバランス・シートを入手した。各地域ブロック（二層の広域連携における、8つの地域ブロック）

舎・公舎等施設、教育・文化・スポーツ施設、健康福祉施設、公営住宅があげられる。売却可能財産が全体の1割であったとしても、その金額は**18.3兆円**と非常に大きい。

図表2-6　市町村有形固定資産の推計（両対数）

説明変数	係数	ロバスト値	t値	P値	R-squared	Root MSE	観測値
人口	0.858	0.024	36.100	0.000	0.948	0.332	187
面積	0.105	0.025	4.160	0.000			
定数項	8.277	0.254	32.590	0.000			

について20の市町村を目標に調べたが、目標に到達することができなかった（普通会計以外では、病院、水道事業、下水道事業、介護保険事業などを見ることができるので、全体の数値が早期に作成・公開されることが待たれる。最近では行政経営の考え方が進み、行政財産の民間売却なども、議論されるようになっている）。

有形固定資産は、一般的に1969年度以降の決算統計データの普通建設事業費を取得原価とし、費目ごとにそれぞれ耐用年数に応じて減価償却してある。これを用いることで、社会資本の残存価値を把握することができる。庁舎、学校施設、文化施設、道路や公園などの土地・建物構築物・車両・備品などが有形固定資産の内訳である。

ここで、187の団体から全国の団体へと拡大するために、人口、面積を用いて、普通会計の有形固定資産の額を推計する。最もあてはまりのよいものについて、図表2-6に記載している。説明力は0.948と、非常に高い。人口、面積、定数項とも係数は有意に正である。データが公表されていない、全国の団体について、図表2-6の係数を用いて、人口と面積から有形固定資産の金額を推計する。公開されていない団体の合計は11・0・3兆円となる。また、データが入手できた、187団体の合計は57・3兆円であった（ちなみに、データが入手できていない自治体の人口の合計は8650万人、データが入手できている自治体の人口の合計は、4000万人である。187団体で57・3兆円ということは、データが入手可能であった自治体は、ほぼ大都市のものであった、ということを意味している）。よって、市町村の普通会計の有形固定資産の合計は、167・3兆円である。

図表2-7 国・都道府県・市町村公有財産推計額と売却可能性

	有形固定資産	うち仮・売却可能性
国	102.2	20.3
都道府県（普通会計）	143.2	14.3
都道府県（公会計等）	43.5	4.4
市町村（普通会計のみ）	167.3	16.7
合計	456.2	55.7

（単位：兆円）

◇ 7700億円の新たな税収が生まれる

総合すると、国、都道府県、市町村の公有財産は、合計で456・2兆円となっている（ただし、市町村の普通会計以外は除く）。これら公有財産の売却可能性はどうだろうか。国が20・3兆円、都道府県、市町村については、1割売却可能とみなすと、合計で55・7兆円となる。これに1・4％の固定資産税をかけるだけで、7700億円の税収が市町村に新たに発生する計算になる。

ちなみに2003年の市町村税収入は、18・9兆円である。うち固定資産税収入は8・76兆円で、全体の46・1％、都市計画税収は1・23兆円で、全体の6・4％となっている。7700億円の固定資産税が8・76兆円において新たに増加することは、税源不足に悩む自治体にとって、非常に貴重な税源となるに違いない。

◇ 非課税措置をゼロベースで見直せ

地方分権の観点からは、市町村が独自の財源を、それぞれの地域づくりの中で持つことが必要である。地方税の46・1％を占める固定資産税であるが、これには数多くの非課税措置がある。地域が独自財源を増やそうと思っても、自主財源をなかなか持てない状況となっている。固定資産税の非課税の範囲は、地方税法の第348条で規定しており、その対象は次のように多岐にわたる。

① 国並びに都道府県、市町村、特別区、これらの組合、財産区、地方開発事業団及び合併特例区

②日本郵政公社（ただし市町村納付金として2分の1負担）、独立行政法人水資源機構、独立行政法人緑資源機構、土地改良区、土地開発公社
③鉄道事業者、軌道経営者
④宗教法人
⑤墓
⑥道路、運河用地、水道用地、国立公園、重要文化財
⑦学校法人、私立学校法人、専修学校、宗教法人、社会福祉法人、医療法人、医療養成法人
⑧社会福祉目的の社会福祉法人
⑨農協、商工組合、国家公務員などの病院、診療所、家畜診療所、固定資産
⑩文化、教育、医療、雇用、農業などが目的の独立行政法人

これらの固定資産税が非課税である理由を個別に吟味する必要がある。このような事業を民間会社として行ったときに、どれだけの税収が発生するか。例えば港湾、空港、水道関連事業、医療、福祉などは、ほぼ民間と同じ事業体であっても税を生み出さないような非課税法人は、迷惑施設であるとして、自治体が地域への参入を拒否することもあり得るか。または、税を生み出すような制度設計を地域で自由に採用することができる、という裁量性を地域に持たせることが、地方分権の観点からは求められる。

2003年4月1日、郵政事業庁が郵政公社化されたことではじめて、今年から本来事業用資産の償却資産や保有資産に対して、固定資産税相当額の2分の1を市町村納付金として支払うこととなった。今年度の支払額は、資産の所在市町村に対して、合計で112億円となる。今まで非課税となっていたものが、新しく課税され、市町村の重要な自主財源となるのである。これは旧三公社市町村納付金制度と同様の仕

93　第2章　公有財産　その売却と生産力との関係

組みである。

日本郵政公社の非課税の範囲は次のように多岐にわたる。日本郵政公社『日本郵政公社法等の概要』によると、まず、国税としての所得税、法人税、地価税、印紙税、登録免許税が非課税である。地方税としての法人住民税、法人事業税、事業所税が非課税である。また、郵便局、事務センター等の直接本来事業用資産について、不動産取得税、固定資産税、特別土地保有税、都市計画税についても非課税である。そして、固定資産税に代わる市町村納付金として、直接本来事業用資産については、固定資産税の実質2分の1を負担する、ということになっている。

第3節 地域経済力の測り方

◇ 民間資本と社会資本の実態

地方分権が進み、新たな国土構造を模索する動きが始まっている。『二層の広域圏』の視点で国土構造を考えると、都道府県を越える8つの『地域ブロック』において経済活動が行われていることが、「二層の広域圏の形成に資する総合的な交通体系に関する検討委員会」において示されている。

これからはそれぞれの地域にある資源を有効に活用していくことを考えなくてはならない。民間資本ストックと社会資本ストックはどのように生産と関係しているのであろうか。最適な公有財産の投資配分は、行われているのだろうか。まず、市町村が保有する有形固定資産について、その生産力との関係を把握しよう。

市町村が保有する有形固定資産とは、行政が保有する公有財産456・2兆円のうち、37％の割合を占めている。二層の広域連携の8つの地域ブロックについて、社会資本と生産力との関係を、生産関数を用

図表2-8　行政が有する公有財産
国、都道府県、市町村が保有する公有財産（兆円）

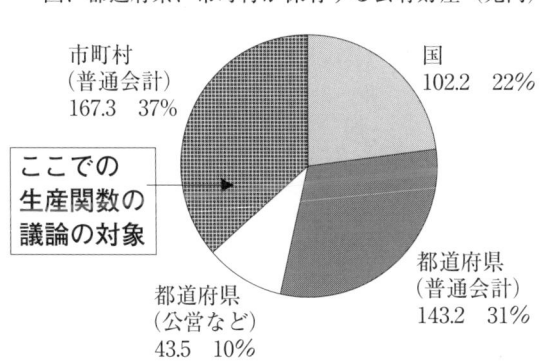

- 市町村（普通会計）167.3　37%
- 国　102.2　22%
- 都道府県（普通会計）143.2　31%
- 都道府県（公営など）43.5　10%

ここでの生産関数の議論の対象

○ここでの「国」は、国有財産法に規定されている財産をさす。一方、国の一般会計及びすべての特別会計（平成14年度末で37特別会計）を含めた、国における連結の貸借対照表を作る試みが行われている。それによると、貸借対照表に記載されている有形固定資産は平成14年度で191兆円にも上る。（財政事情の説明手法に関する勉強会（2004）「国の貸借対照表（試案）平成14年度版」財務省ホームページより）
○市町村については、市町村（公営など）が含まれていない。

いて推計する。地域の生産関数を推計することで、民間資本ストックと社会資本ストックが、どのような生産との関係があるのかを地域ブロック別に見る。最適な公有財産の投資配分が行われていれば、生産力は高まる方向へ働くであろう。

生産関数の先行研究では、推計の最小単位が都道府県となっていた。ここで見たいのは、8つの地域ブロックに分けたときの資本ストックの生産力との関係である。8つの地域ブロックは、日常のモビリティを基準に分けられており、例えば山口県の大部分が九州地方に組み込まれていたり、関東は福島の一部や、新潟、長野の全域であったりする。

人の移動に基づいた地域ブロックは都道府県で区切ることができないので、市町村が分析の対象となる。最近になってバランス・シートを市町村でも作るようになり、市町村の社会資本ストックの保有状態を把握することができるようになった。市町村が保有する社会資本ストックが、生産とどのような関係にあるのか、民間資本ストックはどうか、そしてそれらは地域ブロック別に違いがあるのかについて示したい。

生産力と地方税収入は、0.96という高い相関関係にあるので、自治体の戦略としても、地域の財産（民間資本ストック、社会資本ストック）が生産力を高めるような資源の配分を行う必要があり、そ

れら財産の生産力効果を把握していることは重要である。効率的な財産の資源配分が行われていれば、それは生産力効果を高めることにつながる。

◇ **社会資本と生産とのマイナスの関係**

労働E、民間資本K、社会資本Gを3つの生産要素とする生産関数について、コブ・ダグラス型を特定する。

$Y=F(E,K,G)=AE^{\alpha}K^{\beta}G^{\gamma}$

生産関数は、E、K、Gの3つの生産要素について一次同次である、という仮定$\alpha+\beta+\gamma=1$を課してよって推計すべき式は、$\ln(Y/E)=\ln A+\beta\ln(K/E)+\gamma\ln(G/E)+\varepsilon$となる。また、$\ln A$は定数項、$\varepsilon$は誤差項である。また、地域別に推計するときには、地域ブロック別に$\beta\ln(K/E)$と、$\gamma\ln(G/E)$の項に対して交差項ダミーを用いた。

市町村単位のデータを用いるため、それぞれ代理変数を用いている。労働投入量としては、就業者数を用いた。変数Yは通常、GDPなどの地域生産量を用いるのであるが、ここでは課税対象所得額を用いた。民間資本ストックとしては通常、『工業統計表』や、『民間企業ストック年報』などを基に、都道府県別に推計したものを更に、市町村別に按分したものを用いた推計値を利用しているようである。しかし都道府県別に推計するのは避けたい。よってここでは固定資産税をかけられており、その税収が限界的なストック部分を示す、と考えたからである。

試みに、民間資本ストックについてデータが公開されている、浅子他（1994）の論文を用いて、民間資本ストックと、ここで用いている固定資産税収入について、相関を取る（浅子論文のデータは、最新の

第3節 地域経済力の測り方

図表2－9　生産関数の推計に用いた変数

変数	変数名	用いた変数	データの出所（年度）
Y	生産量	課税対象所得額	民力2004（2003）
E	労働投入量	就業者数	国勢調査（2000）
K	民間資本ストック	固定資産税収	総務省（2002）
G	社会資本ストック	有形固定資産	各自治体ホームページ、（年度も様々）

図表2－10　民間資本ストックの代理変数の妥当性

	浅子論文	固定資産税収入
浅子論文	1	
固定資産税収入	0.937	1

　ものて、1998年のデータである。沖縄については、データがない。固定資産税収入は、東京23区が含まれない。よって、沖縄と東京を除いた45府県について相関をとった。固定資産税収入は、都道府県別に集計した）。すると、0・937という高い数値を得ることができた。つまり、民間資本ストックの代理変数として固定資産税収入を用いることは妥当である。

　最後に社会資本ストックには、市町村が保有する有形固定資産の額を用いた。この数値は、前節で得た。

　結果は図表2－11に示した。全体について推計を行ったのが、1式、地域ブロック別に行ったのが2式である。まず、1式ではそれぞれの係数についてt値が有意に高い。一方係数はβについては正であったが、γについては負となっている。つまり、社会資本ストックは生産性の低い分野へ投資が行われてきているし、民間資本ストックは生産性の高い分野へ投資が行われてきた、ということを表している。

　次に2式ではβ、γの両方について北海道と四国が負となっている。全体に関する結果と同じことがいえる。係数はβが正でγが負となっている。全体に関する結果と同じことがいえる。係数はβが正でγが負となっている。そこで地域ブロック別に限界生産性を推定し、

$$MPG = \gamma AE^{\alpha}K^{\beta}G^{\gamma-1} = \gamma Y/G \quad MPK = \beta AE^{\alpha}K^{\beta-1}G^{\gamma} = \beta Y/K$$

によって得ることができる。そこで地域ブロック別に限界生産性を推定し、表示した。北海道と四国についてはt値が有意でなかったので、この地域については議論しない。

　民間資本ストックの限界生産性を見てみると、東北が

図表2−11　生産関数のパラメータ

		変数	係数	ロバスト値	t値	P値
1	F値 28.31 R−sq 0.304 rootMSE 0.174	β γ _cons	0.263 −0.190 8.021	0.048 0.049 0.488	5.480 −3.900 16.440	0.000 0.000 0.000
2	F値 20.33 R−sq 0.434 rootMSE 0.163	β北海道 β東北 β関東 β中部 β関西 β中国 β四国 β九州 γ北海道 γ東北 γ関東 γ中部 γ関西 γ中国 γ四国 γ九州 _cons	−0.032 0.457 0.252 0.394 0.237 0.127 0.174 0.335 −0.033 −0.341 −0.206 −0.283 −0.190 −0.124 −0.153 −0.262 8.187	0.132 0.074 0.096 0.144 0.058 0.075 0.118 0.105 0.069 0.051 0.074 0.086 0.055 0.041 0.088 0.072 0.418	−0.250 6.210 2.620 3.460 4.060 1.700 1.470 3.190 −0.480 −6.630 −2.800 −3.310 −3.490 −3.020 −1.740 −3.650 19.570	0.807 0.000 0.010 0.001 0.000 0.091 0.143 0.002 0.634 0.000 0.006 0.001 0.001 0.003 0.084 0.000 0.000

図表2−12　民間資本と社会資本の限界生産性

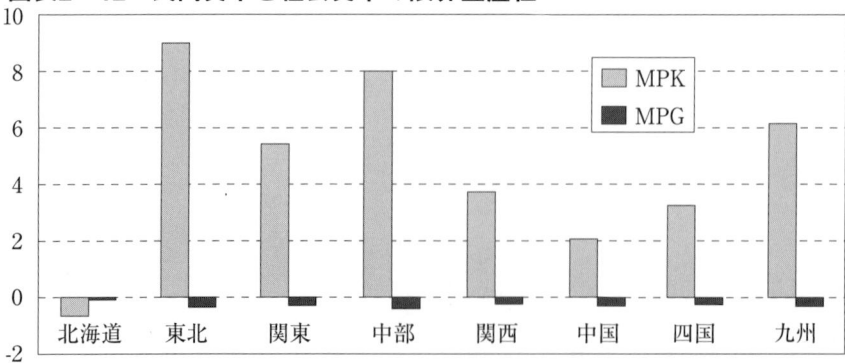

図表2-13　先行研究との結果の比較

論文名	全体／地域別	民間／社会	係数	係数の相違	t値	t値の相違
平成9年度経済白書(1997)	地域別(都市圏・地方圏)	民間	正	同じ	有意	同じ
		社会	正	同じ	都市では有意、地方では有意でない	異なる
金本・大河原(1997)	全体	民間	正	同じ	有意	同じ
		社会	負	同じ	有意	同じ
	地域別(都市規模別)	民間	正	ほぼ同じ	有意	本論文では北海道、四国が有意でないので、異なる。
		社会	負	同じ	100万、20万~40万で有意でない	本論文では北海道、四国が有意でないので、異なる。
浅子ほか(1994)	全体	民間	正	同じ	有意	同じ
		社会	正	異なる	有意	―
	地域別(都道府県別)	民間	ほぼ正	同じ	半数が有意	同じ
		社会	ほぼ正	異なる	半数が有意	―
吉野・中野(1994)	地域別(9地域)	社会(直接効果)	ほぼ正	異なる	半数が有意	
吉野・中野(1996)	地域別(9地域)	社会(直接効果)	ほぼ正	異なる	半数が有意	

最も高く、続いて中部が高く、九州、関東と続く。中国は民間資本の限界生産性が最も低い。次に社会資本ストックの限界生産性は、全てマイナスとなっている。つまり、市町村の社会資本は所得再分配の観点から投資が行われてきた。また、マイナスであるものの、その値は非常に小さい。そして、地域別の違いもほぼ見られない。

ここで対象としている社会資本は、市町村保有の有形固定資産についてである。対象の社会資本が市町村のみとなっているため、先行研究との明確な比較はできない。推計の単位も都道府県と市町村で異なっており、明確な比較はできない。これらの相違点を踏まえた上で比較をする。ここでは民間資本ストックと社会資本ストックが負の係数となっていた。係数の正負で同じ動きであったのは、金本・大河原論文のみであった。

地域の生産関数の推計にあたってはいくつかの問題がある。まず、ここでは市町村の社会資本ストックについてのみが分析の対象となっていて、都道府県の社会資本ストックは含まれていない。都道府県・市町村

図表2－14　市町村有形固定資産の基本統計量と所得との相関（就業者1人当たり）

	標本数	平均	標本標準偏差	最小	最大	就業者あたり所得との相関
北海道	20	3,342	1,716	2,026	8,803	－0.293
東北	20	2,806	779	1,637	4,843	－0.436
関東	42	3,047	1,568	1,439	9,136	－0.457
中部	20	2,603	949	1,506	5,765	0.014
関西	37	2,895	1,152	931	5,600	－0.277
中国	16	2,789	968	346	4,093	－0.427
四国	10	2,551	467	2,003	3,346	－0.238
九州	22	2,799	918	1,695	5,196	－0.004
合計	187	2,898	1,217	346	9,136	

を同時に含めた1本の式で推計して比較を行う必要がある。しかし、都道府県に投下された社会資本を、市町村別に按分することは困難である。社会資本ストックとして用いた有形固定資産のデータが、最近の二、三年しか得られない、そのためクロスセクションの分析しかできない、ということがある。またデータが乏しいため、用いたデータの年度が違うことによる、サンプル選択に関するバイアス、または割引率が各自治体によって異なる、という測定誤差などの問題が挙げられる。今後統計が整備されることを期待したい。

最後に、内生性（すなわち説明変数と誤差項の間に相関がある、または、説明変数と除外された変数の間に相関がある）の問題がある。この問題に対処するためには、適切な操作変数を探すことが必要である。市町村別に、そのような条件を満たす操作変数が得られるのであろうか、今後の課題としたい。

◇ 市町村の有形固定資産のマイナスの関係

有形固定資産が生産力とマイナスの関係というのは、直感的に非常に理解しがたい。そこから理解できることは、

○ 所得再分配目的で投資が行われている
○ 多額の投資が行われてきたにもかかわらず、依然として所得格差は存在する

図表2-15 市町村の所得と有形固定資産（就業者1人当たり）の関係

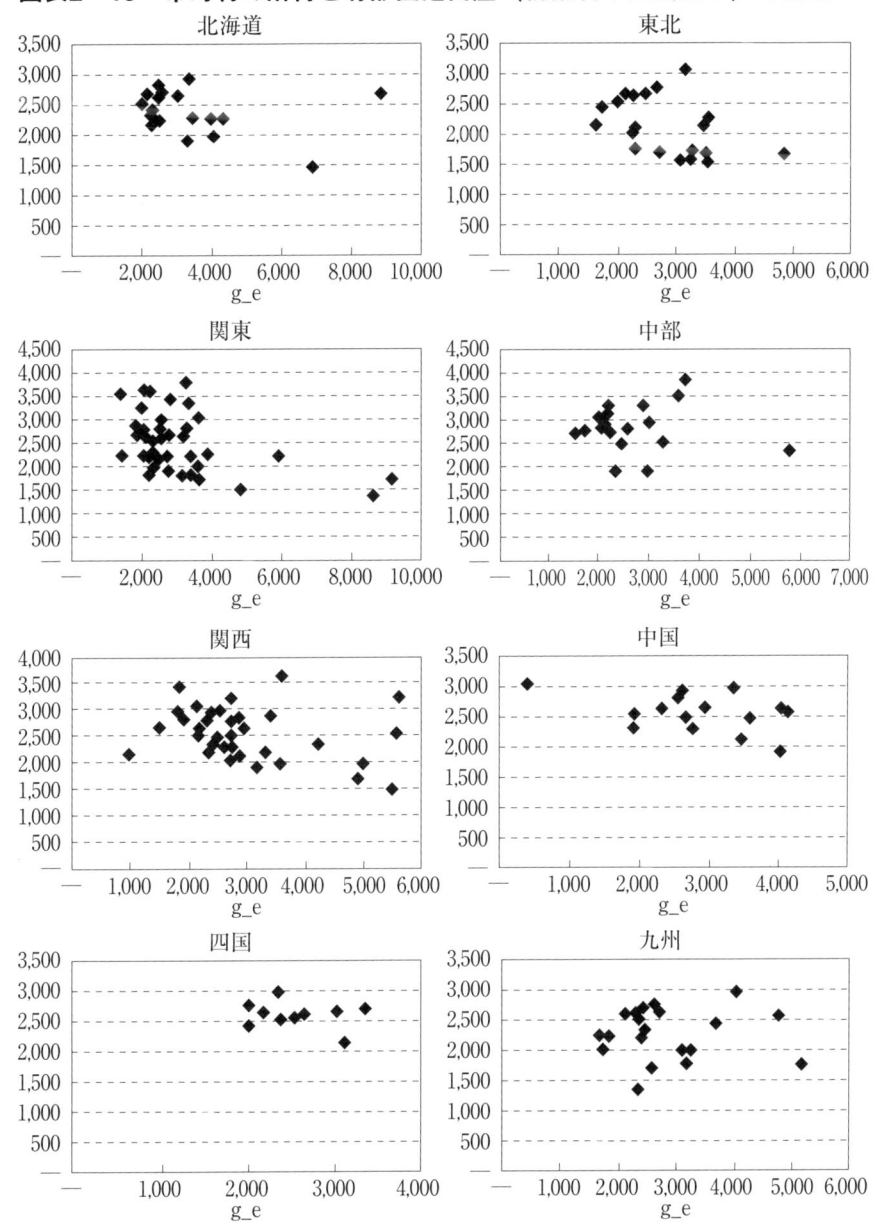

図表2－16　都道府県の所得と有形固定資産（就業者1人当たり）の関係

	県民所得	農林水産業費	土木費	有形固定資産うち土地	有形固定資産	土地除く有形固定資産	標本数
県民所得	1.00						
農林水産業費	－0.46	1.00					43
土木費	－0.39	0.78	1.00				43
有形固定資産うち土地	－0.10	0.46	0.83	1.00			39
有形固定資産	－0.48	0.88	0.97	0.76	1.00		47
土地除く有形固定資産	－0.52	0.89	0.91	0.65	0.97	1.00	47

次頁の図表2－17は、縦軸が就業者あたりの所得、横軸が就業者あたりの市町村有形固定資産の金額である。市町村の有形固定資産は、所得に対して、実数ベースでも、既に負の相関となっている。中部のみプラスの相関となっており、非常に興味深い。

◇　都道府県の有形固定資産もマイナスの関係

市町村の有形固定資産の生産力との関係は、所得に対してマイナスであった。それでは、都道府県の有形固定資産についてはどうであろうか。先ほどと同様の手法で、就業者あたり都道府県の有形固定資産について、就業者あたり所得とどのような関係になっているのかについて見てみる（数値は普通会計を用いた。実数で比較している）。都道府県の有形固定資産もまた、市町村と同様、所得に対して、負の関係となっている。また、生産に寄与すると思われるもの（道路）と、寄与しないと思われるもの（庁舎、学校施設、文化施設、公園）によって、違いがあるのかもしれない。そこで、生産関連投資と思われる費目、農林水産業費、土木費についても所得との関係をみる。これもまた、負の相関となっているのである。

二層の広域連携における8つの地域ブロックについて、市町村の有形固定資産の生産力との関係を推計した。民間資本ストックとの関係は正に出たものの、社会資本ストックの係数は全て負となった。すなわち、市町村の社会資本ストックは、生産とマイナスの関係である。社会資本ストックには、生産力効果ではなく、所得再分配の側面が強いことが明らかである。地方分権、歳出削減が進む中で、市町村の保有する有形固定資産について、改めてその是非を問う必要がある。

第3節　地域経済力の測り方

図表2-17　都道府県の所得と有形固定資産（就業者1人当たり）の関係

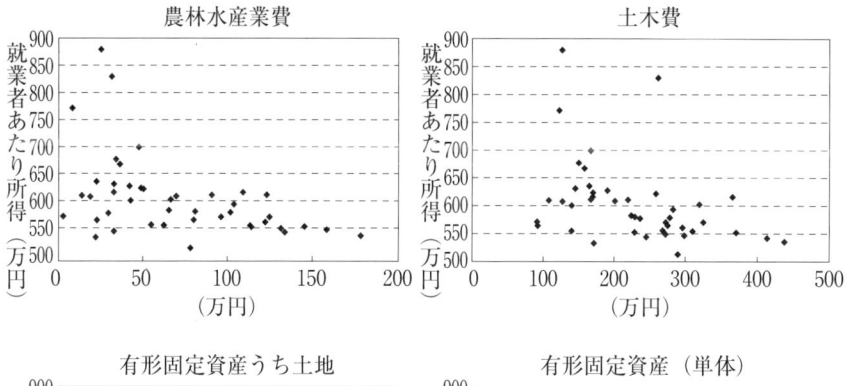

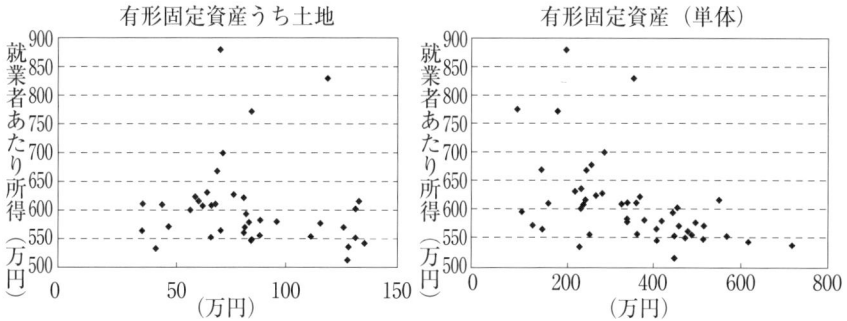

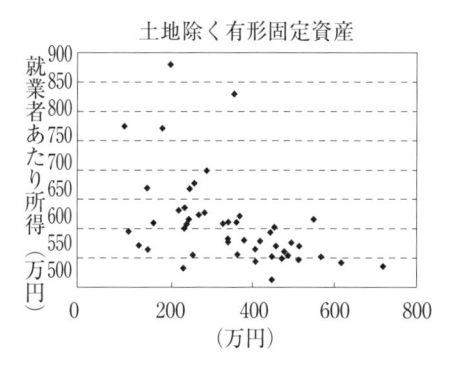

農林水産業費

土木費

有形固定資産うち土地

有形固定資産（単体）

土地除く有形固定資産

■参考文献

経済企画庁（1997）『平成9年度経済白書』

財務省財務総合政策研究所編（2004）『財政金融統計月報』622号

財務省財務総合政策研究所編（2005）『財政金融統計月報』634号

二層の広域圏の形成に資する総合的な交通体系に関する検討委員会（2004）「新しい国のかたち『二層の広域圏』を支える総合的な交通体系」国土交通省

金本良嗣・大河原透（1996）「東京は過大か——集積の経済と都市規模の経済分析」『電力経済研究』No.37、pp.29-42

大喜多武男（1977）『公有財産管理の実務：取得・管理・処分の実際』学陽書房

浅子和美・常木淳・福田慎一・照山博司・杉浦正典（1994）「社会資本の生産力効果と公共投資政策の経済厚生評価」『経済分析』135号

吉野直行・中野英夫（1994）「首都圏への公共投資配分」八田達夫編『東京一極集中の経済分析』日本経済新聞社

吉野直行・中野英夫（1994）「公共投資の地域配分と生産効果」『フィナンシャルレビュー』第41号、pp.41-51

朝日新聞社（2004）『民力 2004 エリア・都市圏・市町村別指標＋都道府県別資料』

総務省（2002）、固定資産税データ、問い合わせ

国勢調査、ホームページ

各自治体ホームページ、市町村210自治体、47都道府県

第3章 地域金融と地域金融機関の「いま」

第1節 苦境続く地域金融機関―地域資金循環の縮小と金融市場の広域化―

◇ 地域経済の不振が直撃

　地域金融機関は、戦後一貫して地域経済の発展と歩調を合わせ、規制金利の下で健全経営を持続するだけの利鞘を享受してきた。専門金融機関制度を軸とする金融行政の下では、債務者企業と文字どおり共栄共存で業容、収益とも拡大路線を走り続けてきた。地域市場で寡占的地位を享受し、規制金利の下で健全経営を持続するだけの利鞘を享受してきた。

　ところが、1980年代後半の資金（貯蓄）剰余を反映した金融自由化行政が始められて以降、地域金融機関の経営環境は様変わりし、この10年来は**不良債権処理**で苦しい局面に立たされてきた。経済の低成長化、国民の資産形成の進展で資金剰余が恒常化し、もはや金利規制や金融機関の店舗規制等の伝統的規制方法で資金の流れを国がコントロールする必要がなくなったことを反映したものであった。

　かつての金融業務は、不足資金を適切に仲介・分配するがゆえに公共性があったが、資金剰余期の到来とともに、この公共性が薄れたために金融の自由化が行われたのであった。地域金融機関は地盤が狭域であるため地域経済の影響を受けやすく、また、海外業務、有価証券投資などの資産運用業務等の力が弱かったため、金融自由化の影響を最も大きく受けたのであった。

　地方の地価バブルは大都市ほど大きくなかったが、その後のデフレで地域経済が打撃を受けると、地域

Column

◇**不良債権処理**

　この10年余の経済活動の重しになっていたのが、金融界の不良債権処理問題であった。現在では、大手銀行は不良債権比率の半減目標を達成したが、地域金融機関では処理余力が小さいことや地域経済の不振で新たな不良債権が発生しているため、峠は越したものの依然厳しい状況が続いている。2004年9月末の銀行の不良債権残高（金融再生法による開示債権）は、次のとおりである。

破綻更生債権	大手銀行	1兆6,170億円
	地域銀行	2兆5,250億円
	合　計	4兆1,420億円
危険債権	大手銀行	7兆1,720億円
	地域銀行	5兆4,970億円
	合　計	12兆6,690億円
要管理債権	大手銀行	3兆4,290億円
	地域銀行	3兆5,510億円
	合　計	6兆9,800億円
総合計	大手銀行	12兆2,180億円
	地域銀行	11兆5,730億円
	合　計	23兆7,910億円

　不良債権の総残高はまだ24兆円にも達するが、ピークであった02年3月末の43兆2,070億円のほぼ半分に減少した。特に大手銀行は、約1/3に減少した。ここまで不良債権を処理するには、金融機関は膨大な犠牲を払ってきた。94年度から04年度上期までの銀行全体の不良債権処理累計額は、95兆573億円にも達した。

　不良債権処理をめぐっては、定義や判定基準の曖昧さなどから、議論や金融行政にかなりの混乱があった。例えば、金融庁の検査マニュアル等に

おける不良債権とは、破綻していなくても赤字継続企業への貸付金は返済財源が確実でなければ不良債権であり、不良債権早期処理とは延命策を講じることなく早く見切れということであった。金融機関からは未だ見込みがある企業でも、金融検査官はキャッシュフローから返済力を算定し、不良債権と判定する事例も少なくない。また、金融庁が認定した不良債権の区分についても、金融機関との認識のズレが解消していない。金融機関では要管理債権と考えていても、金融検査官が破綻状態と認定すれば、貸出金と同額の引当金の積み増しを実施しなければならず、積み増し額だけ赤字が増加し自己資本が棄損する。このため、検査妨害等の不祥事まで発生した。本来、資産査定は、金融機関の自己査定が基本であるが、金融庁がペイオフ解禁前の不良債権処理完了にこだわり強権を発動した結果、企業の生死を金融機関ではなく、金融庁が握っている実態に対しては産業界からの批判も強い。

　不良債権の処理方法には、会社更生法などによる法的整理に持ち込む方法、貸出債権を整理回収機構や債権回収会社（サービサー）に投げ売りして損失額を確定する方法、貸倒見込額を個別貸倒引当金として引き当てる方法、償却して帳簿価格から控除する方法などがあるが、ルールが整備されていなかった。引当や償却によれば将来それ以上に回収できた場合には利益を得られる楽しみがあるが、現段階では損失が確定していないので、税法上は損金処理ができないため有税処理を余儀なくされ、それがまた繰延税金資産の計上問題を引き起こしている。これもドロ縄的な金融行政と税法に整合性がない結果のツケである。

図表3−1　地域金融機関数、店舗数の減少状況

	機関数			店舗		
	95.3末	05.3末	増減	95.3末	05.3末	増減
地方銀行	64	64	0	8,039	7,549	▲490
第二地方銀行	65	48	▲17	4,777	3,322	▲1,455
信用金庫	421	298	▲123	8,523	7,878	▲645
信用組合	373	175	▲198	2,975	1,922	▲1,053

合併による業態区分の変更分は未調整である。

金融機関の経営悪化が一挙に表面化した。

その原因の一つは、営業地域での人口過疎化、地場産業の地位の低下等、地域社会・経済の不振であった。1995年には、釜石信金（岩手県）が製鉄所の休止と漁業等の不振で破綻し、能代信金（秋田県）が木工製品等の不振のあおりで破綻した。**引っ越しができない地域金融機関は、地域経済とともに破綻する運命をたどら**ざるを得ないことが露呈されたが、まだ全国的な問題とは意識されなかった。

その後の地域金融機関の経営環境の悪化は、よく知られているとおりである。この10年以上にわたり、後ろ向きには巨額の不良債権の負担、前向きにはデフレによる企業のバランスシート調整が進んだ結果、貸出が減少し収益力が低下した。95年3月末からの10年間に破綻した地域金融機関数（合併による救済数は除く）は、地方銀行こそなかったものの、第二地方銀行11、信用金庫25、信用組合133にも達した。経営悪化機関の救済や規模の拡大のための合併再編も進み、地域金融機関数は大幅に減少した。また、経営効率改善のために店舗の統合・廃止が進められた。

その結果、地域金融機関数と店舗数は図表3−1のとおり減少した。地銀数は減少していないものの、第二地銀は65から48に、信金は421から298に、信組は373から半分以下の175にまで減少した。効率化による支店の統廃合も進み、地銀と信金は1割弱減少し、第二地銀は25％減、信組は30％減となった（図表3−1、2）。

大都市圏の地域金融機関は、地価バブルに巻き込まれたのに対して、地方の金融機関はバブルの打撃は小さかったものの、より構造的要因による打撃を受けた。つ

図表3－2　業態別金融機関計数

日本金融通信社（ニッキン）調べ

機関数

	1980.3	1990.3	1995.3	2000.3	2001.3	2002.3	2003.3	2004.3	2005.3
都市銀行	13	13	11	9	9	7	7	7	7
長信銀行	3	3	3	3	3	3	2	2	1
信託銀行	7	7	7	7	8	8	8	8	8
地方銀行	63	64	64	64	64	64	64	64	64
第二地銀	71	68	65	60	57	56	53	50	48
信用金庫	462	454	421	386	371	349	326	306	298
信用組合	483	414	373	291	280	247	191	181	175
小　　計	1,102	1,023	944	820	792	734	651	618	601
労働金庫	47	47	47	41	39	21	21	13	13
農　　協	4,546	3,737	2,678	1,542	1,264	1,111	981	911	887
郵便貯金	1	1	1	1	1	1	1	1	1
合　　計	5,696	4,808	3,670	2,404	2,096	1,867	1,654	1,543	1,502

店舗数

	1980.3	1990.3	1995.3	2000.3	2001.3	2002.3	2003.3	2004.3	2005.3
都市銀行	2,780	3,653	3,793	3,042	2,928	2,853	2,655	2,608	2,566
長信銀行	63	93	114	88	83	84	46	50	18
信託銀行	319	419	435	424	443	399	324	290	294
地方銀行	5,498	7,456	8,038	7,924	7,904	7,788	7,600	7,536	7,548
第二地銀	3,734	4,626	4,777	4,569	4,216	4,037	3,790	3,567	3,354
信用金庫	5,379	7,936	8,523	8,638	8,480	8,400	8,263	8,059	7,878
信用組合	2,505	2,945	2,975	2,573	2,487	2,315	1,985	1,955	1,922
小　　計	20,278	27,128	28,655	27,258	26,541	25,876	24,663	24,074	23,637
労働金庫	483	646	668	693	693	688	688	686	686
農　　協	16,893	16,314	15,875	14,100	13,746	13,201	12,578	11,871	11,368
郵便貯金	22,850	23,503	23,891	24,768	24,778	24,176	24,154	24,715	24,149
合　　計	60,504	67,591	69,089	66,819	65,758	63,941	62,083	61,346	59,783

職員数 （単位　人）

	1980.3	1990.3	1995.3	2000.3	2001.3	2002.3	2003.3	2004.3	2005.3
都市銀行	181,007	152,237	155,497	119,076	113,140	104,847	101,958	97,412	88,468
長信銀行	9,408	10,814	11,975	8,284	8,000	7,788	3,578	3,627	1,384
信託銀行	33,762	31,193	35,664	30,113	24,417	22,685	22,576	21,355	20,636
地方銀行	158,962	158,243	167,613	152,370	147,966	141,237	135,623	130,213	117,091
第二地銀	89,992	86,845	90,149	75,308	66,166	62,104	57,466	53,421	49,472
信用金庫	144,023	151,932	160,293	144,807	137,897	133,041	127,571	121,796	117,091
信用組合	43,189	44,288	43,934	33,074	31,078	28,560	24,414	23,509	22,953
合　　計	660,343	635,552	665,125	563,032	528,664	500,262	473,186	451,333	426,806

1. いずれも4月1日付けの合併等に伴う変動は調整していない。信託銀行は在来の信託銀行と野村信託銀行のみ。
2. 店舗数には、海外店舗を含み、移動店舗、外貨両替専門店、海外駐在員事務所、海外ATM/CD、代理店は含まない。
3. 郵便局、農協の店舗数は、貯金取扱い店舗。
4. 信金、信組の職員数には、常勤役員を含む。
5. ネット系銀行など新設6行は含まない。

まり、生産の海外移転、人口減、公共投資や補助金のカットなどによる地域経済の落ち込みによる経営環境が悪化し（利鞘拡大の困難さ、不良債権の増加）、しかも新たな産業が起こらないために地域金融機関の力は大幅に低下した。かつて地域の経済の中心であった勢いはもはやない。

貸出残高は、地銀、信金ではすでに6年にわたって減少を続け、第二地銀はピーク比2割、信組は同5割も減少した（図表3─3）。

95年3月と04年3月の職員数を比べると、地銀が3・7万人、22％減少、第二地銀は2・5万人、38％減、信金も3万人、20％減、信組は1・2万人、54％も減少し、1970年当時の水準にまで減少した。地元に密着した渉外活動で業務を推進してきた地域金融機関が、背に腹を代えられない効率化のため渉外部門を縮小した結果、顧客情報や取引関係が希薄化し、業務の特色が失われている。しかも、地域金融機関の不良債権処理は大手銀行より遅れている。04年9月中間期で不良債権の新規発生額がピークアウトし、潮目が変わったといわれるが、地方では景気の回復力が弱く資金需要は活発化せず、苦境が続いている。

◇ **貸したいが借り手がいない**

金融ビッグバンによる業務の自由化、整理再編、経営体質改善などを経た地域金融機関の最大の悩みは、いくらリストラをしても地場企業に資金需要が回復せず、貸出が減少し続けたことである。ようやく底を打ったものの、日銀資金循環表によれば、すでに7年以上にわたって法人部門は資金余剰であり、最近の資金余剰は40兆円に達している。これにより、従来の借り手であった法人部門から金融機関に借入金返金や預金が流入するようになり、資金不足は公的部門だけとなった。

このため、預貸率の低下（メーカーでいえば在庫率の上昇）が金融機関共通の問題となっているが、地域

図表3-3　業態別資金量、融資量　　　　　　　　日本金融通信社（ニッキン）調べ

資金量　　　　　　　　　　　　　　　　　　　　　　　　　　　　　（単位　億円、%）

	1980.3	1990.3	1995.3	2000.3	2001.3	2002.3	2003.3	2004.3	2005.3
都市銀行	1,043,141	3,519,095	2,984,333	2,483,633	2,578,115	2,508,595	2,613,102	2,673,098	2,683,376
	28.9	33.6	26.3	22.1	22.6	22.8	23.5	24.0	24.3
長信銀行	234,243	661,606	674,495	392,061	337,878	298,895	77,727	67,876	26,063
	6.5	6.3	5.9	3.5	3.0	2.7	0.7	0.6	0.2
信託銀行	321,962	1,296,508	1,438,803	1,399,201	1,554,256	1,399,665	1,651,241	1,614,222	1,574,871
	8.9	12.4	12.7	12.4	13.7	12.7	14.9	14.5	14.3
地方銀行	574,153	1,570,825	1,727,345	1,751,270	1,795,441	1,820,442	1,819,025	1,829,557	1,882,813
	15.9	15.0	15.2	15.6	15.8	16.5	16.4	16.5	17.0
第二地銀	253,201	549,327	616,676	598,696	567,976	559,895	561,401	552,376	539,624
	7.0	5.3	5.4	5.3	5.0	5.1	5.1	5.0	4.9
信用金庫	314,083	750,795	941,476	1,020,320	1,038,007	1,028,198	1,035,420	1,055,175	1,074,320
	8.7	7.2	8.3	9.1	9.1	9.3	9.3	9.5	9.7
信用組合	80,100	198,617	243,414	191,966	180,588	153,544	148,270	152,526	156,095
	2.2	1.9	2.1	1.7	1.6	1.4	1.3	1.4	1.4
労働金庫	26,155	65,660	90,629	111,791	117,212	127,679	133,938	138,297	138,605
	0.7	0.6	0.8	1.0	1.0	1.1	1.2	1.2	1.3
農　協	244,253	510,722	675,702	702,556	721,021	735,409	743,891	759,765	776,726
	6.8	4.9	5.9	6.2	6.3	6.7	6.7	6.8	7.0
郵便貯金	513,819	1,345,723	1,975,902	2,602,932	2,499,336	2,394,797	2,322,465	2,277,994	2,141,330
	14.3	12.9	17.4	23.1	21.9	21.7	20.9	20.5	19.4
合　計	3,605,110	10,468,878	11,368,775	11,254,426	11,389,830	11,027,119	11,116,480	11,115,886	10,995,019

融資量　　　　　　　　　　　　　　　　　　　　　　　　　　　　　（単位　億円、%）

	1980.3	1990.3	1995.3	2000.3	2001.3	2002.3	2003.3	2004.3	2005.3
都市銀行	771,718	2,534,649	2,685,333	2,422,242	2,389,792	2,257,162	2,236,956	2,080,144	2,001,111
	35.1	41.5	39.5	39.0	39.4	38.9	40.7	39.2	38.6
長信銀行	168,869	522,021	524,369	340,477	317,555	275,140	69,441	61,875	26,053
	7.7	8.6	7.7	5.5	5.2	4.7	1.3	1.2	0.5
信託銀行	209,049	625,768	623,542	464,984	438,869	407,015	391,402	370,651	352,935
	9.5	10.2	9.2	7.5	7.2	7.0	7.1	7.0	6.8
地方銀行	414,552	1,131,744	1,325,142	1,345,082	1,361,532	1,363,183	1,354,920	1,353,574	1,374,000
	18.9	18.5	19.5	21.7	22.4	23.5	24.6	25.5	26.5
第二地銀	200,214	446,845	527,566	505,738	465,928	444,432	429,104	419,496	403,404
	9.1	7.3	7.8	8.1	7.7	7.6	7.8	7.9	7.8
信用金庫	245,642	538,005	679,162	687,159	661,886	639,805	626,125	622,364	620,958
	11.2	8.8	10.0	11.1	10.9	11.0	11.4	11.7	12.0
信用組合	64,335	151,618	190,575	142,433	133,612	119,476	91,421	91,234	91,836
	2.9	2.5	2.8	2.3	2.2	2.1	1.7	1.8	1.8
労働金庫	17,777	31,415	51,779	73,830	76,213	81,049	87,258	92,664	94,887
	0.8	0.5	0.7	1.2	1.3	1.4	1.5	1.7	1.9
農　協	103,314	123,542	180,948	215,586	215,131	212,763	210,022	209,725	207,988
	4.7	2.0	2.7	3.5	3.6	3.7	3.8	4.0	4.0
郵便貯金	2,047	6,164	10,823	9,793	8,192	7,009	6,375	5,763	4,823
	0.1	0.1	0.1	0.2	0.1	0.1	0.1	0.1	0.1
合　計	2,197,517	6,111,771	6,799,239	6,207,324	6,068,710	5,807,034	5,503,024	5,307,490	5,177,995

　資金量、融資量には、債券発行高、信託勘定を含み、オフショアー、譲渡性預金は含まない。農林中金、商工中金を除く。
　信託銀行ネット系など新設銀行は1985年10月以前に営業していた信託銀行と野村信託銀行のみ。

金融機関は大手金融機関と比べてブランド力や金利競争力で劣勢であること、営業地盤内の投資活動が低調なうえ、営業区域が限定されていることなどから、預貸率の維持が苦しい状態が続いている。

最も預貸率が低いのは、北海道の信用金庫である。拓銀の破綻以来、預金吸収は順調であるが、経済活動の沈滞で資金需要が減退しているため、預貸率は軒並み40％を切っており、最低では20％台にまで低下している。この水準では金融機関というより、貸出業務を行わない貯蓄機関である。仮に国債等の有価証券投資で資金運用をしのげても、地域共生が課題である地域金融機関が地域に信用を供与するという使命が発揮できないところに大きな悩みがある。

また、地域金融機関は大手金融機関と比べて役務収益を獲得する取引機会が少なく、資金運用収益の落ち込みを役務収益でカバーできない悩みがある。

しかもこれは、景気の循環的要因によるものではない。景気がかなり回復している昨今でも全国の企業の設備投資は減価償却額こそ上回ったものの、基礎的キャッシュフローを下回っている。この現象は、人口流出、製造業空洞化、大手銀行の中小企業金融市場への進出、地方進出企業の銀行取引の東京（本社）集約などにより、地域金融機関に一層顕著に現れる。**地域金融機関に貸出余力がないために貸出が減ったのではないことは、政府系金融機関の貸出残高も減少していることからもわかるように、資金需要（パイ）そのものが縮小しているからである。**

◇ **預金お断りします！　地域内で回る資金は半分以下**

預貸率の低下は全国的現象である。

金融機関に集まった資金（郵貯を含む）が地元で貸し出されている状況（いわば地元循環率）を各都道府県別預貸率（図表3―4）でみると、和歌山県の28・5％を筆頭に、全体の半分の25県で40％を切っている。

60％を超えるのは東京都と大阪府だけであり、神奈川県ですら44・1％でしかない。その結果、2004年3月末の全国平均の預貸率は51・8％にまで低下した。地域内での資金循環が成り立たなくなっている。郵貯で東京に吸いあげなければ、もっとひどい状態になっていた、との見方もできる。

残りの資金は、国債、公共債、株式等の有価証券に運用されていた、地域金融機関の資金のうち地元で発行されている。したがって、地域金融機関の資金のうち地元で運用されているのは半分以下で、残り半分は東京で運用されている。貸付金のうち1割内外は東京、大阪など県外での貸出であることを控除すれば、

半分以上が地域外で循環している。

事例として、北海道と岩手県、和歌山県の地域金融機関の道県内市場での資金吸収・運用状況を預貸率（＝貸出金残高÷（預金残高＋譲渡性預金残高））からみよう（いずれも「月刊金融ジャーナル 04年12月増刊号金融マップ」による）。

（――北海道――）

北海道は地域が広大であるから、それぞれの地域で根づいた信金の存在価値が大きくなっており、市町村の公金取扱い金融機関に指定されることも多い。特に拓銀の破綻後は信金の存在価値が大きくなっており、道内信金の預貸率は平均で53・1％、大都市に地盤を持つ稚内信金等は20％景気が冷え込んでいる状況では、遠隔地で営業地盤に活気がない稚内信金等は20％川信金で54・5％、帯広信金で49・5％である。地元では最高で安定したシェアを誇るが、貸出金需要のパイが小さすぎる。地元を余儀なくされている。地元での貸出不振を札幌市場で少しでもカバーするため、04年3月時点で札幌市以外に本店を置く25信金のうち9信金が札幌に支店を設置しており、いずれも複数店を出店している。

（――岩手――）

同県内の地域金融機関は、銀行では岩手銀行、東北銀行、北日本銀行の3行、信用金庫は盛岡信用金庫

図表3−4　都道府県別金融機関の預貸率（2004年3月末）(単位：億円、％)

	預金残高	貸出金残高	預貸率		預金残高	貸出金残高	預貸率
北海道	309,610	134,445	43.4	滋賀	90,205	34,121	37.8
青森	67,071	33,560	50.0	京都	222,296	97,874	44.0
岩手	71,006	27,399	38.6	大阪	803,898	498,978	62.1
宮城	126,050	57,637	45.7	兵庫	402,292	159,005	39.5
秋田	57,813	24,018	41.5	奈良	105,351	31,592	30.0
山形	67,465	28,970	42.9	和歌山	83,739	23,868	28.5
福島	106,742	44,736	42.0	（近畿）	1,707,781	845,438	49.5
（東北）	495,654	216,320	43.6	鳥取	38,130	16,256	42.6
茨城	180,822	69,768	38.6	島根	45,464	16,497	36.3
栃木	128,687	51,391	39.9	岡山	137,315	51,657	37.6
群馬	138,215	56,307	40.7	広島	207,120	94,976	45.9
（北関東）	447,724	177,466	39.6	山口	96,360	32,831	34.1
埼玉	421,027	161,578	38.4	（中国）	524,389	212,217	40.5
千葉	347,858	135,368	38.9	徳島	66,084	22,895	34.6
東京	2,187,591	1,775,311	81.1	香川	87,993	30,094	34.2
神奈川	563,061	248,354	44.1	愛媛	102,982	47,037	45.7
（1都3県）	3,519,537	2,320,611	65.9	高知	51,961	20,863	40.2
新潟	157,509	60,567	38.5	（四国）	309,020	120,889	39.1
山梨	60,997	23,591	38.7	福岡	288,571	152,873	53.0
長野	160,213	61,163	38.2	佐賀	47,388	16,318	34.4
（甲信越）	378,719	145,323	38.4	長崎	76,726	34,269	44.7
富山	87,883	37,649	42.8	熊本	92,961	36,293	39.0
石川	86,136	38,674	44.9	大分	69,367	29,562	42.6
福井	65,568	25,520	38.9	宮崎	50,860	20,273	39.9
（北陸）	239,587	101,843	42.5	鹿児島	84,862	35,714	42.1
岐阜	161,269	65,276	40.5	沖縄	48,348	29,132	60.3
静岡	276,802	123,818	44.7	（九州）	759,083	354,434	46.7
愛知	595,001	245,455	41.3	全国	9,853,519	5,106,441	51.8
三重	129,317	42,906	33.2				
（東海）	1,162,317	477,455	42.4				

預貯金には郵便局を含む。譲渡性預金を含む。
「金融ジャーナル」 増刊号金融マップ2005による

図表3−5　岩手県内の地域金融機関の業態別預貸率と貸出シェア(単位：％)

	預貸率			貸出シェア		
	1994.3	1999.3	2004.3	1994.3	1999.3	2004.3
地方銀行	52.1	56.9	51.2	47.6	47.2	47.0
第二地方銀行	61.4	65.8	60.0	18.4	18.4	30.6
信用金庫	60.0	69.1	59.5	14.5	15.5	18.1
信用組合	56.7	53.3	48.5	1.2	1.1	14.6
労働金庫	47.3	60.6	68.1	2.5	3.3	0.6
農業協同組合	34.4	38.7	37.3	12.5	11.4	11.7

「金融ジャーナル」　増刊号金融マップ2005による

など7金庫、信用組合は岩手県医師信用組合など2信組などがある。全業態の県内預貸率を算出してみる（図表3−5）。

民間金融機関平均の県内預貸率は、94年3月末で51・1％、99年3月末で56・9％、04年3月末で52・0％にとどまっている。99年は同県内でも金融システムの混乱による特殊要因の影響で上昇したが、04年3月末の預貸率は94年3月末と同水準である。つまり、県内で地域金融機関に集まった預貸金のうち県内で貸出に回っているのは半分である。貸し渋りどころか積極的に融資先を開拓し、お互いにパイを奪い合っているのが実情である。

岩手銀行永野頭取は、「証券投資は余資運用ではなく本業である」ことを強調している（金融ジャーナル04年12月号「地域とともに」など）。地方銀行の証券投資が本業になるほどにまで地域の貯蓄と投資のバランスが崩れ、地域資金循環の形成という地域金融機関の伝統的使命を果たせないのが現実である。

――和歌山――

04年3月末の和歌山県内の預貯金残高（郵貯を含む）は8兆3739億円で、預貸率は28・5％で全国最低である。

県内最大手の紀陽銀行の預貸率は49・6％、信金全体では同44・8％と健闘しているが、預貯金シェアで郵便局が30・3％、農協が16・1％を占めているため、全体の預貸率は低い。

郵貯、農協が有力であるから、銀行等の民間金融機関には預金が相対的に

図表3−6　東京進出地銀、第二地銀の都内計数

業態	年月	預金			貸出金		
		1994.3	1999.3	2004.3	1994.3	1999.3	2004.3
地銀	残高	142,454	69,773	43,111	173,090	150,144	147,847
	シェア	6.5	3.2	2.0	7.6	7.0	8.3
第二地銀	残高	27,684	12,134	5,239	27,683	12,134	14,583
	シェア	1.3	0.6	0.2	1.2	0.6	0.8

「金融ジャーナル」　増刊号金融マップ2005による

図表3−7　東京進出地銀合計の都内残高シェア

	94年3月末	99年3月末	04年3月末
預金シェア	6.5	3.2	2.0%
貸出金シェア	7.6	6.5	8.4

集まりにくいにもかかわらず、この程度の水準の預貸率しか維持できないわけで、相当の資金過剰である。このような厳しい状況に対応して、地銀である紀陽銀行と第二地銀の和歌山銀行が合併することが決まった。これにより県下の地域金融機関は、地銀1、第二地銀0、信金3、信組1となる。店舗数から見ると、農協211、郵便局31行の単純合計）、信金58、信組1に対して、銀行105（2行7と、貯蓄機関が圧倒的となる。

◇ **ままならない融資の地元回帰**

こうした状況に対して、地域金融機関は手をこまねいてきたわけではない。地銀、第二地銀は効率化、経営の安定化などのため業務のあり方を見直し、東京や隣接県から地元への回帰や顧客層を絞り込むなど、特化・選択策を実施した。信金は外訪活動化の見直しなどを更に推進した。その結果、業界の伝統的な体質である横並びは戦略面ではかなり崩れている。

戦略を大きく分ければ、第1のタイプは、地元での市場拡大の余地のある金融機関（横浜銀行、常陽銀行など）で、地元に回帰し地元シェアを引き上げた。第2に、地元シェアが高くこれ以上のシェアアップを望めない金融機関（山口県の山口銀行・西京銀行、三重県の百五銀行・三重銀行など）は、近接県（名古屋市）、あるいは東京市場を

重視した業務展開を図っている。第3は、住宅ローンなどニッチな分野に特化する戦略で、泉州銀行（大阪府）は貸出金のうち消費者ローン（住宅ローンを含む）の比率を03年3月末の50・6％を04年3月末には59・1％に引き上げた。

しかし、それでも貸出は確保できないため、東京市場に回帰せざるを得ない。東京進出地銀の都内での預金、貸出金の残高シェアをみると、図表3―7のようになっている。

地元回帰の結果、都内での預金シェアは94年3月末からの10年で4・5ポイント減少したが、貸出シェアは一時的には低下したものの、10年前よりも上昇しており、早くもJターンしている。

◇ 広域化する営業基盤

資金需要の比較的高い東京でも信金大合併が急速に進められ、1区1信金の動きを飛び越えてより広域の合併が進んだ。信金の合併は、かつてのようなスケールアップによる効率化あるいは経営力の弱い金融機関の救済といった消極的な目的でなく、最近では営業区域の広域化による資金需要の開拓、広域化による信用リスク等の分散、リスク管理・与信監査態勢等の充実等の積極的な目的を追求するようになっているのが特徴である。

その結果、各業態を通じて、地域金融機関の営業戦略は広域化している。信用金庫は峠の向こう側、大都市信金は本店所在区（市）から隣接区（市）へ展開し、銀行は地元県から経済圏を単位とした隣接府県への進出を図っている。

例えば、京阪神の地銀では、大阪府、京都府、兵庫県下の金融機関が滋賀県、奈良県等の隣接の新興都市の人口シフトに合わせて進出し、住宅ローンの獲得競争にしのぎを削り、名古屋、福岡、広島、仙台等の政令指定都市には近隣県の地銀、第二地銀が地元地銀包囲網を形成するがごとく進出し、進出都市に市

図表3-8 山口銀行の地域別預金、貸出残高の状況 （単位:百万円、％）

	預金				貸出金			
	1993.3		2003.9		1993.3		2003.9	
	残高	構成比	残高	構成比	残高	構成比	残高	構成比
山口県	2,530,754	65.5	3,039,527	81.4	1,393,734	53.1	1,474,388	51.2
福岡県	291,828	7.6	332,251	8.9	305,175	11.6	421,063	14.6
広島県	175,537	4.5	201,824	5.4	230,161	8.8	255,849	8.9
東京都	547,470	14.2	57,449	1.5	373,265	14.2	502,331	17.4
大阪府	191,222	4.9	15,906	0.4	129,433	4.9	63,458	2.2
その他	126,477	3.3	87,339	2.4	193,286	7.4	164,835	5.7
合計	3,863,288	100.0	3,734,296	100.0	2,625,054	100.0	2,881,924	100.0

「金融ジャーナル」2004年6月号による

場開発本部を設置するなど、法人個人マーケットとも激しい競争が展開されている。交通の要所である岡山県などへの周辺府県からの攻め込みも見られる。

個別行でみると、山口銀行はすでに県内の貸出金シェアが45％を超えており、これ以上のシェアのアップが難しいため、東の広島県と西の福岡県（北九州地区）への「両翼経営」を展開している。しかし、残高でみる限り、主たる県外市場は福岡でも広島でもなく、東京である。同行の東京での預金は10年前の約10分の1に減少したのに対して、貸出金は増加し、同行全体の17・4％にも達し、10年前と比べて3・2ポイントも上昇している（図表3-8）。

過剰資金の運用に隣接県への展開は重要であるが、簡単ではない。札幌市に進出した道内信金も法人市場では苦戦し、地元出身者への住宅ローンなど、地縁者との取引のウェイトが高いようで、かつて邦銀が海外市場で現地日系企業市場で過当競争をした状況と似ている。最も地域性が強い農協は、職域会員組織でもあることを活かして融資はそこそこの伸びを示しているが、生産性の低い農業資金需要は低い。需要があっても、政府系金融機関の肩代わりがかなりの割合にのぼると推定されている。主たるものは、住宅ローン、アパートローンで会員以外への員外融資も多いようである。全国ベースの預貸率は27・6％で、集まった資金のうち4分の1しか地元で運用されていない。規模の利益

第1節 苦境続く地域金融機関―地域資金循環の縮小と金融市場の広域化―

の追求や内部管理体制の改善などの課題もあり、最終的には４１０農協に再編することがかねて決定しており、農協数は当初の約３２００から、現在では約９００にまで減少している。

県別にみると、島根県では農協の県内預貯金シェアは１７・４％、貸出金シェアは１７・７％でいずれも全国第１位で、預貸率も３６・９％でトップだが、第２位以下は大きく離れている。事実上、農協は金融機関としては役割を十分に果たせず、貯蓄機関になっているのが実情である。の系統機関である県信連や農林中央金庫へ預託されている。運用できない資金は上部

◇ **金融庁が地域金融を縛る　ＢＩＳ規制は与信を抑制する仕掛け**

金融機関は資金過剰でありながら、貸出金は２００４年度まで６年以上にわたり減少が続いた。しかし、減少したのは金融機関は健全な貸出案件を貸し渋ったからではない。

貸出金減少には二つの大きな原因があった。一つは、デフレ下の当然の企業行動である借入金の圧縮である。

もう一つは、金融行政の基本ルールに自己資本比率規制（いわゆるバーゼル合意、ＢＩＳ規制）が導入されたことである。

国際的な統一基準として自己資本比率規制を実施することは、金融の国際化が進展した８０年代から課題であり、よくいわれるようなアメリカの謀略でも金融当局の思いつきではなかった。

これらの新ルールは、平時においては必要なものであったが、使い方を誤ると副作用が甚大であるにもかかわらず、わが国では金融システムが揺らいで流動性危機を増幅するおそれがある状況で性急に導入された。根拠が曖昧で硬直的な数値に基づく自己資本比率規制や早期是正措置が実施され、しかも、裁量行政の排除、金融監督組織の大改革、金融検査マニュアルの作成、金融機関の資産査定・公表基準の制定等

がほぼ時を同じくして実施されたことにより、金融機関が貸出を見合わせたり、数値合わせに急に貸出を回収するといった混乱が拡大し、各地の地場経済に悪影響がもたらされた。

例えば、貸出資産の査定に債務者の返済力を判定する基準にキャッシュフロー基準が導入された。その結果、業歴の古い地場有力企業への短期ころがし貸出金などは、従来は金融機関も債務者も「永久劣後債」と同様な安定資金と認識していたものであるが、突然、返済に懸念のある貸出金と査定されたケースが少なくない。貸出金が不良債権と認定されれば、金融機関は償却か引当金積み増しが必要となるため、回収を急いだことが地域経済活動を低下させデフレの進行を加速した。

なぜなら、自己資本比率規制による取り潰しを避けるには、分子である自己資本の棄損を避けるために不良債権と判定される可能性のある貸出を早期回収するか、分母であるリスクアセット、つまり一般貸出金の圧縮しかなかったからであった。検査官の認定にも幅があるからなおさら急がざるを得なかった事情もあった。

この点はよく知られたことであるが、現在の金融行政が事業資金が必要な時期に貸出を抑制する結果を必然的にもたらすものであることをあえて述べておきたい。不況下では企業業績が悪化するため与信格付が低下する結果、貸出が抑制される。不況で不良債権が増加し、自己資本比率が低下すると、金融機関は貸出を一層圧縮するという、負のスパイラル現象も必然的に引き起こすのが自己資本比率規制制度である。

そこで、提案したいのは、**地域の実情などに合わせた自己資本比率の導入**である。金融庁が地域経済や企業の生死を握るのでなく、地方自治体、経済団体、利用者、日本銀行、財務局、地方通産局等の意見を反映した弾力的、実効的な自己資本比率規制である。これが密室で行われると、不祥事のもとともなるが、公開討論された結果による裁量行政は、生きた経済活動のために有効である。

◇ 自己資本比率8％は妥当か

金融機関に貸出す資金は潤沢にあり、過当競争となっているほどの貸出開拓努力が続けられているにもかかわらず、貸出は伸びていない。その原因の一つが自己資本比率規制であるが、では、**自己資本比率規制に普遍的妥当性があるかと言えば、疑問である。**バーゼル合意（BIS規制）による自己資本比率規制の基礎となっている数値や計算式は、極めて大雑把であるからである。

そもそもなぜ8％なのか。理論的にはもちろん、経験的にも正当性が検証された数値ではない。仮に国際的に活動する金融機関は自己資本比率8％が正しいとしても、国内金融機関に対しては各国の実情に応じて決められることになっている。わが国では、株式の含みの少ない地域金融機関の自己資本比率は伝統的に3％～5％であった。ところが、わが国の金融当局は、間接金融のウエイトが極めて高い金融構造であるにもかかわらず、協同組織金融機関も含めて地域金融機関にも国際基準採用銀行並の8％を目標とする行政を採用した。これでは貸出に消極的にならざるを得ない結果を招いて当然であった。

ちなみに、現行の自己資本比率規制には奇妙な点が多い。例をあげると、リスクアセットの計算上、一般の事業会社への貸付金は、借り手の信用力とは無関係にすべて100％を乗じることになっている。どんなに健全な企業に対してであれ、貸せば貸すほど自己資本比率は低下する。ところが、国や地方公共団体への貸出や公共債のリスクアセットはゼロで計算されるから、貸出金を回収して国債等を買えばリスクアセットは減少し、自己資本比率は改善される。貸出が不振で国債投資に傾斜せざるを得なかった結果、自己資本比率が50％台となり、健全性が高いと自負する地域金融機関もあるが、地域資金の供給という本来の機能が果たされていないほど高い評価が得られるのでは本末転倒である。

リスクウエイトゼロの国の機関への貸出の落札金利が0・01％台となったり、リスクウエイトが50％

Column

◇自己資本比率規制

　金融機関の健全性を確保するため、金融機関に所定の自己資本比率の達成・維持を義務づける制度。不良債権の償却等で金融機関に損失が発生した場合でも、自己資本を充当すれば損失を消せるから、預金者保護のため金融機関の自己資本を所定の比率以上に維持させておくとの考えに基づくものである。

　80年代のドイツのヘルシュタット銀行の破綻などを契機に、金融機関の破綻が国際的に連鎖するおそれが認識され、主要国が参加するバーゼル銀行監督委員会で国際的な統一基準での監督が検討された結果、統一基準として採用されたのが自己資本比率規制（バーゼル合意、BIS規制とも呼ばれる）である。

　これにより、国際業務を行う金融機関は8％以上の自己資本比率が必要となり、国際業務を行わない金融機関の自己資本比率は各国の判断に委ねられることとなった。わが国では、国内基準は本則では4％以上であるが、8％を目標とすることとなっており、一部の地域金融機関には過大な負担となっている。

　現行の自己資本比率は単純に公表自己資本の額を使用総資本で割るのではなく、次の算式で自己資本比率は実質的リスク等に置き換えて計算することになっている。

$$自己資本比率 = \frac{基本的項目（資本金等）＋補完的項目（評価損益等）－控除項目}{リスクアセット（資産残高×リスクウエイト）}$$

　この算式に対しては、金融機関の生殺与奪を握る割りには大雑把であるとの批判がある。例えば、リスクウエイトは、民間企業への信用供与は債務者の信用度を問わずに与信額に100％、担保付き住宅ローンは50％、中央政府への投融資はゼロを乗じた総合計額で計算される。

　批判にこたえ、07年からの第3次規制では、リスクウエイトを債務者区分に応じて細分化する、事務事故等のオペレーショナルリスクもリスクに加える、一律の数値ではなく当該金融機関の実績値によりリスクを計算する場合にはボーナスを与える、などが決まっている。

である住宅ローンの争奪戦が起こり超低金利となっているのも、金融庁の自己資本比率を上げ、しかも、貸出残高を増やせという業務改善命令をクリアーするための茶番である。

07年から適用されるBIS第三次規制では実績率の採用など多少手直しが行われることとなっているが、全体として大雑把さは残る。大雑把さを解消するため、統一基準でなく実績値を使うと有利になるインセンティブ方式が採用されるが、実績値データの蓄積や解析には多大なコストがかかるので、地域金融機関には事実上採用できない方式である。

繰り返すが、間接金融のウェイトが高いわが国でこれを適用し、しかも国際取引を行わない地域金融機関にも国際基準行並みの自己資本比率8％以上を求めることは、地域の資金循環を阻害しており、是正すべきものである。

また、自己資本比率規制には、貸出が必要なときに抑制する作用がある。不況時には貸出需要が増加するが、積極的にこれに応じれば自己資本比率は低下する。不況で不良債権が増加すれば、引当金積み増しや償却により自己資本は棄損する。貸倒れリスクを上乗せした金利を不況期に要求することは、現実には難しい。その結果、金融機関が破綻すれば、経営者は刑事・民事責任を追及される。一方、貸さないことは罪にはならないから、小さなリスクでもあれば、貸出は避ける心理が働いて当然である。つまり、自己資本比率規制は、資金が必要な時期に貸し渋り、貸し剥がしに追い込む制度である。比率の引き下げ、弾力的運用が望まれる。

◇ 自前の設備なんか要らない！

金融業は物流を伴わずに行える産業である。そのため、情報力、リスク判定力さえあれば、居ながらにして遠隔地でも営める。現金の授受だけは、拠点が必要であるが、それとて店外ATMや異業種（流通業、

鉄道業等)との提携により、自前の設備が要らないようになってきている。市場型間接金融や直接金融は当然の流れであるが、それによっても地域の壁は低くなってきている。

一方、金融商品の自由化で、投資家向けの新商品が続々登場してきている。幹事銀行が組成した貸付案件に地域金融機関等が参加するシンジケートローン、原債権者が貸付金債権等を流動化した商品、賃貸ビル等の不動産流動化商品が増加している。これらの商品の重要な購入者(資金の出し手)となっているのが、国債金利では満足できない地銀等の地域金融機関である。不動産投資信託に組み入れられた不動産はほぼ全部が東京にある物件で、流動化された金銭債権のオリジネーター(組成者)も東京の法人がほとんどであるから、このプロセスを通じても、地域金融機関の資金が地元から東京へ流れている。地方債は長い間、指定金融機関が引き受ける銀行等引受債(縁故債)が中心で、公募債は大量に発行する東京都などに限られていた。縁故債は地銀等にとって地域共生のノルマであると同時に、重要な運用方法であり、県内自治体発行の地方債残高が預金残高の10%以上に達している有力地銀もある。

しかし、地方債発行市場でも改革が行われている。なかでも、連合発行方式は、公募実績のある自治体(現在は20都道府県と13政令指定都市)が連帯債務者となって、全国の投資家を対象に入札で発行する制度である。地元金融機関が公募制を取り入れた地方自治体の地方債を取得したければ競争に勝てる金利を提示して落札するほかなく、出番が減少しつつある。

また、特定の施設建設等を目的に住民から公募するミニ地方債は、年間約3000億円が発行されているが、金利が預金より高く、地方自治体への参加意識をくすぐるので人気がある。この場合は、資金は地域内で循環するが、地域金融機関は募集窓口ではあっても、資金の供給者でない。

第2節　地域金融機関の経営

◇ラディカルだった整理統合

05年度からのペイオフ全面解禁を控え、破綻懸念のある金融機関は整理された。また、2004年8月から破綻前の地域金融機関にも公的資金を強制注入できる**金融機能強化法**が施行されたことにより、セーフティネットも整備された。更に大手銀行の巨額の不良債権処理はすでに半減目標を達成したことにより、金融システムの不安はほぼ解消された。

金融庁は、04年12月、後ろ向きの課題が片づくメドがついたことを受けて、「金融立国」を目指した新たなアクションプログラムを発表した。これに基づき金融界は05年度からは前向きの課題に取り組むことになった。

ここに至るまでに、金融界は抜本的な改革を実施してきたが、その経緯を振り返って総括する。

この10年、巨額の不良債権を抱えた金融機関が大小を問わず破綻し、救済合併で消滅した。また、大手銀行をはじめ破綻前の金融機関に公的資金による資本増強などで健全化が図られた。

① 金融機関の破綻

金融機関の破綻件数は、1998年度30、99年度44、00年度14、01年度56で一巡し、02年度は0、03年度は1、04年度0となった。統合再編の動きはまだ残っているが、大きな不安は解消され、前向きの課題に取り組むべき時期が到来した。

② 金融機関の整理統合

小規模金融機関や、破綻には至らないが弱体な体質の金融機関の整理統合も進んだ。90年代は背後で金融庁が主導した救済合併が多かったが、2000年代に入ってからは規模の利益を求めた効率化、

125　第3章　地域金融と地域金融機関の「いま」

Column

◇金融機能強化法

　ペイオフ解禁後の金融破綻を防止するため地域金融機関に対し公的資金を予防的に注入することを可能にする法律。2004年4月にそれまでの「金融組織再編法」に代わって施行された法律で、08年3月までの時限立法。

　05年4月から金融機関が破綻した場合、預金保険による補償額を破綻1機関につき一人当たり1000万円に限定するペイオフが解禁された。しかし、現実の問題としてペイオフを実施すれば、破綻金融機関の営業基盤の地域の経済社会に重大な影響を与えかねない。このため、経営体力の劣る金融機関の整理統合が行われ、現在は破綻懸念のある金融機関はほぼ姿を消している。

　しかし、今後も経営破綻は生じないとも限らない。このため、破綻金融機関及び破綻前金融機関への資本注入による支援の法的スキームを手当てしておく必要がある。その方法として、預金保険法には金融危機対応会議の認定による資本注入制度があり、すでに、破綻前の銀行としては、りそな銀行、破綻後の銀行としては、足利銀行にも適用された。しかし、この制度の適用は営業地域がある程度広い金融機関に限られ、中小規模金融機関には適用できない欠点があった。

　このため、中小規模金融機関を対象に定められたのが金融機能強化法である。同法では、不良債権償却等で自己資本を棄損したり、貸出金の伸びに比べて収益が伴わない中小金融機関等に対し公的資金を注入することにより、所要の自己資本比率（リスク資産の8％以上）を達成させ、金融機能を強化することを狙いとしている。公的資金の注入は大手銀行や健全金融機関も自己資本比率4％以上を申請できるが、実際には申請は考えられない。経営危機に陥った中小金融機関も、公的資金を申請すると経営トップの責任追及が行われ、地域経済の活性化策を織り込んだ経営強化計画の提出が命じられ数値目標を達成できなければ行政処分を受ける等の高いバーがあるから、よくよくの事態に陥らなければ、実際には申請しないことも予想される。しかし、本法の真の狙いは中小金融機関の合併を促進することである。金融機関が合併や全面的な営業譲渡により再編し、その際に公的資金注入を申請する場合は、トップの責任追及等は行われないことになっているので、経営危機に陥った金融機関は単独での再建を放棄し合併を選択するから、合併再編の仕上げには本法は効果を発揮することもあろう。

　預金者からみると、同法と預金保険法及びペイオフ対象外の決済性預金の創設により、事実上、ペイオフが実施される可能性はほとんどなくなった。

Column

◇早期是正措置

　金融機関が破綻すると処理費用は膨大なものとなる。そのため、経営の健全性の劣る金融機関が破綻する前に、自己資本の比率に応じて予防的に経営改善命令や資本増強命令を発出したり、健全な金融機関との合併等により破綻を未然に防止する措置を講じる行政。下表のとおり、自己資本比率が低下するごとに是正措置の内容は厳しくなる。1998年4月から実施され、不良債権の償却等で自己資本を棄損した金融機関に対して業務改善命令、業務停止命令が出された。

　数値による行政は官民が癒着した裁量行政を排除する効果はあるが、逆に地域の実情に合わない結果となることもある。特に不良債権処理基準、公的資金導入に対する理解、中小企業金融対策等が整備されていないまま導入を急いだ結果、混乱を招いた。例えば、不良債権の定義、判定等の基準が曖昧で、監督当局と金融機関等の計算する自己資本比率に差が生じた、総資産の圧縮又は抑制命令により貸し渋り、貸しはがしが助長された、といった弊害が指摘された。ペイオフ実施解禁を前に経営体力の弱い金融機関の整理統合が行われた結果、最近では、早期是正措置の発動は少なくなっている。

自己資本比率による区分と発動される早期是正措置の概要

区分	自己資本比率		措置の概要
	国際基準	国内基準	
1	8％未満	4％未満	原則として増資を含む経営改善計画の提出と実行命令
2	4％未満	2％未満	増資計画の提出と実行、配当・役員賞与の停止又は抑制、使用総資産の圧縮又は抑制、営業所の業務の縮小等命令
2の2	2％未満	1％未満	増資、業務の大幅縮小、合併・廃業等の選択と実行命令
3	0％未満	0％未満	業務の全部または一部停止命令

営業基盤強化のための広域化、リスク管理体制などの整備充実などのための戦略的な自主合併が多くなった。

地銀、第二地銀では、1県に3行以上の銀行がある県での再編が最終局面を迎えている。03年から04年に福岡地区で県や業態の枠を越えた再編成が行われたのに続いて、05年から06年にかけても山形県、茨城県で再編が決まっている。和歌山県、奈良県でも1行となることが決まり、県内に本店を置く銀行が1行の県は7県となる。

また、信用金庫、信用組合の再編も最終段階である。奈良、宮崎など5県では、信用組合がゼロとなった。茨城では信用金庫が2金庫となった。すでに資金量が2兆円を超える信用金庫は6金庫となり、信金1兆円時代から2兆円時代に突入した。

店舗数では、地銀、信金の減少は1割以内にとどまっているのに対して、破綻が多かった第二地銀は23％、信組は33％減少し、農協も27％の減少となった。減少したものには本店所在県以外からの撤収、合併による重複店の廃止なども含まれ、郵貯、コンビニとのATM提携なども進められたので、この数字のまま利便性が低下したわけではないが、効率性と利便性とは二律背反することは否定できない。利用者にとって選択肢が減った結果、資金調達にも制約が大きくなった。1行しかなければ、その金融機関の顔色をうかがうことになる。そのせいというわけではないが、ガリバー地銀の存在する県は産業が発展していないことが少なくない。パイプの数を減らすのではなく、増やすのが地域の課題である。東京都では新設銀行が2行登場したが、オーバーバンキングの東京ではなく、金融機関の足りない地域でこそパイプの数を増やすことが今後の課題である。

図表3-9　2004年度の銀行のOHR（経費率） (%)

都市銀行		信託銀行		地方銀行		第二地方銀行	
三井住友	37.7	中央三井	33.6	横浜	39.1	熊本ファミリー	51.0
みずほCB	38.0	三菱	43.2	北陸	48.2	もみじ	52.4
UFJ	42.9			足利	48.5	東京スター	54.1
				千葉	50.7	京葉	55.5
				北海道	52.6	北洋	56.3
平均	45.4		43.1		60.5		63.1
りそな	46.2						
（あおぞら）	47.3			但馬	78.1	仙台	77.2
東京三菱	49.1			みちのく	78.1	南日本	77.6
（新生）	55.9	UFJ	47.1	富山	78.1	山形しあわせ	79.0
埼玉りそな	58.8	住友	49.9	東北	79.3	殖産	81.6
みずほ	59.1	みずほ	55.7	清水	80.6	奈良	84.7

「金融ジャーナル」2005年8月号から作成

◇ **収益を増やすのは難題**

ひと口に地域金融機関といっても、規模や経営体質にはかなりの格差がある。最大の横浜銀行の資金量は9兆円を超えているのに対して、資金量が50億円以下の機関もある。3兆円を超える信用金庫がある半面、資金量が5000億円以下の銀行が10行以上ある。営業区域でも、県内の一部だけの銀行もある。

したがって、ここでは平均的な規模の地域金融機関を想定する。中小金融機関は大手と比べて経営効率が低いと言われる。これを検証するために、地域銀行と大手銀行の経費率を修正OHRで（＝経費÷修正業務粗利益）を比べてみる（図表3-9）。

2004年度の業態別修正OHRは、都市銀行は45・4%であるのに対して地銀は60・5%で、第二地銀は63・1%である。地域銀行が身を切る思いで合併、店舗統合・廃止、人員削減等の犠牲を払って到達した結果のOHRが60%台半ばであるから、これは大手銀行のバブル期の水準であるので、効率は悪い。地銀より平均規模の小さい信金は03年度では75・3%であり、同年度で地銀より10ポイント、都銀より20ポイント以上も高い（効率が悪い）。100円の業務純益を上げるため大手銀行は50円で済むのに、地域銀行は63・4円を要し、信金は74・3円を要している。

129　第3章　地域金融と地域金融機関の「いま」

地域金融機関のOHRが高い主な原因は3点あろう。第1に、規模が小さいため固定費が割高につくこと、第2に、業務の特色である渉外活動コストの負担、第3に、投信販売等の役務収益が少ないことである。

第1の、規模が小さい点については、合併による規模の拡大、地区でのコンピュータ共同センター、信金中金等の中央組織による信託、証券会社の設立等で、ある程度のコストカットが実現されている。第3の役務収益については、顧客ニーズが現在はまだ低調で熟柿を待つ状態である。当面は需要が小さいので割高につく自力対応よりも大手金融機関等に取り次ぐ方法が現実的であろう。

問題は、渉外活動のあり方である。津信金（三重）は渉外活動を全廃したことによりOHRは59・8%にまで低下し、また、高知信金は住宅ローン以外の消費者ローンが60%を超え、その収益が高いためOHR43・0%である。これらは資金量トップ（3・1兆円）の京都中央信金の64・6%（309信金中64位）、第2位の城南信金（2・8兆円）の77・6%（同154位）をはるかに上回り、都銀並みの効率である。しかし、本来は会員制組織であることを集金業務を従来どおり継続することはコストから見れば困難である。信用金庫が集金業務を稀薄化させたり、渉外活動を廃止・縮小すれば地域の利用者との関係は希薄化し、最大の特色を失う。渉外活動を通じた気軽な相談相手の役割を放棄し、大手金融機関との違いがなくなれば、日常的な取引情報は得られなくなり、その結果、融資業務も縮小すれば、ますます貯蓄機関化する結果となるだろう。

信金の最大の特徴である渉外営業を縮小、廃止することは、金融業務全体の縮小均衡につながりかねない。当座は融資業務の縮小に伴う審査業務、信用コスト（貸し倒れ損失等によるコスト）も削減されるメリットがあるとしても前向きの施策ではなかろうか。貯蓄機関としては良いが、地域金融機関としての役割を果たしているとは言いがたいのではなかろうか。預金保険制度に守られ、低コストで資金を集めながら融資業

務を行わないのでは、地域金融機関、協同組織金融機関たることの自己否定である。

最近、大型画面テレビの販売で、低価格の量販店に伍して旧商店街の小売店が善戦し、40％を小売店が販売しているメーカーもあるという。いわば種まきをしているため、小売店が平素から使用法のていねいな説明を行い、小さい修理等も引き受け、いわば種まきをしているため、メカが複雑になるにつれ、消費者から信頼されるためである。

協同組織金融機関においても種まきが重要であるが、現実は経費節減、効率化のため金融機関と顧客との関係が「ゲマインシャフトからゲゼルシャフト」となっており、「支店長さんにお嫁さんを2、3代にわたって世話してもらった」、といった話は昔話になっている。信用金庫トップの「ゲノッセンシャフト」「早い、近い、親しい」というスローガンもあまり聞かれなくなり、地域金融機関（特に会員制機関）の特色が失われている。効率性を追求するか、あえて非効率性を容認するか、ここに大きな経営課題があるのではなかろうか。

ペイオフの不安はなくなり、地域金融機関に対する信頼は回復した。近くて便利、夜中でも往診するかつての町医者精神が地域金融機関の原点であろう。

第3節 金融機能の強化

◇ 未熟だった与信判断能力

資金吸収に見合う資金需要がないのは事実であるが、金融機関経営者が「地域共生」に悩みながらも、前述のように自己資本比率の低下をおそれるあまり、積極的にリスクを取ろうとしない結果、地域金融機関の信用供与力が縮小していることも否定できないが、その背景には金融機関の信用判断能力が低いことがある。

昭和初期の金融恐慌では、不動産担保融資の危なさが反省されたが、戦後一貫した地価上昇のためその反省は忘れ去られ、不動産担保が法的にも経済的にも最も安全な貸し出しであるとの誤解が金融取引の常識となっていた。支払い金利を上回る担保の値上がりによって、貸出余力が生じる結果、返済不能な債務者にも追加貸出が可能となるため、不良債権は先送りされてきた。金融機関は利息が取れる限り返済を求めず、債務者も約定返済分の折り返し借り換え、借り増しは当然と考えていた。貸出担当者は担保不動産があれば借り入れを断ったことがなかった。

このような甘い審査でも、担保の値上がりに加えて、右上がり経済、物価上昇による債務者利潤、借りたものは返すという当たり前の倫理観などがあったため、実際に発生する不良債権は少なく、金融機関の役職員のリスク管理意識が低く、与信技術が低いまま今日を迎えたのであった。

金融業務の本質は、資金の移転の仲介とリスクの移転である。金融機関が貸し出すことは、預金者から資金を必要とする事業者等へ資金を仲介することであるが、同時に、事業のリスクを債務者から金融機関が肩代わりすることでもある。したがって、十分な自己資本を用意せず、しかも資本金（それも1円でもよくなったのである）の範囲での有限責任ですませる事業者に対して、事業リスクを肩代わりする金融機関が、居宅などを一種の「現物出資」することを求めるのは当然でもある。担保や個人保証はリスクの観点からみると自己資本に相当するものであり、（リスクを負わずに）事業を行うことが可能な間接金融主体の日本的資本主義の自衛策でもあった。

間接金融型資本主義は成り立つかぎりはこの金融機関がリスクを負担できるかぎりはこの間接金融型資本主義は成り立ったが、現在の金融機関には金融機関がリスクを負担する力はない。リスクをいかにコントロールするかが金融機関の最大の経営課題であり、なかでも業務のウエイトの高い信用リスクのコントロールが最重要課題である。

◇ リレーションシップバンキングは成果をあげたか

2003年に金融庁が打ち出したリレーションシップバンキングは、与信リスクを取る能力をアップするために、金融機関が取引先との親密な関係を築き、企業情報の入手、経営情報の提供などによりリスクに応じたプライシングに基づく金利の実現等を図ることを、アクションプログラムを作って金融機関に推進させるものであった。

現実にはゼロ金利の下で、しかも、収益が低下した企業からリスクを反映した金利を得ることは、相対的に力の強い大手金融機関でも実現できない状況であり、また、プログラムの中身のほとんどは、金融機関が実行して当たり前のことであるため、効果には疑問もあった。しかし、「中小企業白書2005年版」（中小企業庁、05年5月）によれば、リレーションシップバンキングは、金融機関と地元企業との取引関係強化の取り組み強化、貸出審査の際の重視する項目の変化や融資手法の多様化などに効果が現れていると評価している。

また、同白書では、中小企業に対して財務諸表の作成能力の向上、財務情報以外でも不利な情報を含めて積極的に開示することの重要性を指摘している。

金融庁のリレーションシップバンキングの実施状況に関する評価によれば、自動審査システムなどスコアリングモデルを利用した融資は、03年度から04年度上期までの合計で22万2362件、2兆118億円となっている。年間の約定返済額を埋めるには程遠いが、信用データの蓄積や分析が進んでおり、今後更に期待が持てる。また、中小企業支援スキル向上ための各種研究受講者は延べ18万7266人に達した。多数の取引先が一堂に会した展示会、説明会、懇談会などで取引相手を紹介する「ビジネスマッチング」はほとんどの金融機関が実施するようになっているが、参加企業の関心も高まり成約件数は増加してきており、03年度から04年度上期までに地域金融機関全体で1万251

Column

◇リレーションシップバンキング

　「リレーションシップバンキング」の統一的な定義はないが、金融機関が顧客と密接で継続的な関係を持続することで、非財務面の情報を含む顧客の信用情報を蓄積し、この情報に基づいて適正な貸出金利の設定などを通じて取引を推進することをいう。

　地域金融機関は、地域市場で寡占状態でありながら、規制金利体制や地域との古い関係などから、信用評価技術も高くないまま漫然とした取引が行われてきた点があるのは否定できない。経営不振企業への支援は地域金融機関として重要な役割ではあるが、実態を把握することなく赤字資金を垂れ流す結果となった事例も少なくない。

　リレーションシップバンキングにより、信用情報が蓄積されれば、貸出審査コストなどが軽減される、信用状態を反映した適正な金利設定、大規模投資や信用状況の悪化等に対して適切な支援を講じることで借り手・貸手双方の健全性が維持できる、などのメリットがあげられている。半面、金融機関と借り手企業の癒着によるモラルハーザードなどの弊害も指摘されている。

　最近、リレーションシップバンキングが注目されているのは、2002年10月、金融庁が地域金融機関に対してリレーションシップバンキング推進のためアクションプログラムを作成し実行を求めたためである。

　金融庁のプランによれば、03年度～04年度を集中改善期間とし、中小企業金融再生に向けた取り組みと、健全性、収益性向上等に向けた取り組みによりリレーションシップバンキングの機能強化を確実に図ることとした。05年3月、金融審議会では実績を評価し、地域密着型金融の本質が必ずしも理解されていないことや取り組みにバラツキがあることを踏まえ、継続的取り組み、集中と選択、情報開示の推進等を提案した。これに基づき、金融庁では、05年度から06年度の2年間に、（1）事業再生・中小企業の円滑化、（2）経営力の強化、（3）地域利用者の利便性向上、を三本柱として地域密着型金融の一層の推進を図ることとし、各金融機関に計画の提出・公表を求め、半年ごとの進捗状況を公表することを決めた。

Column

◇企業再生ビジネス

　大手金融機関の取引先企業の不良債権処理は峠を越えたものの、地域金融機関では人口の減少、製造業の海外移転、観光客の減少などで経済活動が沈滞、縮小しても引っ越せないため、不良債権問題が深刻化していることも少なくない。

　金融機関にとっては債務者企業の信用状況が悪化すると、破綻確率に応じた引当の積み増しや償却が必要で、それにより自己資本が毀損すると早期是正措置が発動されるため、経営悪化企業の再生（信用格付の改善）は、当該企業だけではなく、債務者である金融機関にとって重要な課題である。企業の再生が図られれば、金融機関にとっては、出血（自己資本の毀損）が止まり、信用格付が上昇したときには積んであった引当金を取り崩して益金に算入できる効果がある。このため、ほとんどの金融機関が企業再生部署を設置し、専担者を置いて再生可能企業の選別、経営改善の助言・再生計画の共同作成、民事再生法の活用した再生など、企業再生ビジネスに取り組んでいる。

　公的機関や民間企業にも、金融機関から経営悪化企業の貸付金債権を買い取ったり、金融機関が共同して企業を再生させる事業を行っていることがある。日本政策投資銀行、整理回収機構、産業再生機構などは、再生の可能性があるが民間金融機関の意志統一が難しい案件などの再生に取り組んでいる。民間では内外の投資会社などが、金融機関から貸付金債権や、債務者の発行株式を買い取り、債権者、大株主として企業再建に取り組み成果をあげている事例もある。

　このような企業再生ビジネスによって雇用の確保、地域活性化の効果が図られた事例も多くなっており、企業再生ビジネスは、新規起業支援に勝るとも劣らない重要な業務であると認識されるようになっている。しかし、地域経済の活力向上などは金融機関だけでは解決できない課題であるため、各自治体でも金融機関との協力、地元産品や観光地のPRなどに力を入れている。

図表3－10　地域金融機関による新しい資金供給（03年～04年上期）

資金供給方法	件数	金額
私募債	4,396件	6,433億円
債権流動化、証券化	3,357件	3,167億円
うちCLO	2,335件	796億円
シンジケートローン	412件	4,882億円
売掛債権担保融資	18,305件	1,559億円

（CLO：多数の中小企業の債務を担保とする社債）

9件に達し、複数行の連携で県境を超えた成約も出てきた。また、従来は大手銀行に利用が限られていた新しい資金供給方法が地域金融機関にも導入されている。

金融機関や自治体では、中小企業診断士等の専門スタッフの増強、取引先企業の組織化、大学や目利きとの提携、地域特産品のPRを行うことは今や当たり前になっている。今後は更に気軽な相談、法律改正や企業財務に関する状況等を提出資料作成研修等による、情報産業化を進めることが重要である。

最近、地域金融機関に特に求められているのは、不振企業の再生支援である。金融庁のアクションプログラムにおいても、この分野に高い関心が置かれている。企業再生は容易ではないが、不振企業の業績が向上すれば資産分類が上がり、それに見合って引当金を取り崩して益金に計上できるので自己資本比率が改善されるメリットがある。従来は大企業でも利用されることがほとんどなかったデッドエクイティスワップ（債務の株式化）が330件に達し、地域金融機関全体で39件、倒産企業への融資（DIPファイナンス）が地域金融機関の与信レベルは確実に上昇した。

その結果、景気回復や官民の支援制度もあり、成果が上がってきているものの、宿泊、娯楽業などでは依然厳しい状況が続いている。

新規起業についても、独立行政法人化した旧国立大学との提携による特許案件の事業化のための投資ファンドの組成や貸出などが進んでいる。その成果は図表3－10のとおりになっているが、予想を上回る速度で進んでいると言って良いだろう。

◇ 金融市場は個人主役の時代

金融機関が法人の資金需要の減少をカバーするには、有価証券(国債)投資と個人ローンの推進である。債務者は住宅を失わないため確実に返済を行い、また、生活に密着した長期的取引が期待できる。法人貸出よりも小口に分散されるのでリスクが小さい。更に、自己資本比率の計算上、担保付き住宅ローンはリスクアセットとしては残高の半分で済むので企業向け貸出と比べて自己資本比率を低下させないというメリットもある。このため、どの金融機関でも住宅ローンを中心とする消費者ローンは最も優先度の高い業務である。

しかし、地価の低い地方では住宅取得価格が低く、取得資金のほぼ全額を住宅金融公庫借入金と自己資本で賄えるため、民間金融機関の住宅ローンの利用者が首都圏などと比べて少ない。住宅金融公庫の貸出業務の廃止が決まったため、今後は増加すると考えられるが、現状では市場は小さい。地銀・第二地銀の05年3月末の貸出残高に占める住宅ローンの平均は24・4%(図表3—11)、信用金庫の貸出残高に占める04年3月末の住宅ローンの平均は21・3%である。平均で見ると常識的な数値であるが、これを個別に見ると、かなりの差がある。

銀行で最も比率が大きいスルガ銀行は貸出残高の6割以上が消費者ローンであるのに対して、地域で最有力で健全銀行で知られる百十四銀行や山口銀行は10%強でしかない。比率の高い10行の平均は39・6%、低い10行の平均は14・2%であり、格差は大きい。

同様に、信金の住宅ローン比率(04年3月末)を見ると、最高は小松川信金の52・0%で、最低は鳥取信金の5・9%である。上位10庫の平均は35・6%、下位10庫の平均は7・0%と大きな格差がある。

このような大きな差は、他の業務には見られない差である。法人からの貸出需要、資金吸収力、住宅価格の差(公的融資をフルに使うと民間借り入れ依存度が低い地域もある)などでも生ずるが、営業方針、金利や

図表3−11　地銀・第二地銀の住宅ローン比率と経営指標（2005年3月末）

(％)

	銀行名	所在地	住宅ローン比率	総資金利鞘	OHR
住宅ローン比率の高い10行	スルガ	静岡	61.2	0.99	53.9
	泉州	大阪	53.9	0.56	63.9
	横浜	神奈川	37.6	0.91	39.4
	びわこ	滋賀	37.0	0.60	65.5
	長崎	長崎	35.8	1.01	75.5
	関西アーバン	大阪	34.4	0.84	60.7
	荘内	山形	32.2	0.29	72.7
	京都	京都	31.5	0.45	61.7
	奈良	奈良	31.2	0.05	85.3
	京葉	千葉	30.9	0.72	56.8
上位10行平均			39.6	0.64	63.5
全平均			24.4	0.52	66.6
住宅ローン比率の低い10行	三重	三重	16.1	0.24	70.4
	徳島	徳島	16.1	0.91	57.7
	親和	長崎	15.5	0.76	60.1
	島根	島根	15.4	0.43	76.6
	札幌	北海道	15.2	0.61	68.3
	東京都民	東京	15.2	0.20	68.0
	もみじ	広島	13.1	0.60	51.4
	山口	山口	12.3	0.39	64.0
	百十四	香川	12.2	0.36	69.2
	福岡中央	福岡	10.7	0.58	74.8
下位10行平均			14.2	0.51	66.1

OHR：経費÷修正業務純益
金融ジャーナル2005年9月号から作成

広告等の各種競争条件の差などの意図的な経営上の選択動機が働いていると推定できよう。

その原因としては、ローンの収益性が考えられる。図表3−11のとおり、総資金利鞘やOHR（経費率）とローン比率とには相関性が低い。OHRなどには全体の規模による効率性なども反映されるので断定できないが、個人ローンは収益力の点では必ずしも効率の良くない業務である。リテール展開、地域密着という点では重要な市場であるが、低金利、過当競争もあって収益に貢献していないのは再考すべき課題であろう（高知信金は、住宅ローン比率は低いが、その他の個人ローンも含めた比率では全金融機関中トップである）。

第3節　金融機能の強化　138

第4節 再編成で地域金融サービス強化

◇ 出でよ！特色ある金融機関

金融システム危機とそれに対応するための大規模な整理統合により、金融機関数は大幅に減少した。もし再編により、重複店舗を統合し、廃止に見合った人員等を新設店舗に振り向けるなら利用者として歓迎できる。しかし、現在の金融機関にその余裕はない。経営効率化のために店舗閉鎖は行われた。住宅ローンセンターなど、業務特化店を除いて新規出店を5年以上凍結している金融機関も多い。統計数字では把握できないが、法人業務をブロックのセンター店に集約した金融機関も多い。センター店には経営再生等の専門家の配置、支店長の決裁権限の引き上げなどで機能面では従来と比べて機能が強化された面もあるが、問題は二つある。一つは、アクセスポイントが減少し利用者に不便になったという、地理上の利便性の問題である。もう一つは、利用者が金融機関を選ぶ選択肢が減ったことである。前者は、店外ATMや郵便局、コンビニなどとのオン提携でカバーできる。しかし、後者の一つの金融機関しかない地域では、たった一つの金融機関に融資を拒絶されれば資金調達の道は閉ざされる。

石川県では石川銀行が破綻した結果、承継銀行を経て富山県の北陸銀行等が譲り受けたが、その間、県内に本店を置く銀行は1行だけとなった。営業の一部は、日本トップ地銀のシェアが高い県内ではかない県や、県内トップ地銀のシェアが高い県では、産業活動が低調であることも多い。金融機関の数が少ないことがその結果か原因かは見方が分かれようが、もっと競争状態を作りだすことが必要である。同質の金融機関が重複すればオーバーバンキングであるが、特色ある多数の金融機関の競争ならオーバーバンキングどころか、好ましいことである。

金融庁では、05年4月にペイオフが全面解禁された後に破綻が生じないよう、信用力が弱い金融機関を

合併させ、必要があれば規模の小さな金融機関にも破綻前に公的資金を強制注入する政策を可能とするため、金融機能強化法を04年春に成立させた。これにより、ペイオフが行われる破綻は事実上回避されることとなった。

このような合併再編は、地域経済の規模や効率性、あるいは信用力の強化の点から言えば当然としても、利用者が金利や手数料に不満を感じても金融機関を選択できない無競争地区が誕生した。東京23区内でも、都銀の融資店舗がない区もある。その結果、業務の画一化が進み、サービスの質は低下したことは否定できない。

再編統合の一方で、銀行には新規参入もあった。専ら電子決済やATMなどのファシリティなどの役務の提供する銀行は利便性で業績を向上させ、利用者の評価も高い。開業から3年内に黒字化した銀行もあるが、中小企業融資に重点を置いた新銀行の成果は未知数である。

◇ **海外業務にいかに取り組むか**

本書のテーマである「二層の連携」は、金融業務にとっては、是非実現したいことではあるが、実際には簡単ではない課題である。なぜなら、金融業務は相手方の継続的な信用情報を基礎とする産業であるが、海外の新設企業ともなれば、なおのこと、リスクの評価、判断には現地のナマの情報が不可欠であり、現地情報が重要である。

中小企業白書によれば、中小企業の3分の1は主要取引先の海外移転等を経験している。また、大半の企業が海外からの低価格品により売り上げに影響を受けている。一方で、海外経済との一体化は、中小企業や地域金融機関にとって不利なことばかりではない。中小企業が海外へ事業展開するチャンスでもある。地場産業に影響を与える現地情報の提供は債務者企業だけで

はなく、金融機関自身にとっても重要性を増している。チャンスを活かすには情報力の強化が重要であるが、かつて地銀や第二地銀が欧米にこぞって拠点を設けたように自前で行う必要はない。内外の研究所や商社、金融機関等と情報提供契約を結べば、割安で質の高い情報を得ることができる。現地法制の制約はあるが、銀行代理店の活用の検討を急ぐべきであろう。

また、地域金融機関にとっては、ビッグバンクと組んだシンジケートローンにより海外事業のリスク分散も重要である。

◇ **信用リスクをいかに吸収するか**

最大の収益源である融資業務の機能強化には、理論的にはわかっていても実際には過当競争や債務者の懐具合などから、実現できないことも多い。

例えば、債務者の信用状況に合わせて金利を設定するプライシングである。信用力の変化に応じてプレミア金利を変動させるのがプライシングで、プレミアムを基本金利に上乗せし、信用力の変化に応じてプレミア金利を変動させるのがプライシングで、徐々に浸透しているものの、浸透速度はまだ鈍い。伝えられるところによると、シンジケートローンのスプレッドはほとんどゼロであり、また、返済を特別目的会社の資産に限定するノンリユースローンの金利は一般貸出の金利とほとんど差がないという。

わが国では、預金金利が規制されていたため、貸出金利に関しても信用度や貸出金額による格差をつけないことを、借り手も貸し手も当然のことと考えてきた。モノであれば、トラック1台分の売買と一掴みの売買、あるいは現金取引と1年分割払いでは価格差があって当たり前であるのに、金融取引では不思議なことにほとんど無視できる程度の金利差しかなかった。顧客の2、3割で全体の利益を出す、という収益構造もこのためであった。しかし、**経営の安定、ひいては金融システム全体を安定させるには、金利に**

リスクや手間に見合った差をつけることが必要である。

規制金利時代に成功してきた金融機関経営者は、価格構造の改革に臆病である。本格的に事業再生の大手術をする場合を除いてはほとんど行われていない。例えば、債務者に対して格付け区分の基準や個別の結果を開示することは、この説明なしに商品の品質の差のないカネを貸しても、結局は過当競争であるため、プライシングは成果をあげられないであろう。地域最有力の金融機関がリーダーとなって説明責任を果たせば利用者の理解を得られ、消耗戦のような低金利過当競争も終わるのではないだろうか。

第4章 顧客本位の組織への脱却 ―― 地域金融改革への提言

第1節 これからの地域金融機関

◇ 課題は十人十色

金融庁は、2004年12月、今後の2年間の金融機関が取り組むべき課題として、「金融改革プログラム――金融立国への道」を発表し、利用者がいつでも自由に、ニーズに合った金融商品・サービスを選べる可能性を最大にする施策を進めるアクションプログラムを求めた。ニーズに合わせた営業はすでに各金融機関が模索・展開しているところであり、金融改革プログラムの視点は目新しいものではない。

地域金融機関に利用者が期待する業務内容は、当該地域の経済構造、業態、客層、規模、競合機関の状況などによって大きく違う。しかし既述のとおり、住宅ローンが収益増強と直結していないように、普遍的なニーズに合わせた営業は必ずしも収益をもたらさない。予算、人的能力等で制約のある地域金融機関が進めてきた特化・選択路線とは逆行する面もある。

大手金融機関は顧客ニーズの多様化に対応し、また、資金運用の不振を補うために、デリバティブ、投信・保険販売、社債発行やシンジケートローンの幹事など役務収益を得る業務に力を入れている。その成果もあって、例えば三井住友銀は03年度決算の業務純益は1兆円を超えたが、課題の役務収益は、銀行単体で3221億円、連結で5010億円となった。内訳は次頁のとおりであるが、都市部にあり役務取引

Column

◇金融改革プログラム

2004年12月、金融庁は「金融改革プログラム～金融サービス立国への挑戦」を発表し、金融機関にアクションプログラムに基づく実行を求めた。

この狙いは、不良債権半減目標が達成されたため、次のステップとして金融行政は金融システムの安定から、金融システムの活力を重視する行政に転換し、金融機関も守りから攻めの経営に転じることにより、活力のある金融の実現を図るものである。

同プログラムでは、望ましい金融システムとして、「いつでも、どこでも、誰でも、適正な価格で、良質で多様な商品にアクセスできる金融システム」を提示している。魅力ある市場の創設、貯蓄から投資への転換を促すことが眼目である。

また、金融サービス立国への挑戦にあたっては、（1）利用者ニーズの重視と利用者保護ルールの徹底、（2）ITの戦略的活用等による金融機関の競争力強化と金融市場のインフラの整備、（3）国際的に開かれた金融システムの構築と金融行政の国際化、（4）地域経済への貢献、（5）信頼される金融行政の確立をあげているが、いずれも当たり前のことばかりで、特筆するものではない。

地域金融機関に対しては、「地域経済への貢献」が課題となる。具体策としては、かねて金融庁が推進しているリレーションシップバンキングの推進に尽きるであろう。金融庁では、Q&Aにおいて、中小・地域金融機関に対しては、

①事業再生や中小企業金融の円滑化
②経営力の強化
③地域の利用者の利便性向上を図るための地域の特性等を踏まえた個性的な計画の策定を求める、

と回答している。

また、健全性の確保や収益性の向上、ガバナンスの強化の観点から、

①リスク管理の高度化や経営管理（ガバナンス向上）に向けた取り組み
②新たなビジネスモデルの浸透、新規参入の促進
③地域の利用者の利便性向上に向けた情報開示の充実

を促す考えを示している。

図表4-1　役務収益の内訳

	03年度		04年度	
	三井住友銀	東京都民銀	三井住友銀	東京都民銀
預金貸出業務関連	28,282	430	33,415	461
為替業務	112,218	2,475	116,780	2,409
証券関連業務	20,258	2,092	22,801	2,275
代理業務	13,656	1,582	16,576	1,824
保護預り・貸金庫	5,532	328	6,333	362
保証業務	14,228	202	20,636	454
合計	322,075	7,992	399,434	8,899
役務取引費用	95,506	2,686	101,358	2,808
うち為替取引	21,918	478	22,590	449
役務収益粗利益	226,569	5,306	298,076	6,091
（預金残高）	60,067,417	2,136,095	62,788,328	2,173,183

（ディスクロージャー誌による。単位　百万円、単体ベース）

この比較でわかるように、預金量では東京都民銀は三井住友銀の約30分の1であるが、役務収益では証券、代理業務については健闘しているものの、預金貸出関連業務や保証業務では大差があり、合計では45分の1程度である。国際業務部門のウェイトの違いもあるが、ビッグバンクの方が優位である。以下の総合化、広域化、収益改善等を考えるうえでも、地域金融機関はないものねだりをするより、置かれている市場環境を吟味した絞り込みが重要であろう。

◇ 総合化──百貨店方式

預金と貸付金の利鞘を得る商売が成り立ちにくくなっている現在、すでに大半の金融機関は、国債・公共債はもとより一部の損害保険、年金保険、投信、証券化商品、株式等証券売買の仲介、地域貢献商品、信託などの取り扱いが可能となっている。この点は金融ビッグバンで条件が整備された。

具体的には投信、保険、信託などを品揃えするようになり、ワンストップバンキングが当り前になっている。投資信託で銀

行トップの実績を挙げている三井住友銀の03年度の投信と年金保険の販売手数料は４２０億円に達している。地域金融機関はここまではとうてい無理としても、増強する余地はある。

そのために、証券会社からの転職者を責任者としている金融機関も少なくない。保険会社からの転職者もこれから増加するであろう。知識や経験の豊富な人材さえ得られば、商品は優れたものを選んで仕入れればよい。ただ、ワンストップバンキングとは、ワンストップ"販売"ではなくワンストップ「購買」の視点から展開されるべきである。つまり売れるものを売る、マージンの高いものを売るのではなく、顧客が買いたいもの、買って得をするものを売る品揃えが重要である。

販売方法も大口客への訪問から窓口重視に変わってきている。預金客には投信、特に株式投信は無理との見方はなくなっている。といっても、プロが情報を独占して仕組んだ仕組商品などはアマチュア投資家に売るものではない。

このほか、総合サービス化として、信託を使った財産管理業務・遺言相続関連業務、子会社を利用した各種金融関連サービス業、信用調査会社・経済情報会社との提携、路線価・公示価格等の調査、弁護士、会計士、税理士、不動産鑑定士、住宅改造業者などと提携した相談業務もさらに進むであろう。しかし、米国では利用金融機関が個人情報を外部に提供する特約を預金者が容認する場合が多く、これが地域金融機関の重要な収益源となっているのに対して、最近のわが国では個人情報保護法により制約ムードが一層強くなり、米国のように外部への情報提供が大きな収益源とはなりにくい。

◇ **高度化・専門化**

総合化は広く浅くなることを意味するものではない。有形無形の付加価値が高いM＆A、営業斡旋、経営相談等の充実などには、専門的知識が必要である。最も儲かる投信の販売には、最も儲かる投信の仕入

第１節　これからの地域金融機関　146

れの目利きが必要である。

といっても、人員に限度がある地域金融機関では、自ら腕を磨いて自らできることには自ずと限界がある。したがって、自らは最も重要で自分にも合ったと考えられる一分野で特化した専門家となり、他の分野については、外部の専門家の活用が有効である。すなわち、一つの専門分野（高齢者の資産運用や高度の中国経済なども面白い）に経営資源を集中投入し、その他は、縦のネットワーク（東京の大手金融機関や高度の技量を持つ総研や投資顧問等との提携）と横のネットワーク（地域と提携、他の地域金融機関から専門技術を「買う」という発想）で補完することが肝要である。

専門人材を「買う」ことも重要である。都会の金融機関、証券会社等OBのUターン雇用、特殊な専門知識のある自行OBの雇用延長をすれば、コストも安くつく。特に、これからもっとも必要な業務となると見込まれている資産運用機能では、利用者の高齢化に合わせて経験と地縁のあるOBが高齢者の資産管理を担当したり、女性FP（フィナンシャルプランナー）など若い行員を計画的に育成して、巡回バンクに投入することは重要である。

◇ 収益の改善

不良債権処理にめどがつき健全性の問題があらかた片づいたとして、次の課題は収益性の向上である。わが国の金融機関の収益力は欧米に比べてでみると確かにかなり見劣りする。例えば、米国ではROAの目標値はおおむね10％程度であるが、わが国では3％程度である。しかし、これに対して、単純に「日本の銀行経営者は儲け方が下手」と決めつけるわけにはいかない。地域の多くの企業が収益低下に悩んでいる状況では、金融機関が自らの収益向上を最優先する訳にはいかない。

金融機関は収益拡大にはコストの低減か収益の向上が必要であるが、収益の向上は難しいので、コスト引き下げに苦心を重ねてきた。大手銀行も統合による増収効果は小さい。三菱東京・ＵＦＪの統合でも増収効果は４００億円に過ぎないともいう。市場はすでに飽和状態であり、増収による増益はほとんど期待できず、コスト削減効果は数千億円にも達する。一方で、ＩＴ投資の効率化による増益効果しか得られないのが実情である。活力のある経営、安定した経営には収益がまず必要である。どの産業分野でも、トップ企業が一人勝ちし高収益をあげるが、トップは持続的ではない。厳しい競争で勝ち抜いた活力ある企業だけがトップになれる。金融分野では、勝手に営業区域を変えたり、もうかるものだけを売ることができない。制約のある中でいかに収益を向上させることができるであろうか。

しかし、コストは単に切り下げれば良いものではない。良質な商品やサービスの提供には、コストがかかるのは当然である。特にリテールにはコストがかかる。例えば、多くの信金では単純な集金業務は縮小の方向であるが、信金の売り物である渉外活動、特に財産管理、相談業務、与信増強業務などは歯を食いしばって続ける信金が多い。

女性の活用策としてすでにパート化率が20％を超えている金融機関も多い。経験豊富な高齢者の活用に60歳定年を更に延長している金融機関もあるが、外国人の活用として大学の奨学金とセットで優秀人材を確保することも考えられる。もちろん、パート職員の総合職転換の可能な制度の導入も用意する必要がある。ボランティアが活躍したくなる分野では、ボランティアを上手く活用することでコストを下げることも可能であろう。

同時に、低コスト化のため、機械化と業務提携、機械化できる業務の共同化、共同処理による規模の拡大を進めなければならない。

第1節　これからの地域金融機関　148

◇ 広域化の流れ

町村は市に、県は州にという自治体の合併と同様に、金融業務においても大経済圏に向かって広域化が進んでいる。このため、金融業務では県境の意味がなくなっている。例えば、九州では経済規模の小さい佐賀、長崎などの金融機関の福岡への進出が目立ったが、03〜04年には県境を超えた再編が一挙に進んだ。名古屋、仙台へも近隣圏からの積極的な進出が見られる。

信金では、中央組織である信金中金を核とした縦の広域化といった状況が進んでいる一方、その動きには参加せず、ますます独自色を鮮明にしている大手信金もある。

ビッグ4は地域金融機関の囲い込みを意識して、統合前の母体の親密地銀を集めた定期会合に余念がない。地域金融機関はビッグ4とは距離を置いているが、ビッグ4にとって地銀をゆるやかな結合で傘下に入れて広域化を進めることは重要課題であろう。

eバンク化により電話やパソコンを使って自宅で銀行取引できるため、インターネット取引で境界を越えた営業（経済活動）を展開し、成功をおさめているスルガ銀行のような地銀もある。

地域の金融機関の相互代理店化やオンライン提携は、利便性の向上に即効性がある。少額の個人ローンはATMで行うことになれば、銀行も簡単に消費者金融の機能を取り込むことができる。また、世界経済の中で大きな存在となっている中国の金融機関が正確な情報開示を行うようになれば、わが国の地域金融機関も提携などを図ることが考えられる。

内外を問わず広域化には地域リスク分散、規模拡大による高度化、低コスト化等のメリットがあることも忘れてはならない。

◇ 高まる経済・経営情報サービス提供機関としての要求

地域金融機関は地域の経済活動の核であるから、そこに勤務する者には、優れた人材が多く、その能力は地元でも信頼され期待されていると推定される。

すでに述べたように、一昔前と違って資金は比較的簡単に調達できる時代であり、金融機関に期待されるのは、カネではなく有益な経済情報である。

そのために考えられることは、第1には、金融機関本体の利害とは関係のない中立的な情報の発信、個別企業の経営相談に応じることができる研究所の充実である。地元の事情に通じた研究者が、顧客のレベルやニーズに合わせた相談や、地域TVの番組を通じて情報を提供することは、地域住民にとって有益であり、金融機関本体の潜在顧客の掘り起こしになる。

第2に、個別企業の経営改善への助言である。かつての間接金融においては、金融機関には大口債権者として効率的で適切な企業活動を監視・指導する役割(ガバナンス機能)があった。しかし、資金過剰、金融機関過剰時代になり、金融機関は借り入れをお願いする立場になった。本来は危険で避けるべき大口貸出に猛進し、残高が膨らむと今度は潰すわけにはいかなくなり、誤った経営路線に注文をつけることができずに黙認したのがダイエーであり、そごうであったことは忘れるべきではないだろう。また、社債発行の際に、償還資金が不足した場合のバックアップラインを銀行に予め設定しておくなど、直接金融(社債)で資金を調達し、償還できなくなったら互いに補完しあうべきものであるが、破綻したマイカルなどは、間接金融と直接金融の際に金融機関を道連れにして破綻したのであった。

直接金融へのシフトは今後も続く道であろうが、地域金融機関も適正なプライシングをもとに市場型間接金融や直接金融に対応することが求められている。

第1節　これからの地域金融機関　150

◇ 欠かせない地域貢献の視点

金融機関に集まる経済関係の人々や情報は宝の山である。本業はもとより、本業を離れてもこれを活用する工夫をすれば地域貢献の機会が拡大する。

最近の成功事例をあげれば、のと共栄信金（石川県）と青森信金（青森県）によるチャーター便を使った観光客の相互誘致の共同企画がある。

2003年に完成した能登空港の利用者増運動協力の一環として、のと共栄信金は、年金顧客組織「のとしん悠々倶楽部」の会員対象に120人乗りチャーター便による3泊4日の「金沢能登の旅」への参加者を募集。一方、青森信金は、女性経営者などの女性会員組織「花りんご」設立記念として同会員から「金沢能登の旅」を募集したところ、3泊4日で14万円前後という価格にもかかわらず、チャーター便で時間が短縮できることなどから各120人の定員が満員となった。

旅行業は金融機関の業務範囲にないから、信金本体で行うことはできず、子会社で行うにも制約がある。しかし、専門業者に任せればチャーター便でも飛ばせるわけである。個人情報保護法による制約に留意する必要はあるが、このように金融機関が顧客情報を活用し工夫すれば評価は高まるであろう。個人情報保護を徹底しつつ、CRM（個人情報活用）を図ることが重要である。

第2節 利便性の向上、品質の向上に製販分離

◇ コストかサービスか

銀行業務は最終的には現金の預け入れ、引き出しが必要であるため、地理的な利便性が選択の重要な基準となるのが特徴で、どの調査によっても、利用金融機関を選択した動機で最も多いのが、「自宅や勤務

先に近い」ことである。

ところが、統合再編により、金融機関数、店舗数は減少し窓口取引の利便性は低下した。一方で、預金の出し入れ、送金等単純な取引は、店外ATM、郵便局、近接民間金融機関、コンビニなどの提携拠点を利用できるので利用可能時間帯は拡大し、地理的利便性は飛躍的に向上した。インターネットバンキングでも定期預金の預け入れ、継続、解約等まで可能になったが、高齢者にはまだ利用しにくい。提携先のATMでは定期預金の書き換え、投信の売却等ができない。また、融資や投信売買等の相対取引の取引、相談、諸届には営業店舗まで出かけなければならないから不便である。団地などには移動店舗を運営している金融機関もあるが、独居高齢者の各戸訪問はコストに耐えられない。防犯上も問題がある。手数料は高く横浜市などの社会福祉法人では高齢者の金融機関取引を代行するサービスを行っているが、利用しにくい。ヘルパーに依頼したくない高齢者の場合、どうするかが課題となる。

◇ 地域金融の業務を一変！──新・銀行代理店業──

すでに銀行法には代理店制度があるが、銀行（信用金庫等を含む）の拠点と同視すべきものとの方針から、銀行にとって支店設置と変わらなかった。また、銀行も戦線の建て直しを優先したため代理店といえども新規開設には手が回らないのが実情で、ほとんど設置されていなかった。

しかし、2005年1月、金融審議会が「銀行代理店制度の見直しの論点整理」を発表し、この規制を見直し、地理的にも、業務内容においても多様な展開のため、所属元銀行直轄の代理店ではなく、業務義務を課していたので、専業義務を課していたので、銀行の100％子会社に限定するとともに、銀行に属するのではなく独立した立場で顧客と銀行を結び付ける銀行代理店制度を新たに導入する方針を打ち出した。これに基づき、05年10月、郵政民営化法に続いて銀行代理店の規制を大幅に緩和する方針を打ち出した銀行法

Column

◇新・銀行代理店

　銀行法には銀行代理店の規定が従来もあったが、利用者保護の観点から代理店は銀行本体の支店、出張所等と同視されていたため、100％出資の子会社形式に限定されていた。このため、コストが割高で運営が難しく、実例はかぎられていた。これは、信用金庫法等の各金融業態に関する法令において同様であった。

　しかし、04年12月、金融庁では不良債権処理も峠を超えたことから、新しい金融行政の目標として利用者がどこでも適切な金融サービスを受けられる金融サービス立国構想を打ち出した。また、金融審議会では利用者利便の向上に銀行代理店の規制を緩和することを提起した。

　一方、04年10月、郵政民営化法案が成立し、将来の郵政貯金会社が業務を別会社である郵便局（郵政ネット会社）に業務を委託するための手当ても必要となった。そのため、通常は法案審議を行わない特別国会で、銀行代理店の規制緩和のための改正が、いわば"郵政民営化法関連法"として銀行法等の改正が行われた。これにより、銀行代理店は100％子会社であることを要せず、事業会社の兼営（兼営の範囲は内閣総理大臣の承認を要する）でもよいことになった。06年4月からは、銀行業務が損害保険業務などと同様、代理店によって取り扱われるわけである。

　業務範囲は当面は預金口座の開設、預金の受け払い、為替、個人ローン等の比較的単純な業務に限定されるが、すでにスーパー、コンビニ、不動産販売・仲介会社、旅行代理店などの参入希望者は数百社ともいわれる。預金者等利用者保護のためには、委託先の監督責任、金融庁の立入検査などが法定されている。政省令は未定であるが、自由度の高い銀行代理店が普及すれば、利用者は遠地の銀行まで出向かなくても代理店サービスを受けられるようになるので、便利になることが期待できる。金融機関は信用ある事業会社に代理してもらうことにより割安な業務運営が可能になる、反面、他の金融機関の代理店と営業地盤を超えた競争にさらされることとなる。

改正が行われた。

新・銀行代理店制度は、地域金融機関を含めて業務を一新する可能性がある。従来の銀行代理店は、地理的制約等から銀行の手が回らない地域における業務を支店、出張所より低コストでカバーする拠点であった。そのため銀行直営であり、兼業は制限され、その割りには収入が少ないことなどから活用しにくかった。

これに対して、新・銀行代理店は、単に過疎地などの地理的な不便性の解消ではなく、スーパー、コンビニ、不動産業などの事業会社や民営化後の郵便局に代理店業務を認めることによりいつでもどこでも良質なサービスを利用者に提供するものである。当面の代理業の範囲は預金銀行代理店が実現すれば、顧客にとって便利になるだけではなく、金融機関にとっても業務のあり方が一新される可能性がある。

なぜならば、銀行代理仲介業を活用すれば、例えば「過疎地の預金・個人向け貸出業務をスーパーや個人に代理してもらう」といった業務展開が可能になるからである。他府県の地域金融機関の代理店たり、逆にそれらの金融機関に代理店となってもらったり、広い営業区域をカバーする地域金融機関には、常時カバーできない過疎地の居住者等に仲介代理をしてもらえば高齢者向けサービスをはじめ、顧客取引の拡大が可能となる。代理店が兼営できる業務については内閣総理大臣の承認が必要であるが、弾力的に運用されれば、労組や学校などの代理店業務参入も考えられる。

一方で地域金融機関にとってはビッグバンクや民営化後の郵政貯金銀行等の動向によっては両刃の剣であり不安材料でもある。自らの地盤拡大のチャンスである反面、メガバンクは全国津々浦々に拠点を持つことになるから、メガバンクが民営化後の郵便局や広域コンビニエンスストアを代理店とすれば、先般、信託業法改正で創設された信託契約代理店制度や信託受益権販売業制度は予想より広く関心を呼

んでいる。兼業可能、個人も可能等、多様な業界から多様な業者の参入が可能であるが、一方では、信託業務の知識のある要員の配置、研修教育、帳簿の記帳・管理義務、営業保証金の供託、金融庁による検査などハードルが高いため低コスト運営ができない点もある。利便性と顧客保護は相反する面があるのは事実だが、従前の規制緩和を新しい規制で阻害するのでは意味がない。銀行代理店は、不正防止や顧客保護等に留意しつつ、可能な限りゆるやかな規制であるべきである。

◇ **自前主義から製販分離へ**

1998年12月に金融機関に投資信託の販売が認められて7年弱が経過しただけであるが、金融機関は最も取り扱いが多い三井住友銀行では、投資家(個人及び法人)から預かっている投資信託の販売シェアが50％を超えた。05年10月には日本郵政公社でも取扱が始められた。04年度中の増加額は3425億円から3482億円となった。

このように、投資信託や年金保険に対する顧客の人気は高いうえに、金融機関の収益改善にも貢献しているにもかかわらず、一方では今なお投資信託を取り扱っていなかったり、取り扱い銘柄が極めて少ないといった地域金融機関もある。ニーズがない、投資者が価格の下落で損害を被ることがある、そのような顧客が多い地域金融機関もあろうが、顧客はいつまでも変わらないわけではない。岐阜信金のように約250億円を販売している例もある。集めた預金を貸し出すことだけが金融機関の本業であった時代は過ぎ去った。いつまでも旧来のやり方にこだわっていては先がない。投信の取り扱いにしても、友好銀行や幹事証イカーに圧倒されるのに要した時間は短かかった。そのためには、顧客の視点で業務を転換することである。

155　第4章　顧客本位の組織への脱却—地域金融改革への提言

Column

◇金融商品の製販分離

　金融商品には、預貯金、保険、有価証券、ローン、クレジットカードなど多様なものがあるが、業務の自由化によって新商品も続々登場し、種類が増加している。また、各種業態の相互乗り入れや外国会社の参入などによってその販売窓口は拡大している。

　銀行が販売する多様な金融商品を、自社または同一金融集団に属する系列会社では商品化せず、他の会社から仕入れたり、取り次いで販売するのが金融商品の製販分離である。

　最近では、金融持ち株会社法により、メガバンクを中核に、証券会社、保険会社、カード会社などを傘下にもつ金融集団も誕生し、収益機会を拡大するためメガバンクは金融コングロマリットに向けて動いている。

　しかし、金融コングロマリット化し、金融商品の開発、商品化、販売まで行うことはうまくいけば妙味が大きいが、問題もある。

　問題の一つは、顧客の商品の選択肢が少なくなることである。1999年12月から金融機関窓口で投資信託の取り扱いが始まったが、当初は系列や親密な投資信託会社の投資信託を中心に取り扱った銀行が多かった。最近では顧客が幅広いラインナップから選択ができるよう、系列外の投資信託会社の投資信託の取り扱いも増えている。系列会社の商品だけを取り扱う販売者エゴから、商売の常識である売れ筋の商品、お買い得商品を揃えるようになってきたわけである。

　もう一つは開発・商品化、販売市場の開拓等に多大なコストがかかることである。大手生命保険会社には、がん保険等の取り扱いが日系保険会社にも認められるようになった後も、すでに外資系保険会社がはるかに先行しているため、自社では対抗商品は開発せず、外資系保険会社の商品を販売している例もある。規模が小さい金融機関は、低コストで人気商品を販売できる製販分離が必然の道である。

　アメリカでもコングロマリットによる製販一貫体制が予想ほど成果をあげなかったため、シティグループが保険元受会社を売却し、仕入れ販売に絞ったように、製販分離の動きが見られる。

券会社の系列の投信会社から仕入れていたのでは、自分のための選択肢であり、顧客のための品ぞろえではない。無数にある銘柄から顧客のリスク許容度、期待利回り等に合わせた多くの銘柄を取り扱い、顧客の選択肢を多くすることである。顧客のためには手間を惜しんではならない。

リスクあるものを押し売りをすれば、当然、弊害が大きいであろうが、スタートからしばらくの間は、目標設定を弾力的に行い表彰項目から外すといった工夫をすれば、顧客の犠牲においてもうけるということもない。顧客が自然体で投資する機会を作ることはニーズに応じるうえで必要である。

◇ **リテールの主戦場は高齢者市場**

05年度の土地白書では高齢化、空き家・空き地の増加、それによる治安の悪化等が懸念されている。定住人口を維持し、高齢者が住み慣れた土地で安心して住めるには、医療等とともにデリバリーサービスや金融サービスも重要である。

すでに金融機関の現金デリバリーのファシリティを提供するATM提携は全金融機関、郵便局、コンビニとの間で広範囲に定着し、利便性は飛躍的に向上している。今後も単純な受信業務は、eネット、機械化拠点、代理店で行えばサービスは維持できる。これらは金融機関が利用料を負担しても自前装備より割安で、利用件数の少ない過疎地域での効率化には欠かせない。

高齢者に対しても大手機関等への取次ぎサービスの充実、金融取引教育講座、高齢者介護(後見)の管理型信託、支払い予算、病院の選定等に受託者が裁量権のある信託、高齢者ローン(リバースモーゲージ)、年金支給日までのつなぎローンなどニーズは多様にある。この視点からも地域金融機関が大手金融機関と提携することは重要である。

欠点をなくしたローン)、入院、バリアフリー住宅への建て替え・改築、高齢者住宅への入所費ローン、年

◇ 業務多角化に製販分離は時代の要請

わが国の自動車、電気製品等の製造に高度の技術を要する大量生産品は、いずれも製造と販売が分離している。それによって、世界一の低コスト、高品質生産が可能となっている。ボルボなど有力自動車メーカーは部品を自社では作らず、世界中から優れた部品を集めた組み立てに徹している。フォードなどは金型製造など高度技術を日本企業に委託している。金融機関も自社製品にこだわっていては、遅れるし高品質製品を販売できない。

損害保険業界では、代理店が販売を専らに行うことにより、保険加入者に便利であるだけでなく、大量の契約獲得が可能となって大数法則による保険数理が可能となっている。2004年12月に全面改正された信託業法では、信託会社とは別に、信託契約代理店制度と信託受益権販売業者制度が取り入れられた。金融のアンバンドリング（機能の分業）が進んでいる。伝統的規制行政で一貫した自社処理を行ってきた金融業も、これに類する仕組みを取り入れる必要がある。

程度の差は大きいものの、利用者が金融機関に期待している機能は、多様化、高度化しているから、金融機関は提供する業務も利便性、高度化、専門化（多様化）、低コスト化の観点から先入観にとらわれず検討すべきであるが、そのうえで重要なことは、製販分離である。

本源的業務である預金貸出業務についても、最近ではシンジケートローンを組むことも広がっている。地域金融機関は大手銀行の組成した案件に参加することが多いが、ノウハウを吸収した地銀が組成し、他の金融機関に参加させるケースも出てきている。これにより、リスク分散、与信事務費用の低減が可能になっている。

役務収益のうち、投信、保険、信託等については、各分野での提携が進んでいる。地域金融機関は、市場規模が小さく、これらの業務の経験を積んだ人材が不足しているから、自前でこれらの業務に進出でき

ない。そのため投信会社、保険会社などから商品を仕入れたり、信託銀行の代理店となることによりこれらの業務を展開している。地域ファンドなども専門業者に組成を委託することもすでにスタートしている。

製販分離により、金融・商品サービスの高品質化、低コスト化、総合化、広域化が可能になる。それにより地域金融機関は実質的には大手と遜色のない品揃えが出来、低コストで在庫負担も軽減できる。

重要なことは、投信委託会社からだけ仕入れるのでは、自分の利益のためであり、利用者の利益にはつながる。その意味では継続的、特定の投信をその都度吟味して仕入れることが利用者の利益につながる。例えば、投信を出資関係のある特定の供給者との閉鎖的提携を作らないことであろう。

自分も買いたい投信をその都度吟味して仕入れることが利用者の利益につながる。デパートの売れ筋ファッション品の仕入れと同じである。

投信や年金保険に限らない。証券仲介業、天候デリバティブ等についても、製販分離で取り組めば投資や資金負担がかからずにすみ、顧客サービスの向上と収益の改善に資するであろう。

販売だけでは利益が薄いとも言えようが、市場規模が小さい地域金融機関にとって、たとえ低収益であったとしても低コスト・低リスクで収益を得られることは代えがたいメリットであり、最終的には満足を得られる収益率を得ることも可能ではないだろうか。

第3節　規制緩和された信託機能が地域経済に活力をもたらす

◇ 期待される信託サービスの拡大――信託業法全面改正――

2004年12月末に信託業法が全面改正され、受託財産の種類の拡大、新規事業者の参入、管理型信託会社、信託契約代理店、信託受益権販売業者などの新たな業務領域も創設された。

これにより信託の機能がより発揮されやすくなり、従来の金融機関の兼営による信託業務だけではなく、専業信託会社の設立も可能となった。05年春には2社に信託会社の免許が下付された。最低資本金が1億円（管理型信託会社では5000万円）と比較的低いため、地域の実情に合わせて引き受ける信託の種類を限定したり、規模の小さな信託会社を設立することが可能となる。また、信託銀行は支店が少なく、利用者には不便であるので、利用者のアクセスポイントの充実のために信託契約代理店制度、受益権販売業者などが認められた。これらの業者には専業義務がなく、個人でも営業可能であるので、宅地建物取引業者、利用者にはかなりの数の進出が見込まれ、利用者のアクセスの利便性は格段に向上する。その結果、金銭信託・貸付信託をメインとし、金融の一分野と位置づけられる従来の信託から、広く財産全般の管理運用のスキームと位置づけられた信託に変身し、地域経済にも大きく寄与する可能性がある。

また、06年には80年以上も前に制定されたままで時代のニーズに合わなくなっていた信託法が改正され、資産流動化型信託や事業執行型信託の障害となっていた点などが改善される見込みである。これにより、従来の信託銀行では開発できなかったり、手が回らなかった業務、採算の取れなかった業務でも可能なものが出て、信託が地域振興ビジネスの器となる可能性がある。

例えばリスクマネーの新たな供給手段として、信託を利用することである。一時期、金融機関系のベンチャー投資会社やノンバンクが金融機関の別動隊としてリスクマネーを供給した時期があった。しかし、現在では連結ベースでの経理、監督が行われるので、別動隊の資産内容も金融機関本体の財務に影響を及ぼすため、金融機関系列のノンバンクはかつてほど機能を発揮していない。さりとて独立系ノンバンクは、地方では未だ信頼度・知名度、親近感が低いことが多い。投信は地方の中小企業の株式を組み入れ上場を待つほど悠長ではない。

このため、ベンチャービジネスへの期待は高いが、リスクマネーは供給されていないのが実情である。

第3節　規制緩和された信託機能が地域経済に活力をもたらす　160

1円企業についても、自己資本を用意せずリスクを全部金融機関に転嫁する起業者に対して、資産査定や自己資本比率規制に追われる金融機関が融資するほどお人好しではない。不振企業・業種の再生に、すでに地域再生ファンドがあるが、一般企業を対象とするファンドはない。

そこでリスクをとった地域金融を推進する信託の利用をいくつか考えてみたい。

◇ リージョナル貸付信託

指定合同運用金銭信託を特別法で証券化した貸付信託は、最もわが国の実情に合うものであったため、10年ほど前までは信託銀行の主力商品であった。しかし、主要貸出先であった大企業の銀行離れで運用難となり、今日ではかつての残高の10分の1以下になっている。高度経済成長時代に不足した産業資金の担い手であった信託銀行の貸付信託や長期信用銀行の金融債が時代の使命を終えて退場するのは当然で、もはや昔日の人気を回復することはあるまいが、発想を変えればまだ活用できる。貸付信託が使命を終えた原因は、

① 重厚長大産業から軽薄短小産業への転換で資金需要が減少したこと。
② 大企業の直接金融シフトによって銀行離れしたこと。
③ 貸付信託受益証券は証取法上の有価証券であるにもかかわらず、行政が法律に優先した規制金利下では受益証券取引は事実上禁止され、流通市場は遂に形成されなかったこと。
④ 貸付信託には信託銀行が元本補填特約(信託の本質には反するものである)を付け、これが普及の原動力となったが、実際には信託銀行はすべての貸付信託にこの特約を付けることもできることになっており、不良債権の多発で信託銀行の負担に限界がきたこと。
⑤ 規制行政のために信託期間、受託単位等の設定が硬直的で、半面、人気が高く受託総額が大きかった

Column

◇信託業務の改革

　信託協会加盟会社合計の2005年3月末の受託財産は表面で525兆円、共同受託分を控除した正味で344兆円にも達したが、信託業務の大改革により本格的な信託の機能が発揮されるようになれば、融通無碍の信託の利用方法がさらに高度化・多様化し、信託財産残高はさらに増加するものと期待される。

　わが国の信託法、信託業法は大正末期に制定されたが、当時は直接金融や不動産・有価証券等のモノの信託の市場が未成熟であった。このため、信託業務は間接金融の補助的なものと位置づけられ、信託業法では金銭信託について受託者の元本補填特約を認めるという信託の本質に合わない育成策までも採用した。特に戦後の高度成長期には産業資本総動員のため特別法による貸付信託が創設され信託銀行の主力商品となった結果、信託は専ら間接金融の手段となっていた。また、信託法は、受託者の忠実義務等についても強行法規（当事者の合意によって緩和できない規定）を設けるなど、受託者の監督的色彩が強いものであった。このため、長い間にわたり、信託は本来の第三者による財産管理の手段の一つという大きな役割を発揮できず、「間接金融の限界供給者」と揶揄されていた。

　しかし、1980年代ごろからは、規制緩和により、信託は直接金融やモノの管理にも使われるようになり、年金信託、証券に投資する金銭の信託、不動産を開発する土地信託などが増加した。更に、90年代以降は、機関投資家の内外有価証券投資を管理する信託や資産証券化のための信託など、信託が多方面で使われるようになった。

　一方、金融制度の改革も進められ、金融機関を専門分野に特化させる専門金融機関行政が廃止されたことにより、信託銀行による信託業務の独占が崩れ、外資系信託銀行や証券系信託銀行等が誕生したほか、都市銀行や地方銀行も参入が認められ、業者数はかつての8社から40社を超えるほどにまで増加した。

　信託改革の仕上げは法律改正である。すでに信託業法は2004年12月末に全面改正され、信託法も06年夏ごろ全面改正法が成立する見込みである。

　信託業法の改正のポイントは、（1）受託財産の制限を撤廃し、無体財産権等の信託も可能とする、（2）従来は信託業務は金融機関が兼営する場合に限って免許されていたが、専業の信託会社を認め、財産の運用は行わない管理型信託会社は登録制とする、（3）全国どこでも信託を利用できるよう、登録制の信託契約代理店と信託受益権販売業制度を創設する、などである。これにより、信託業務が間接金融の呪縛から解放され、引受財産も信託目的も飛躍的に多様化し、膨大な所要システムを完備した大手総合信託会社（信託銀行）と特許権など特殊な財産の管理能力を持つ信託専業会社等が切磋琢磨し、信託の新たな発展期を迎えることが期待されている。

ため、過剰な余資(「過剰仕入れによる在庫」)が膨らんで安全で効率的な運用ができなくなった。といった点をあげることができる。

貸付信託を換骨奪胎してこれらの限界を除去し、間接金融のウェイトが高い地域金融機関が、従来の信託銀行とは違った発想で使えば新しい一種の市場型間接金融商品として再生する可能性がある。

もちろん、かつてのように画一的な商品による貸出原資の大量調達手段としてではない。一つの狙いは地場産業への投資促進手段であり、もう一つの狙いは(これとは逆のような)信託受益証券を全国の投資家に販売することにより、信用リスクを地域外に分散させるためである。資金の地域内循環とは相反するようであるが、地域外資金循環を地域金融機関が主体となって行う、次のような「リージョナル貸付信託」である。

信託目的　中小規模事業者に起業資金を長期投融資することによる利殖

委託者　地域の有力企業・団体、篤志家、小口投資家、地公体、大手金融機関など

受託者　地銀または信託専業会社

信託金　数百万円から数千万円(元本が例えば5％以上割れたときには受託者が補填する(信託会社の元本補填等は不可)

受益証券　譲渡自由。証券業者が売買を仲介し手数料を徴求する。

投資期間　5年から10年

財産運用　募集の際、対象案件を明示する。
担保付き融資または無担保投資、あるいは担保付き転換社債に運用する。
保証協会等の保証付きも検討。貸出金利は銀行の貸出と商工ローンの中間かそ

◇その他

研究が進んでいるクレジットリスクデータ解析による信用判断を使う。地域分散を図るため対象地域はある程度の広がりとする（県単位程度）。受益証券は受益権販売業者により販売する。合同運用金銭信託であるから、マル優適格であるが、課税分も住民税を免除することも提案

現在、信託業の兼営免許を取得している地域金融機関は、地方銀行約20行であるが、貸付信託を取り扱っている地銀はなく、金銭信託を取り扱っている地銀は信託銀行の受託した金銭信託の代理販売を含めて数行にとどまっている。地銀も運用難に悩んでいて、間接金融の手段としての金銭信託や貸付信託には興味がないであろうが、市場型間接金融の手段として使い方を検討してはどうであろうか。

04年12月の信託業法の改正で、信託業務の担い手は金融機関だけではなく、信託専業会社の設立も可能になった。専門の信託会社が従来の間接金融のDNAを残したままの地域金融機関とは違った発想で、斬新な商品設計に取り組めばかつての大型汎用商品ではなくニッチ商品として貸付信託は再生する余地があろう（なお、新信託業法では、地域金融機関は金銭信託について元本補填契約を締結できるが、信託会社は元本補填契約は禁止された）。

◇ノンバンク社債型信託

地域金融機関は資金は余っており、各地域金融機関では貸出先開拓チームの強化、目利きの養成、地元大学との提携、蓄積された信用情報に基づく自動審査などを進めている。しかし、金融庁による従来基準

第3節　規制緩和された信託機能が地域経済に活力をもたらす　164

とは違う基準（キャッシュフロー等）での資産査定、それによる自己資本の棄損と「制裁」をおそれて、リスクウエイトがゼロの信用保証協会保証付きの融資や政府系機関や地公体への融資が争奪戦になっているが、通常の融資については審査のハードルを引き上げているため、地域内での資金循環の制約となっているのが実情である。

というのは、金融庁はルールの作成、解釈、運用まで決める権限があり、その検査により出された結果について金融機関が反論することは、建前とは違って許さない絶対的なものであるからである。

預金取り扱い金融機関は、低コストで資金調達が可能なゆえに低金利融資が使命である。しかし、それでは変化の激しい経済活動に間に合わなくなっている。融資業務が不振の地域金融機関は、一刻も早く預金取り扱い金融機関の免許を返上してノンバンクとなり、金融庁検査の拘束から解放されなければ、自らも食えないし、地域のニーズにも応えられないであろう。

換言すれば、金融庁検査による地域金融機関の機能不全を修復するには、金融庁検査から少しでも距離を置いた仕組みが必要である。

その一つとして、金融機関数が少ない地域においては、預金以外の方法で資金を調達し地域の中小企業に投融資する地域ノンバンクの設立が考えられる。ノンバンクも金融庁検査からは無関係ではないが、BIS規制を課せられている預金取り扱い機関よりはゆるやかな基準である から自由度を確保できるわけである。

従業員が少ない中小企業には、金融機関に提出する資料の作成が負担であり、小額であれば簡単に迅速に借り入れが可能な自動審査システムによる融資は小企業に人気がある（中小企業総合研究所の調査結果等）。

最近の花形のコンピュータソフト開発事業などは、装置産業ではないから多大の資金を必要とはしない半面、成功すれば高収益が得られる、従来の産業とは違った産業である。商売のポイントは速度と発想であ

る。このような産業には、従来の金融機関よりノンバンクが有効である。米国では中小企業融資市場でのシェアは、商業銀行が38・4％であるのに対してファイナンスカンパニーは13・8％、リース会社が6・8％もある。これは、米国が貯蓄不足社会であることの結果であるだけではなく、ファイナンスカンパニーなどが多様な資金調達手段によって銀行と競争できる貸出条件を提示できることや、ニーズの差や社会的な認知度が高いこともあろう。

地域ノンバンク案の概要は次のようなものである。

出資者	地公体、地場有力企業、地域金融機関等が出資する。東京など、金融機関過剰地域では不要である。
貸出先	地域中小企業
貸出金利	無担保貸し出しは金融機関より高く商工ローン業より低い、いわゆる中間金利（利息制限法の上限の年率18〜20％）。担保付きはその半分以下
貸出上限	担保付きで最高1000万円程度　担保なしは500万円
従業員	金融機関退職者等による低コストオペレーション
資金調達	貸出債権を信託し、その受益権を改正信託業法で創設された受益権販売業者を使って販売する方法で資金調達する。（金銭債権を信託財産とする信託の受益権販売による資金調達はノンバンクなどに使われており、2005年3月末の残高は28兆円に達していると推定されるが、委託者（資金調達者）は大手ノンバンクや金融機関に限られている。受益権を、優先配当を受けられる優先受益権と、残余を受け取れる劣後受益権に分割して販売するなどの工夫で投資魅力を高めているので人気がある。）

第3節　規制緩和された信託機能が地域経済に活力をもたらす

◇ 愛県投信のススメ

投資信託が金融機関でも販売されるようになり、低金利の影響もあって地域金融機関の取扱高も増加してきた。大手投信会社が設定した四国ファンド、東海ファンドなどはそれぞれの地域に本社を置く会社の株式を組み入れた投信で、それぞれの地方の銀行等で販売され人気がある。また、地方公共団体では特定施設建設や祭典運営資金調達のための住民向けのミニ公募債が年間3000億円程度であるが発行されているが、これらの地域資金循環商品への住民の反応は良好である。

これらの流れをさらに前進させるには、1998年12月に施行された投資信託法（投資信託及び投資法人に関する法律）により、県、地場有力企業・金融機関、公募個人が出資した独立系投資信託会社の設立が有効であろう。投資信託法改正前の投資信託会社は証券会社系列に限られていたが、最近では外資系、独立系が多数参入し、実績をあげている。投資顧問業務も兼営できるようになったため、収益基盤も強化されている。

地方には上場企業が少なく、地元の上場会社の株式等では有利な投資対象を確保することが難しいが、上場予備軍や第三セクター、ベンチャー企業の株式・転換社債、公募地方債、ノンバンクの持つ金銭債権の信託にかかる受益権、オフィスビル等の不動産信託にかかる受益権なども組み入れ、金融機関、証券会社や証券仲介業の窓口で、100万円以下で受益証券を広く販売するという「愛県投信」の設定は可能であろう。目的は金融の地域循環であるから、幅広い地元投資家が選択できるようリスクとリターンのバランスを見極めた何種類かのファンドを設定し、固定費の少ない低コスト運営には経験を活かしたい退職者を活用することも考えられる。

事業者やその雇用者からの税収を考えれば、県は投資家の所得にかかる住民税等を免除することも検討してよいであろう。

◇ ご当地金銭信託

地方公共団体ではこの数年来、「愛県債」などと呼ばれるミニ公募債が地元住民あてに発行されている。施設の建設等の特定の目的の資金を調達する債券で、住民の参加意識を刺激し、金利も預金より高いので順調に消化されている。

これを更に、大企業の工場、私立大学、独立行政法人研究所などが、金銭信託、貸付信託を使って施設の建設等の特定の目的の資金を近隣住民から調達する金銭信託が考えられる。これらの経営体は本社・本部が東京で資金を調達することが多いであろうが、近隣社会とのコミュニケーション形成の一助とするために、あえて進出地域で資金を調達する価値がある。社債、学校債、機関債によることも可能であるが、合同運用金銭信託の方が有価証券目論見書の作成など情報開示や公告等が不要で事務コストが安く、税制上も預金と同じ扱いとなる、金融機関は元本保証特約が可能である、といったメリットを生かせる。

信託業務を兼営する地方銀行は増加しており、信用金庫は中央機関である「しんきん信託銀行」や既存の信託銀行の代理店となる形式でも取り扱いが可能である。

◇ 公共施設にも可能性―不動産投資信託―

地方においては不動産投資の期待利回り（キャップレート）を5％前後とすると、ほとんど物件は見当らないであろうが、長期的課題として検討する価値はあろう。

低金利預金より高い配当を求めて私募の不動産投資信託が急増しており、組み込み案件は東京圏だけではなく、最近の事例では名古屋、大阪はもちろん、地方中核都市にも広がっている。ユーザーが高収益の大手資本であれば、地方物件でも取り上げ可能の案件もあるようである。

民間案件ではなくても、地方公共団体の財政健全化のために、キャッシュフローを生んでいる保養、健

◇ ふるさとを守る田園管理信託

相続した田舎の土地が「田園まさに荒れなんとす」状態だが、生活事情から自ら「帰りなんいざ」とはいかず、かといって売却することには心理的抵抗があり遊ばせている人は少なくないだろう。2005年6月に発表された『土地白書』でも、全国的に空き地・空き家が増加し、犯罪等の懸念が出てきていると指摘している。

売るわけにはいかないが、当分の間、あるいは半永久的に土地を公の用途に提供したい、という人は意外にいるのではないだろうか。

コンクリートで固めるより自然景観を残し、切り刻むより広い土地のままのほうが、価値がある。しかし、管理するには大変であり、市町村も管理費の負担から無条件に不要な土地の寄付を受け付けるわけではない。コスト面から信託銀行や地銀でも管理信託を引き受けられない場合が多いであろうが、信託業法改正による市場開放で新たな地域信託会社の参入が実現すれば、問題はかなり片づく。カリフォルニアでは退役軍人などが取得した農地の信託が行われている。銀行の信託部が受託し、銀行には農業技術士、土壌改良士などがいて、管理（耕作など）に当たり収穫を出荷して収益を得ているという。

信託業務を兼営する地銀では手が回らないだろうが、宅地や山林は地場の不動産信託専業会社、地方公共団体、開発公社など、農地については農協に信託し、受託者は駐車場、貸し農園、小作化など、資産を有効に管理すれば信託財産から収益を得ることも可能になる。

例えば鹿児島や北海道など、東京から遠距離にある地域では、東京から手入れや墓参りに帰るのは費用も時間も大変である。交通費の半額程度を信託報酬に当てれば、良質の管理サービス（耕作、賃貸等も含む）を受けられるであろう。ただ、農地については、農地法で自作農主義のため農協でないと引き受け不可能な点を緩和する必要がある。

◇ **高齢者に安全・安心を—高齢者資産保護信託—**

独居高齢者・高齢夫婦世帯が増加している。それとともに、認知症の高齢者につけこんだ悪質なリフォーム商法や振り込め詐欺被害など、高齢者の犯罪や災害等による被害等が増加している。高齢者が自分で金銭を管理しているかぎり、犯罪被害はなくならないであろう。

とはいえ、高齢者等の資産を守るために成年後見法が施行されたものの、弁護士等に後見を頼めば月額数万円はかかり、地域福祉協議会の地域権利擁護事業も予算不足等もあって低調である。犯罪によるものではないが、金融取引には商品、税制などが複雑なものもあるため、みすみす損をする結果となることもある。金融商品販売法も制定され、適合性の原則が定着してきたが、損害を受ける可能性は残っている。

米国では、浪費者や行為能力のない者を保護する「浪費者信託」が利用されているようであるが、わが国でも高齢者の詐欺被害等を防止する高齢者資産保護信託を考えてみたい。

信託目的　　高齢者の財産が侵害されることを防ぐため財産管理

信託財産　　高齢者が当座の金銭等を除いた財産（居住家屋の権利証、有価証券、預金証書・通帳、高価な動産、封印した実印等）

委託者兼受益者	高齢者。当初受益者は委託者とし、その死亡後は配偶者とすることも可能
受託者	信託業務を行う地方銀行か信託会社
信託財産の交付	毎月定額の生活費と委託者が特に請求し受託者が妥当と認めた金額だけを受益者の生計用普通預金口座に振り込む。受益者は入院費、入所費の支払い等や、住宅の補修・改築等、業者の選定、支払い、検収等を高齢者本人の代わりに行う権限を有する。
成年後見人の指定	信託契約で予め成年後見人（社会福祉協議会等の永続性のある法人）を指定しておく。
身上介護者の定め	信託契約で委託者は予め身上介護人を指定するか、選任基準を定めておく。

改正信託業法で登録制の管理型信託会社が導入されるなど、信託会社の設立が容易になった。従来、信託銀行には支店が少なく、信託財産が分散していると信託業務の遂行が高コストとなるため受託できなかった。地銀が信託業務を兼営する場合も、コストからすると展開は難しい。地銀、信用金庫、農協等の金融機関や地域・業務限定の専業信託会社であれば、住宅資産の管理サービス等が可能となろう。

ただ、信託の先進国である米国でも、弱い立場の入居者が施設の運営者に財産を信託した後、虐待をおそれて経営者の信託義務違反を追及できないケースがあるという。信託業法改正では、信託業務免許を社会福祉法人等にも認める要望もあったようであるが、株式会社に限られた。ときには、介護等にあたる職員の悪質な不祥事件が伝えられているが、入居施設の経営者、介護職員等と財産管理の受託者は分離しなければならない。さもなければ、高齢者ホームの経営者が入居者に財産を信託させたり、流用が行われるなどの利害相反が起きる可能性がある。信託法改正要綱試案では、このような場合に受益者に代わって受託

171　第4章　顧客本位の組織への脱却―地域金融改革への提言

者を監督する「受託者監督人」の創設が提案されているが、有効な策であろう。

◇ 100年使える公共財としての高齢者共同住宅信託

退職者が今後の数十年を快適に過ごすために住宅を高齢者向けに建て替えたい、とのニーズは少なくないであろう。しかし、資金はあるが、自分がこれから何年使うかわからないため建て替えを断念していることも多いであろう。その結果、老朽化した家屋が残された一方では、高齢者の金融資産が眠ったまま退蔵される現象が見られる。もったいない話である。高齢者の貯蓄が動きだすことは景気浮揚のポイントの一つである。個人差はあるが、高齢者向け共同住宅では、大型高齢者ホームに入居するより自由な生活が可能であろう。

そこで高齢者住宅の建設を推進したいものであるが、高齢者の没後、改築されたり取り壊される一代限りの私財ではなく、何人もの高齢者によって100年使い続けられる民間人保有の公共財と位置づけて、可能な限り高級で高齢者に使いやすい仕様で建設することである。それには、信託を活用した共同住宅が考えられる。

仕組みの一例を挙げれば、次のようなものである。

当初委託者兼受益者高齢者住宅を建築する者
受益権
受託者
当初信託財産
追加信託財産

受益者入居を希望する高齢者
当該建物に入居する権利
不動産管理専門信託会社
建設された施設
補修・管理に要する金銭

信託目的　　高齢者専用居住用施設の建設、完成後の管理

受託者は高齢者向けの高級仕様の建物を企画建設する。信託金だけでは使用区画建築資金が不足する入居者については、信託会社が金融機関から借り入れる。返済、利払いは、入居料に上乗せする。

当初の受益者である高齢者の死亡、転居等の場合に、次の入居希望者に受益権（死亡又は退去時まで信託財産を利用する権利が受益権の目的である）を、受益権販売業者（当該施設運営体も登録できる）を通じて売却する。高齢者は増加し続けており、生活に便利で家族の住所にも近く、坂道もない都会地であれば、入居者は途切れないであろう。

信託会社は、当然の業務として建物の物理的管理などのほか、身上介護の手配等も行えば高齢者の満足度は増す。信託会社は、落語に登場する大家さんのような存在である。企画力、権利調整能力が必要であるが、多様な分野からの信託会社への参入が解禁されたことにより、従来の金融を主体とする信託銀行とは違った受託者の力量が発揮されれば実現が期待できるであろう。公共財の普及には、基準を満たす物件については、不動産取得税、登録免許税、固定資産税等の減免、相続税評価の減額等による支援も必要である。

美観を備えた恒久的施設は公共財である。

◇ 遺言執行と遺産整理事業への参入

従来は在来の信託銀行を除いては、財産に関する遺言の執行や遺産整理業務を営むことができなかったが、2004年12月の「金融機関等ノ信託業務ノ兼営ニ関スル法律」の改正で、この制限が撤廃され、地銀等も信託業務を営んでいれば、これらの営業が可能となった（専業信託会社は不可）。

最近は、資産の増加、核家族化・家族関係の希薄化、介護・寄与者と法定相続人の分離などにより骨肉

173　第4章　顧客本位の組織への脱却—地域金融改革への提言

相食む争いが生じるのを避けるため、遺言書を残す人も増えている。また、相続人の海外赴任などで遺産処理が進まないケースも増加している。

信託銀行に遺言書を預け、相続開始時に執行を依頼している人はすでに数万人に達しているが、店舗の少ない信託銀行ではコスト面もあり、十分に手が回らないのが実情である。

公共的使命のある地域金融機関がこの業務に参入し、相続人の信頼を得て、公正な立場からこの面でも機能を果たすことが期待される。

◇ **自然を守る公益信託**

英国では美しい海岸・原野の多くが、ナショナルトラストと呼ばれる地域を受益者とする信託によって管理されている。わが国でも、自然・美観の保護は、地域発展のタネとして必要であるだけではなく、人類全体の財産として保護すべきであり、対象を身近な棚田、原野などにも拡大してよい。ところが、民有地は資金負担や所有者の核家族化、低コストでの人手の確保が難しいことなどから、私人の所有では手に負えなくなってきているものも多い。

わが国にも公益信託制度があり、信託銀行や一部の地方銀行でも扱っているが、大半が教育・福祉的とするものである。各地の湿原、棚田、名水源、史跡名勝など地域の保存すべき遺産などには公益信託が適しているにもかかわらず実例は少ない(地公体等が管理するものはある)。その理由は、信託銀行は遠地の物件には手が回らないこと、維持費捻出のための入園料徴収事業等に依存することは財政リスクがあること、篤志家の浄財だけではコストをカバーできないことなどがあった。

今後、公益信託を使った自然保護には次のような仕組みが考えられる。

一つは、自然・美観保護地域の保護・管理、郷土の偉人の顕彰・旧宅の保存などを目的として浄財を信

Column

◇公益信託

　祭祀、宗教、慈善、技芸、学術その他公益を目的として設定される信託。受益者は特定せず、社会全体が受益者である。公益信託は、信託銀行等に財産（現状ではほぼ全額が金銭である）を信託し、受託した信託銀行が信託財産の運用、事務処理等を行うので、理事や常勤者が必要な財団法人等を設立するより割安な運営が可能であるから、それだけ多くの公益事業を行うことができる。公益法人とともに、民間資金による公益増進機能が期待されており、2005年3月末の公益信託受託残高は、562件、693億円である。目的別には、教育が最も多く、慈善、自然保護等は少ない。

　現行の信託法には公益信託についての定めがあり、設定、終了等は主務官庁の許可制で、事務処理についても主務官庁の監督に属すことになっている。公益法人制度改革（2005年度内に結論）に合わせて、公益信託についても所定の要件を満たせば許可なく設定できる準則制に変更される見通しである。許可制がなくなれば、主務官庁が公益信託に消極的であったため設定されていなかった分野や小規模財産、史跡名勝などの公益信託なども普及することが期待できる。

　主要な省庁や自治体では、公益信託に関する規則を定め、公益信託の許可要件として、受託者が信託業務を兼営する金融機関か信託会社であること、受給者の選考のため選考委員会を設置することなどを定めている。

　公益信託の収益は非課税であるが、委託者が公益信託に出捐した財産についての所得税の寄付金控除、法人税の損金参入、相続税の寄付金控除等に関しては、特定分野の目的に限られている。公益信託の推進・普及には税制の改革が望まれている。

託するものである。信託設定後は委託者以外の者も金銭を追加信託できる募金型信託とすれば年々の管理費用が賄える。受託者は、金銭を運用し、地元代表や科学者等で構成する運営委員会の決定に従って自然・美観保護に維持費用を給付する。

課題は追加信託金の獲得である。入場料（入山料）、募金箱、寄付金（寄付金控除の対象となる指定寄付金制度の見直しなども必要）のほか、年会費制、観光施設や商店、宿泊施設が売り上げの端数等の寄進等の方策を総動員し、観光資源の永続的な管理に充当することが必要である。

２００６年に予定されている信託法改正では、現行法の公益信託引受の許可主義が、民法の公益法人制度の改革に合わせて見直され（緩和され）、信託設定が容易になることが予想される。公益信託の設定に主務官庁の許可が不要になれば、利用の可能性は広がるであろう。また、06年の信託法の改正では、公益信託ではなくても、景観の保護などを目的とする「目的信託」の導入も検討されている。公益信託のような税制のメリットはないものの、簡易な信託の設定が可能となる。

すでに信託業法の改正で、財産の運用や性状を変える改良・開始などは行わない管理型信託会社は登録制で設立できるようになった。これにより地域住民が主体となって信託会社を設立し、公益信託を受託する道も開けている。地域の公益信託専門信託会社であれば、信用力も上がり、信託設定後も信託財産を広く社会から常時追加募集することも可能になり、信託目的達成のために継続的、組織的活動も可能となる。信託会社が、信託業務の処理を地域の事情を熟知した高齢者やボランティア等に委託すれば、低コストで良質の信託事務の処理が可能となる可能性もある。

また、営業とはならない範囲（反復継続して営利を目的とした事実上の公益信託が有志によって運営されている事例も許・登録は必要ではない。街並保存を目的とした事実上の公益信託が有志によって運営されている事例もある。現在は信託銀行等が受託しないと公益信託としては認可されず、税法の要件も満たされないが、小

第３節　規制緩和された信託機能が地域経済に活力をもたらす

規模財産やNPOや地公体外郭団体が受託するものについては認可対象とし、税法上、優遇する余地があろう。

なお、所得税では公益信託の収益に対する非課税制度があるが、相続税法では相続税が非課税となるのは、科学技術の振興など、極めて限定された特定公益信託に限られており、これを自然景観等の保護にまで拡大する必要がある。

◇ **財産管理業務も可能になった**

改正信託業法では、信託会社（信託業務を営む金融機関を含む）は信託の引受のほか、信託を引き受ける財産については、管理業務も営めることとなった。管理業務も営めるようになった。例えば、不動産の信託を受託する信託会社は、不動産の管理（アパートの管理など）も営めるようになった。信託では名義と管理権が信託会社に移されるが、管理業務では受託者に移らず、管理内容も代理権の範囲内であるから執行できる業務はやや限定されるが、信託より気軽にアパートの家賃の集金、空き室の管理などを信託会社に頼むことが可能である。信託と比べると利用者にわかりやすく、管理者の責任や職務は受託者になる場合より限定されているから信託会社は引き受けやすい。

地域金融機関が高齢者施設への入居などによる長期留守世帯等を対象に最も財産管理機能を発揮しやすい分野であろう。

以上のように、信託は金銭以外の財産も受託でき、財産の管理処分の方法も多様であるから、無限の利用方法があり得る。従来の間接金融の一員としての信託でなく、各種の財産につき信託の各種の優れた機能と受託者の専門的能力を売る信託会社、あるいは金融機関の信託兼営が増加すれば、信託業務の幅は広

177　第4章　顧客本位の組織への脱却―地域金融改革への提言

がり、金銭以外の財産の管理等による収益機会の拡大も可能となる。04年末の信託業法の改正に続いて06年には信託法の全面改正が予定されている。旧・信託業法、現・信託法とも信託業者の取り締まり、監督を主目的としていたため、規制色が強かったが、今般の改正の狙いは規制を緩和し、信託の利用可能性を増大することである。金融庁は新たな規制をかぶせるのではなく、運用面においても、規制を緩和し、信託の利用機会が拡大されるよう配意しなければならない。

参入規制の緩和等で、ニッチな分野での信託の利用、津々浦々の地域での信託の利用の可能性も拡大した。資産保有者と受託者が想像力を駆使して信託を利用することが期待されている。

第3節　規制緩和された信託機能が地域経済に活力をもたらす　　178

第5章 地域国際化戦略 その理論と実際

第1節 地域を取り巻く状況

◇ 少子高齢化の荒波は地方が先にかぶる

厚生労働省の国立社会保障・人口問題研究所（社人研）は、わが国の2050年までの人口推計を、3つのシナリオで行っている。2050年の**合計特殊出生率**（以下、出生率という）は、高位シナリオで1・63、さまざまな政策の前提としている中位シナリオで1・39、低位シナリオで1・10となっている。しかし、直近の出生率の実績（03年）を見ると、全国平均で1・29、先行指標となる東京都では、1・0を割り込み、低位シナリオでさえ、おそらく実態としては、最も楽観的なケースであると考えざるを得ない（なお、04年の速報値も、03年とほぼ同様のレベルである）。

わが国の2050年の推計人口は、この低位シナリオで、約9200万人（2000年の1億2690万人に比べると28％減）となっているが、この予想出生率の1・10を東京都の実績出生率の1・0に置き換えると、8000万人を割り込む計算となる。すなわち、2050年に向けて、(思い切った抜本的な少子化対策を採らなければ）**わが国の人口は、4割前後減少する蓋然性が相当に高いと考えられる**のである（ここでは、そのような革命的な少子化対策は、すぐにはとられないものとして議論を進める）。

問題は、この4割という想像を絶するレベルの人口の減少が、決して全国均一に生じるわけではないというところにある。おそらく、東京（首都圏）は、若者を中心に引き続き人口を吸引し続けるだろう。ま

図表5-1 都道府県の将来推計人口、2030年のトップ10

	人口指数（2000年=100）			生産年齢人口の割合（％）	
1	滋賀	113.9	1	東京	64.1
2	沖縄	108.4	2	滋賀	62.1
3	神奈川	101.6	3	神奈川	62.0
4	東京	100.7	4	愛知	61.2
5	埼玉	99.7	5	大阪	60.7
6	福岡	99.4	6	埼玉	60.2
7	宮城	98.0	7	兵庫	60.1
8	千葉	97.3	8	福岡	59.9
9	愛知	97.0	9	京都	59.8
10	兵庫	95.9	10	宮城	59.7
	全国	92.6		全国	59.2

出典：社人研

Column

◇**合計特殊出生率**

　15歳から49歳までの年齢別女性の出生率を合計した数値で、1人の女性が一生の間に出産する平均子供数を表す。一国の人口を維持するためには、統計上、2.08人が必要とされている。第2次世界大戦が終了した1947年のわが国の合計特殊出生率は、4.54人だったが、現在（2004年）では1.29人と先進国の中でも最も低いレベルに留まっている。これには、若者の低収入、未婚者の増加や晩婚化、女性の就業、子育て支援制度の遅れ、教育費の高騰などによる影響が大きいものと考えられている。先進国の中では、アメリカやフランス、北欧諸国の出生率が比較的高い水準を維持しているが、その原因としては、移民の積極的な受け入れ（移民の出生率は高い）や、社会による手厚い子育て支援などが挙げられることが多い。わが国は、移民の受け入れも、社会による子育て支援も、先進国の中では後位にあり、一歩踏み込んだ積極的な少子化対策が待たれるところである。

た、いくつかの中核都市も東京に次いで高い吸引効果を持つだろう。だとすれば、それ以外の地域は、全国平均以上に人口が減少し、かつ高齢化も全国平均以上に進むものと考えざるを得ない。社人研の「都道府県の将来推計人口（02年3月）」によると、2030年時点で、人口指数（2000年＝100）が、100を超えるのは、滋賀、沖縄、神奈川、東京の4都県に過ぎず（全国＝92・6）かつ、生産年齢人口（15歳〜64歳）の割合が最も高いのは東京と推計されており、この推論を裏付けた形となっている。

ところで、先の低位シナリオによると、わが国の高齢化のピークは、2043年で、その時の高齢者（65歳以上）人口は約3650万人、これに対して（現在の就業率が維持できたと仮定して計算した）就業者数は約3740万人となり、ほぼ1人が1人を養う関係になる（その後、2100年まではおおむね高齢者人口が就業者数を上回ることになる）。

このように考えてみると、**地方は、2050年に向けて、人口が現在の半分以下となり、かつ高齢者が就業者を（ひょっとしたら大幅に）上回るという凄まじい事態に直面していることが判明する。この現実から目を背けずに「地域おこし」を行うためには、一体、どのような政策提言が現実問題として可能なのだろうか。必死で、人口を増やす政策を考える以外に、ひょっとしたら方策はないのではないだろうか。

◇東京に頼らず、企業移転に頼らず

「地域おこし」の方策を検討する際に、次の2つの前提となる考え方を確認しておきたい。

まず、東京（首都圏）の富（あるいは機能）を地方に移転する、という発想はとらないことである。東京の強みはその集積効果にある。**日本で最も国際競争力のある都市（東京）を弱くする政策は、国策上、明らかに誤りである**。ロンドンやニューヨークはさておき、東京は、まず、上海など東アジアの大都市との競争に勝ち抜かねばならない。東京がこの競争に敗れることは日本全体が落ち込む

181　第5章　地域国際化戦略　その理論と実際

ことと同義である。

21世紀前半の世界的な発展地域の一つは、疑いなく東アジアである。そして、**発展地域には金融センターが必要**である。東京は、EUにおけるロンドンのように、東アジアの金融センターを目指すべきであり、われわれは、東京の国際競争力を高めるために、東京をもっと強くしなければならない。そのためには（東京への）新たな投資の拡大が不可欠である。

例えば、東京は、中長期的には、国際空港から都心部へのアクセスの問題を解決しなければならない。方策は2つある。成田新幹線（リニアモーターカー）のような発想を採るか、羽田（あるいは横田）を国際空港化するかのどちらかである。

なお、この考え方は、東京主導、霞ヶ関主導というこれまでの発想を維持するということでは、全くない。東京は、東京独自で、東アジアの金融センターを目指して、住みやすさや便利さ、エンターテインメント（文化的な刺激、魅力）、最小限の規制、公正な市場、ポリグロットの人材の安定供給などの面で、アジアや世界の大都市と競争を行うべきであり、Polycentricityの哲学と十分共存できる発想であると考える。

第2は、ICTなど先端産業の企業誘致、もしくは工場の移転という発想を捨て去ることである。むつ小川原総合開発計画の挫折など数多の先行事例が教えるところであるが、先進国においては、産業の空洞化が必然であるという事実を、まず、われわれは虚心坦懐に受け入れなければならない。

企業は、グローバリゼーションの下では、（先進国の）地方が発展途上国と競争することはおよそ不可能なのである（例えば、わが国のどこかに現在の10分の1の人件費で優秀な若い労働力をいくらでも供給できるような地方が存在するだろうか）。第2次産業の空洞化は、むしろ与件として捉えるべきである。

図表5-2 人口の減少と成長率

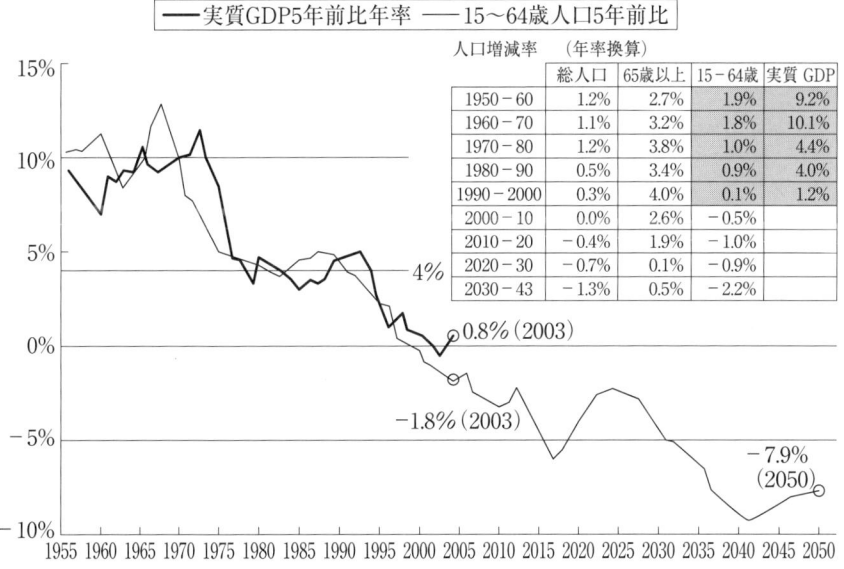

― 実質GDP5年前比年率　― 15〜64歳人口5年前比

	人口増減率	（年率換算）		
	総人口	65歳以上	15-64歳	実質GDP
1950-60	1.2%	2.7%	1.9%	9.2%
1960-70	1.1%	3.2%	1.8%	10.1%
1970-80	1.2%	3.8%	1.0%	4.4%
1980-90	0.5%	3.4%	0.9%	4.0%
1990-2000	0.3%	4.0%	0.1%	1.2%
2000-10	0.0%	2.6%	-0.5%	
2010-20	-0.4%	1.9%	-1.0%	
2020-30	-0.7%	0.1%	-0.9%	
2030-43	-1.3%	0.5%	-2.2%	

0.8%（2003）
-1.8%（2003）
-7.9%（2050）

出所：中前国際経済研究所

◇ 栄えるということは人が集まるということ

しかし、以上のように考えてみると、果たして「地域おこし」の秘策があるのだろうかという気がしてくる。ここは一つ、ものごとの根底に遡って、ラディカルに考えねばならない。人間の歴史を少し紐解いてみると、栄えるということと人が集まってくるということは、ほとんど同義であることに気がつく。

ここで、栄えるということをGDPで置き換えてみよう。簡略化すれば、GDP＝人口×生産性である。前述したように地方の人口は半減する恐れが強い。では、生産性はどうか。産業を、大まかに、1次産業、2次産業、3次産業に大別する。わが国の製造業、すなわち2次産業は国際的な競争力があるといわれている。しかし、空洞化が歴史の必然であれば、2次産業は海外に出て行く。国内に残るのは（国際競争力に欠けるといわれてきた）農業などの1次産業とサービス業などの3次産業である。

そうであれば、日本全体の生産性も（放置すれ

183　第5章　地域国際化戦略　その理論と実際

ば）下がる方向にあると考えざるを得ない。人口が半減して、かつ、生産性が下がれば、どのような状態になるのだろうか。状況は、極めて深刻である。なお、わが国のGDPは、より正確に述べると、生産年齢人口の増減にほぼ正比例しているという見方がある（図表5―2参照）。低位推計（実際には楽観シナリオ）を前提にしても、この見解に従えば、2010年以降のわが国は、マイナス5％成長が常態となるかも知れないのである。

したがって、これから地方が食べていくためには、まず、なによりも人が集まる仕掛けを必死で工夫しなければならない。その一つの鍵が、観光である。また、教育についても、工夫次第では、人を集めることができるかも知れない。加えて、人が生きるためには食料が必要である。都市では大規模な食糧生産は期待できないので、食料の生産は、地方の重要な産業としてなお、生き続けることになろう。

そこで、ここでは、観光に加えて、教育と、食料が「地域おこし」の一つの核になるような提案を行ってみたい。もちろん、「地域おこし」の方策は、各地域の特性に応じてさまざまであろう。また、さまざまであるべきである。全国一律の「地域おこし」の政策など画餅にすぎない。なお、エネルギー産業も地方に必要だが、その問題については別の機会で述べたので（日本の国益委員会編『新資源大国を創る』時事通信社）、ここでは割愛したい。

◇ **観光客の経済効果**

人を集めるためには、まず、移民という方法がある。国連の推計によると（図表5―3）、例えばわが国で、生産年齢人口を維持するためには、2000年から2050年にかけて毎年65万人の移民の受け入れが必要とされている。しかし、この推計は、2000年時点で行われているため（その後の出生率の低下を反映させれば）65万人という数値自体が、おそらく相当小さいものとなろう。

図表5－3　先進諸国における移民受入に関するシナリオ別移民の規模（2000～2050）

(千人)

国	中位推計に基づく移民数		総人口維持のための必要移民数		生産年齢人口維持のための必要移民数	
フランス	325	(7)	1,473	(29)	5,459	(109)
ドイツ	10,200	(204)	17,187	(344)	24,330	(487)
イタリア	310	(6)	12,569	(251)	18,596	(372)
日本	0	(0)	17,141	(343)	32,332	(647)
韓国	－350	(－7)	1,509	(30)	6,426	(129)
ロシア	5,448	(109)	24,896	(498)	35,756	(715)
イギリス	1,000	(20)	2,634	(53)	6,247	(125)
アメリカ	38,000	(760)	6,384	(128)	17,967	(359)

〈備考〉　1．国際連合「Replacement Migration : Is it a solution to declining and ageing population?」（2000）
　　　　2．括弧内は年平均の値。

夫婦別姓ですら未だに決断できない現在のわが国の政治状況の下では、大規模な移民の解禁はおそらく絵空事であろう。しかも、移民の問題は中央政府の権限に属するので、ここではこれ以上立ち入らないことにする（移民の一つの簡便な形態であるワーキング・ホリデー制度については後述する）。

しかし、次の点だけは、指摘しておきたい。わが国は、島国であって大陸とは切り離されているが、それでも太古の昔から大陸との間で交流が途絶えたことはなかったのである。世界でも稀な豊かな気候、風土に恵まれ、水も十分にあり、また相応の広さ（決して小さい国ではない。わが国をヨーロッパの地図上に重ねると、一目瞭然である）をもつわが国は、いわばユーラシア大陸の東のフロンティア、東のカリフォルニアであったのだ。

北から、南から、また韓半島を経由してさまざまな人々がわが国に渡ってきた。そして、7世紀に、大唐世界帝国を創り上げた東アジアの政治状況やエネルギーが、多民族国家として日本という国を誕生させたのである。遺伝子的に見れば、今日に至るまで、わが国は多民族国家であり、韓国や中国の方がむしろ単一民族国家に近いといえるのである（図表5－4参照）。

したがって、移民を恐れる必要はまったくない。単一民族神話は、鎖国以来の（決して古くはない）伝統の上に明治政府がネー

図表5-4　日本人・韓国人・中国人のDNAタイプ比較

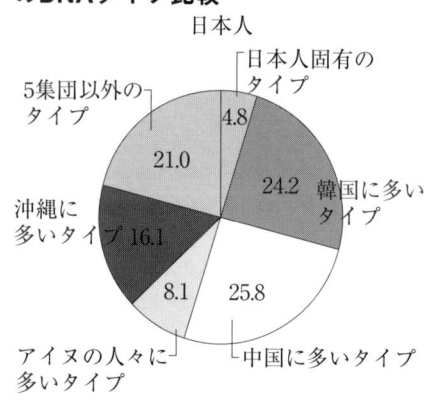

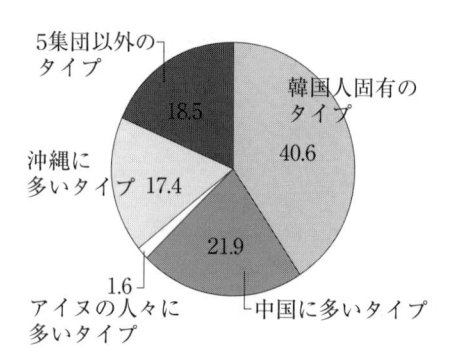

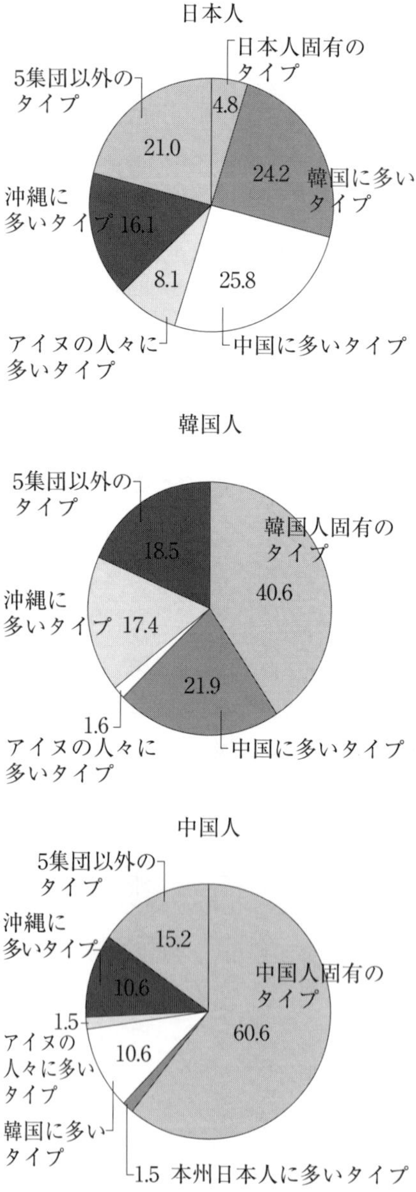

日本人
- 日本人固有のタイプ: 4.8
- 韓国に多いタイプ: 24.2
- 中国に多いタイプ: 25.8
- アイヌの人々に多いタイプ: 8.1
- 沖縄に多いタイプ: 16.1
- 5集団以外のタイプ: 21.0

韓国人
- 韓国人固有のタイプ: 40.6
- 中国に多いタイプ: 21.9
- アイヌの人々に多いタイプ: 1.6
- 沖縄に多いタイプ: 17.4
- 5集団以外のタイプ: 18.5

中国人
- 中国人固有のタイプ: 60.6
- 本州日本人に多いタイプ: 1.5
- 韓国に多いタイプ: 10.6
- アイヌの人々に多いタイプ: 1.5
- 沖縄に多いタイプ: 10.6
- 5集団以外のタイプ: 15.2

出所：NHK（番組）

ション・ステイトを建設するために創り上げたものであって、ソメイヨシノ（桜）や国旗（日の丸）と同様に、たかだか100年強の歴史を有しているに過ぎない（実は、わが国固有の伝統と考えられている習俗の大部分は、明治維新が起源であり、それより古くてもせいぜい江戸時代に遡るものが大半である）。

ところで、移民とほとんど同じ経済効果をもつものとして、国際観光客の誘致があげられる。2005年の「観光白書」によると（以下、特に断りがない限り、データは観光白書から転載）、03年の世界の国際観光客到着数は約6億9073万人となるが、わが国のシェアはわずか0・7％（521万人）に過ぎない。日本の順位は、世界では32位であり、アジアに限っても7位と、中国、マレーシア、タイ、シンガポールといった国々の後塵を拝している（図表5-5、6参照）。GDPシェアとまではいかなくても、四季おりおりの季節の美しさや、山河、湖沼、海浜という豊かな自然景観、寺社仏閣や古城の歴史遺産、伝統色

豊かな祭事や古典芸能、ブームとなりつつある(世界最強の)日本料理、それに切り札ともいうべき温泉などわが国の観光資源の潤沢さ(国際競争力の強さ)を考え合わせれば、現在の10倍の世界シェア、7％程度の観光客の誘致は決して夢物語ではないだろう。ビジット・ジャパン・キャンペーンは、これまでの政策に比較すれば画期的ではあるものの、その目標(1000万人)はあまり野心的ではないように思われる。

仮に7％のマーケットシェアを獲得したとすれば、総数で4835万人、滞在が平均9日と仮定すれば、常時120万人の外国人がわが国に滞在していることになる。これは人口120万人のしかも消費に専念する大都市が新たに生まれたことと同じである(ちなみに03年の出生数は112万人である)。この、120万人の誘致を巡って、各地方が英知を尽くして競争すべきであろう。

また、訪日外国人旅行消費額は2003年で1.4兆円と推計されている。訪日する観光客が10倍になれば、おそらくこの金額も10倍前後に膨れ上がるものと考えられる(波及効果まで考慮に入れると数字は更に大きくなる)。このように、観光産業は巨大な潜在力を有しているのである。

ところで、わが国では、自然景観や歴史遺産、温泉などの観光資源の大半は地方に属している(東京には、ロンドンや北京、ニューデリーのように世界遺産があるわけではない)。観光資源を整備すれば、国際観光客だけではなく、国内観光客の更なる増加も期待できよう。では、国際観光客を地方に呼び込むために、わが国はどのようにして観光資源の整備を進めればよいのだろうか。

◇ バーチャルなディズニーランド、ケアンズの魅力

ここで、国際観光客誘致の先進国での体験事例を少し述べてみたい。まず、オーストラリア(国際旅行収入ランキング世界14位)のケアンズ(人口約12万人、世界遺産のさんご礁、グレートバリアリーフへの玄関口)のケースである。

図表5-5　外国人旅行者受入数の国際ランキング

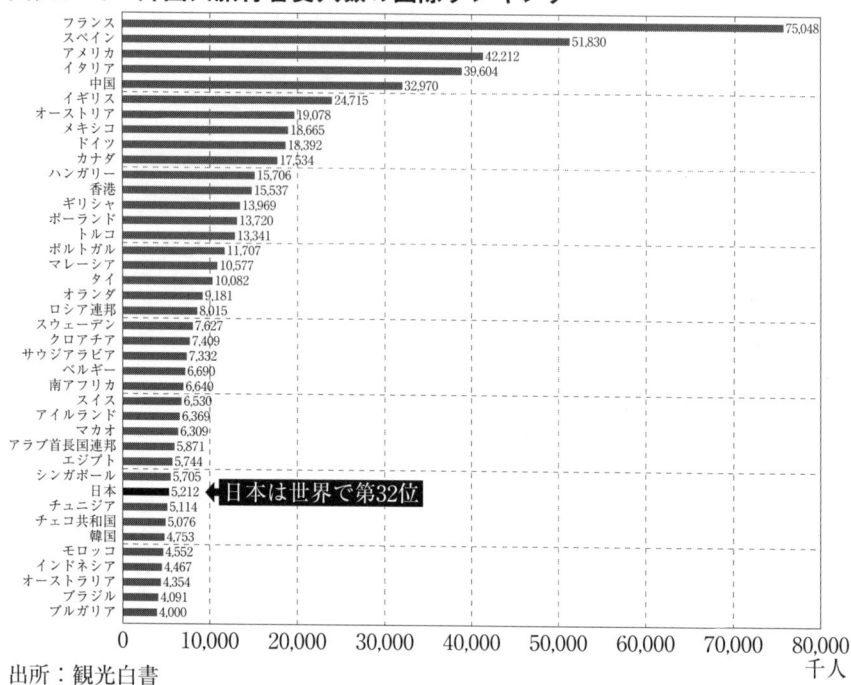

順位	国	受入数（千人）
	フランス	75,048
	スペイン	51,830
	アメリカ	42,212
	イタリア	39,604
	中国	32,970
	イギリス	24,715
	オーストリア	19,078
	メキシコ	18,665
	ドイツ	18,392
	カナダ	17,534
	ハンガリー	15,706
	香港	15,537
	ギリシャ	13,969
	ポーランド	13,720
	トルコ	13,341
	ポルトガル	11,707
	マレーシア	10,577
	タイ	10,082
	オランダ	9,181
	ロシア連邦	8,015
	スウェーデン	7,627
	クロアチア	7,409
	サウジアラビア	7,332
	ベルギー	6,690
	南アフリカ	6,640
	スイス	6,530
	アイルランド	6,369
	マカオ	6,309
	アラブ首長国連邦	5,871
	エジプト	5,744
	シンガポール	5,705
	日本	5,212 ◀ 日本は世界で第32位
	チュニジア	5,114
	チェコ共和国	5,076
	韓国	4,753
	モロッコ	4,552
	インドネシア	4,467
	オーストラリア	4,354
	ブラジル	4,091
	ブルガリア	4,000

出所：観光白書

図表5-6　外国人旅行者受入数のアジアランキング

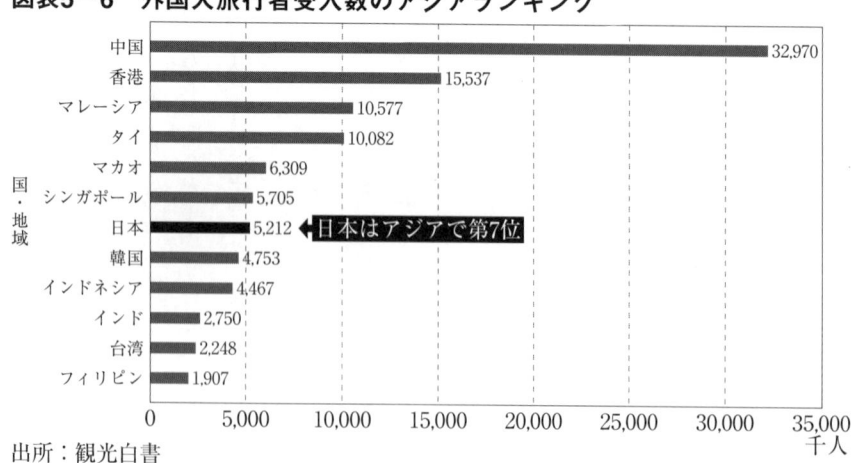

国・地域

国・地域	受入数（千人）
中国	32,970
香港	15,537
マレーシア	10,577
タイ	10,082
マカオ	6,309
シンガポール	5,705
日本	5,212 ◀ 日本はアジアで第7位
韓国	4,753
インドネシア	4,467
インド	2,750
台湾	2,248
フィリピン	1,907

出所：観光白書

２００１年の秋、インターネットで、ケアンズのこぎれいな小さい海辺の民宿を見つけて、気に入ったのですぐに予約をした。シーズンオフなので、安い航空券も簡単に入手できた。しかし、少し不安だったので、民宿には国際電話を入れておいた。30分ほど走って民宿に着いた。早朝（3時ごろ）ケアンズの空港に着いたら、民宿のマダムが、車で迎えてくれた。24時間、インターネットで何でも予約できるという。早速、マダムお薦めのグレートバリアリーフに行くことにした。行きはボートを、帰りはヘリコプターを予約した。10時に迎えにくるから、9時ごろ起こしてあげる、と言われて、そのまま眠りについた。

9時に起こしてもらって、朝食を済ませたら、10時ごろマイクロバスが迎えに来てくれた。1軒ずつ民宿を回って客を乗せ（客の氏名は、パソコンのアウトプット用紙でチェック）バスターミナルまで、運んでくれる。そこには、何台も大型バスが待機しており、客は行き先別に、それぞれの大型バスに誘導される（大型バスの運転手もパソコンのアウトプット用紙で氏名をチェックしている）。

大型バスがホテルなどを数軒回って港に着くと、大型ボートが待っている。さんご礁では4時間ほど自由時間がある。ランチ、シュノーケリング、潜水艦、グラスボート、ダイビングなどのメニューから3つないし4つが選択できる（料金は込みとなっているので、お土産代ぐらいしか、現金を使う場面はない）。ヘリコプターが到着して名前を呼ばれて民宿まで運んでくれる（希望があれば、ケアンズ市内のどこでも降ろしてくれる。ただし、その場合は帰路は自己負担となる）。翌日は、やはり民宿のパソコンで予約をして、キュランダの熱帯雨林に遊びに行った。

このようにして4日間、ほとんどキャッシュレスで遊び回ったが、もう1泊は違う場所に泊まりたいと感じた。それも、民宿のパソコンで選べるという。約70km離れたポートダグラスで素敵な民宿を見つけた。その予約も済ませて、4日間の全費用を、民宿にクレジットカードで支払った。

ケアンズでは、ほとんどの観光施設（宿泊施設、運送機関、レストラン、さんご礁や熱帯雨林の観光施設など）が、インターネットで結ばれており、24時間ブッキングが可能となっている。観光客はどこかの施設にアクセスすれば、そこを基点としてケアンズ観光の全旅程を自分で自由に作成できる。費用は一括して支払えばよく、キャッシュを持ち歩く必要はない（バカンスの地では、これはかなり大きなメリットとなる）。要するに、ケアンズ地区全体がバーチャルなディズニーランドと化しており、入り口で（どこかの施設で）パスポート（自分好みの旅程プラン）を購入すれば、後はキャッシュレスで存分に遊べる仕組みが確立されているのである。また、宿泊地の変更も原則自由であって、要するにケアンズで存分にケアンズを訪れた観光客には、いわば、わがまま し放題の空間を提供することによって、リピーターを増やそうとする戦略を採っているものと見受けられた。

◇ **市民全員が観光ガイド　サンチャゴ巡礼路の楽しみ**

次はサンチャゴ巡礼路である。スペイン（国際旅行収入ランキング世界2位）の北西部に位置するキリスト教の巡礼地サンチャゴ・デ・コンポステーラに至る巡礼の路であり、起点は（パリなどフランス国内のいくつかの町が正式な起点ではあるが）通常、フランス・スペイン国境からとされている。全行程で約800kmの巡礼の路である。

2003年の秋、思い立ってフランス国境に近いスペイン・ナバラ地方の首都、パンプローナまでの往復チケットを入手した。インターネットで最初の晩の宿は予約した。夕方、パンプローナに着いて、町の書店で巡礼の道のガイドブックを購入した（さすがに日本語はなかったものの英語版は簡単に入手できた）。そのガイドブックを頼りに、1週間ほどバスと徒歩で巡礼の路を辿ってみた。3分の1ぐらいしか、走破できなかったが、巡礼や観光客を受け入れるインフラ（システム）の見事さに舌を巻いた。

第1節　地域を取り巻く状況

まず、歩行者の誰もが、およそ道に迷うということがない。岐路には必ず白や黄色のペンキで↓（矢印）が付けられている（サンチャゴ＝聖ヤコブの巡礼者の印である帆立貝の場合もある）。大都市でも同様である。そして約20km（1日でゆっくりと歩ける距離）毎に宿泊施設と観光案内所がある。巡礼用の素泊まりの施設は1泊4〜5ユーロ（500〜600円）という安さである。観光案内所では、必ずといってよいほど「巡礼者ですか、それとも観光客ですか」と尋ねられた。巡礼者用のコースと観光客用のコースを用意しているのである。
　町や村では英語がなかなか通じないが、観光案内所では英語が問題なく通じた。英語やフランス語のパンフレットも豊富に備え付けられている。また、巡礼路の途中にある町や村の入り口には、絵看板でその町や村にある施設（宿泊、食事、観光案内所、銀行、手洗い、飲料水、雑貨店など）が掲示されているので、言葉ができなくても一目で理解できる。パンプローナで求めたガイドブックには、宿泊施設やレストランが（星の数で）ランク付けされているので、懐具合と相談しながら、自由な旅が楽しめた。
　なお、お金は日本のクレジットカードで、現地の銀行のATM（24時間サービス）からキャッシングした（空港で両替するよりも安かったのではないだろうか）。若い女性の1人旅にも数多く出会ったので、治安にも問題はないのであろう。
　一般的な巡礼は、早朝、暗い内に出発して、2時ごろ、次の目的地に着いて、疲れを癒したり観光で過ごしたりするそうだ。サンチャゴまで1カ月から2カ月かかるという。フランス国境の出発地では、巡礼の無事を祈るミサを受け、目的地に到着すると巡礼手形（巡礼証明書）が授与される。なお、徒歩の他、自転車や馬での巡礼も認められているようだ。

第2節　4つの地域振興策

◇ **決め手は地域のディズニーランド化 ―提案1―**

以下では、外国人の観光客をわが国（の地方）に誘致することを十分念頭において議論を進める。観光客数をドラスティックに増やすためには、中国や韓国など近隣諸国を中心に外国人を増やすことが一番の早道であることは明らかであろう。ちなみに、現在、わが国を訪れる観光客の中で、アジアからの旅行者は、全体の約69％（韓国26％、台湾18％、中国・香港15％など）を占めており、次いで北米15％、ヨーロッパ12％となっている。

ある旅行雑誌のキャッチコピーに「旅は今、ワガママ、気まま、思いのまま」というものがあった。これは、旅の楽しさの本質を鋭く言い当てているように思われる。

人を旅に誘う3つの要素がある。まず、次はあそこに行ってみようと思わせる目的地（ここではAttractivenessと呼ぶことにしよう）があるだろう。当然の事ながら、目的地には、自由かつ容易にアクセスできることが重要だ（これをBarrier Freeと呼ぶ）。簡単に行けないような目的地はまず普通の観光の対象には選ばれない。そして、目的地に到着したら、それこそ「ワガママ、気まま、思いのまま」に遊べるシステム（これをEasinessと呼ぶ）が、きちんと確立されていなければならない。この3つを、ここでは、仮に、観光立国（地域）のための「エービー（ABE）政策」とでも名付けておこう。

―― **Attractiveness** ――

わが国は、世界の中でも、稀有の自然条件に恵まれている。山河、湖沼、海岸線、どれをとっても美しい。加えて、四季の移ろいがある。南国の人にとっては、単なる雪景色もまた格別であろう。加えて、温泉や日本料理という強力な国際競争力を持つ観光資源もある。文化的な資源についても、各地に素晴らし

い寺社仏閣が幾つもある。しかし、このよううに基本的なハードウェアの面では優れてはいるものの、ソフトウェアについてはかなりお粗末である。

　まず、国際的なPRという点では、観光の最高ブランド、ユネスコの世界遺産に対するわが国の総合戦略はお粗末の一語に尽きる。国全体として、当初からもっと戦略的に取り組んでいれば、わが国の世界遺産の数はおそらく倍以上に増加していたことだろう。

　それはさておき、寺社仏閣の活用も無駄が多いように見受けられる。わが国の城郭のほとんどは、第２次世界大戦で消失し、戦後再建されたものであって、それほど文化財的な価値が高い訳ではない。大抵は、個性の乏しい博物館（しかも開館時間は短い）になっているが、これを、スペインのパラドールのように改装して、高級ホテルやレストランに転用したらどうだろうか？

Column

◇パラドール
　スペイン全土に90箇所（05年4月現在）を数える国営のホテルチェーン。1928年、ベガ・インクラン伯爵が、国王アルフォンソ13世に提唱し、自らの狩猟用山荘を改修・提供したのが始まりとされる。貴族制度の崩壊等に伴って荒れ果てた古城や邸宅、修道院などを国家が買い上げ、あるいは借り上げて、往時の雰囲気を残したままホテルに改修し、運営しているもので、スペイン観光の一つの目玉となっている。その性格上、大半が、いわゆるプチ・ホテルで、中でも、グラナダや、レオン、サンチャゴ・デ・コンポステーラのパラドールは、スペイン最高のプチ・ホテルとして著名である。パラドールの魅力は、歴史的建造物の素晴らしさ（外観は勿論、部屋も夫々に異なる）、ロケーションの良さ、美味しい郷土料理、近代的な設備、適正な料金（他のホテル同様、スペイン政府によって星による格付けがなされている）等に求められる。なお、隣国のポルトガルにも、ポサーダと呼ばれる同様の国営ホテルチェーン（41箇所）が存在する。

「天守閣での宿泊や宴会」は、なかなか魅力的であるように思われる。PFIを活用するなど工夫を凝らして入札させれば、応じる業者は幾らでもいるだろう。スペインでは、パラドール巡りそれ自体が、観光の目的ともなっている。城郭や寺社仏閣を24時間、回転させるためには、ホテル化が一番である（もちろん、博物館との併用してもよい）。**歴史的建造物を、単なる見学場所から、生活居住空間（食べて眠る）に開放する試み**がもっと行われて然るべきであろう。なお、古城ホテルや修道院ホテルは、パラドールに限らず、ヨーロッパの至る所にある（近年、オープンした有名な事例では、ミラノのフォーシーズンホテルも修道院の改装である）。

また、自然資源についても、自動車道路を通して大型の観光バスが往来するという国内の団体客を前提としたワンパターンの発想から、なかなか脱却しきれていない（外国人観光客の大半は個人旅行客である。団体客の多いアジア諸国に限ってみても、過半数は個人観光客が占めているのである）。

世界的に見れば、21世紀は、むしろエコ・クオリティを売る時代である。自然保護の観点から、逆に道路を封鎖するなどして閉じた空間（地域）を人為的に創り出し、足、自転車、小船でしか行けない山河、湖沼、海岸線、島嶼の希少性を売る（もちろん、入場料を徴収する）ような発想や戦略があってもよいだろう。その場合、パソコンによる24時間ブッキングシステムを活用し、1日の入場者数を制限することも考慮されてよい。

温泉については、不当表示問題が紙面を賑わしたばかりだが、温泉法を改正して、温泉の温度との双方の基準を満たすもののみを温泉と定義し直し、徹底したディスクロージャーを義務付けることが、長い目で見れば、温泉の（希少）価値＝国際競争力を保つことになると考える。料理についても、多言を要しない。日本料理の持つ強靭な国際競争力については、見た目の美しさと相俟って日本料理の天下は、当面、揺るぎがないものと向の世界の大きな潮流である。
軽薄短小が、健康志

考えられる。外国人の旅行者向けの簡単な（特別な材料がなくてもどこの国でも作れる）日本料理教室のような試みも、大胆に要約すれば、もっと行われて良いのではないだろうか。以上を、大胆に要約すれば、**希少性を大切にする、あるいは、人工的に希少性を作り出すという発想が、その地域のAttractivenessを増す**のである。更に言えば、歴史的建造物は、単に見るだけのものであってはならないということである。

―― Barrier Free ――

外国からの観光客が最初に到着するのは、成田や関西空港である（現在のシェアは、成田が55％、関西が19％である）。両空港には、出発客が待機する各種ラウンジが豊富に整備されているが、本当に必要なのは、むしろ到着客用のラウンジではないか。

近い将来、24時間稼動で観光客を受け入れると仮定すれば、特に、深夜や早朝に到着する観光客のために、簡易シャワーやゆったりした仮眠スペースを持つ各種ラウンジの整備が望まれる。できれば、言語別に、英語、中国語、韓国語の3種類のラウンジを用意したい。ホテルに直行してとにかく眠りたい観光客のためには、24時間予約が可能な宿泊デスクをラウンジ内に用意する。その宿泊デスクには、成田空港なら、成田や首都圏のホテルの空室状況が、オンラインで提供され（半日前までに予約の入らない空室は、特別に安い価格で、総て空港の宿泊デスクに提供されるようなシステムが理想的）、価格帯に合わせて当日のホテルの自由に選択できるものとする。また、ラウンジ内の観光デスクでは、24時間ブッキングで、目的地別の旅の全行程が予約できるようにする（両替デスクや郵便局も併置する）。

成田で、例えば、「東京・箱根・伊豆・横浜・鎌倉1週間の旅」が手作りで提供できるようになれば、外国人の観光客にとって、関空では、「自転車で巡る四国巡礼路2週間の旅」が手作りで提供できるようになれば、外国人の観光客にとって、異国（日本）のBarrierは、非常に低くなるだろう。「日本の観光は、世界で一番、簡単です。ともかく、成田か関空にお出でくださ

い。そこには、ゆったりしたラウンジが十分に用意されており、必要なら、仮眠を取った後、観光デスクで（もちろん、自国語で）、希望に沿った旅のプランを手作りすることができるからです」というわけだ。両空港とも、次は、アクセスである。外国からの観光客が、成田や関西空港に到着したと仮定しよう。主要空港にも、外国人観光客を想定した（大規模な外国人観光客を受け入れるとすれば）国内各地への便数は十分ではない。まず、必要になってくるだろう。主要空港と国内の主要空港を結ぶシャトル便の導入が到着ラウンジを設ける。北海道の旅なら、千歳空港（の到着ラウンジ）にお任せくださいとPRすれば良い。また、成田から、箱根や日光など観光地に直行するリムジンバスも必要だろう。いずれにせよ、空港と目的地を繋ぐアクセスが非常に重要である。

優れたガイドブックも必要不可欠である。官民を問わず、観光産業に従事する人には、イタリア旅行協会の公式ガイドブック（全5巻、NTT出版）に、一度目を通してほしい。寺社仏閣や博物館など観光地の案内（正確な地図やお勧めコース付き）、ホテル、レストラン、地酒と郷土料理、歴史や年中行事など、これ1冊で総てが楽しめるように編集されている。これに匹敵するような日本のガイドブックは、寡聞にして知らない。

外国からの観光客を、本気で急増させようと思えば、少なくとも、英語、中国語、韓国語の3カ国語でこのようなレベルのガイドブックが発刊されるべきであろう。最終的には全国版が望ましいが、ある地域が率先して発刊してもまったく問題は生じないと考える。ただし、その場合は行政区分に関わらず、是非とも、機能的に纏まった一つの地域単位でガイドブックの作成を考えて欲しい。現行のガイドブックや観光パンフレットの類は、そのほとんどが原則として都道府県単位で作られている。

そこで、（静岡県）御殿場市の観光案内には、最も近い観光地である（神奈川県）箱根の情報がどこを探しても見当たらないという奇妙奇天烈なことが起こるのだ。不親切極まりない話である。**観光案内**（情報）

第2節　4つの地域振興策　196

は、**行政（都道府県）**単位ではなく、地理的な纏まりを最優先するような風土を、官民携えて早く作っていきたいものだ。

ホテルやレストランの星による格付けも、必要である。外国人観光客にとって、ホテルやレストランのレベルやプライスが、星の数で一覧できることは、快適な観光の重要な前提条件の一つである。これも同様に最終的には全国一律のシステムが望ましいが、ある地域から試験的に（星による格付けを）開始しても良い。なお、（星による格付けを望む）レストランは、外国人観光客を受け入れられるよう、3言語によるツーリスト・メニューの整備などを進める必要があることはもちろんである。

観光施設の表示や道路標識などを、3言語（英、中、韓）で表示することは当然である。また、町や村の入り口には絵文字の標識で、そこにある施設（観光案内所、ホテル、簡易宿泊所、レストラン、水飲み場、銀行など）を一覧して示すことも考慮されてよい。観光案内所は、いわゆるビジターセンターとして、3言語（英、中、韓）を話せるスタッフを置くことが望ましい。一部の外国で一般化しているように、観光産業に従事するスタッフは全員胸に国旗（自分が話せる言語の国の旗）を着ける運動を展開するのも大きな効果がある。もちろん、計画的に3言語を始めとして外国語を話せるガイドを育成して行くことが必要であることは言うまでもない。

ちなみに、通訳案内業の免許取得者数を見ると、英語の6417名に対して、中国語839名、朝鮮語424名と（訪日観光客数に比して）著しいアンバランスが生じている。また、アジア系言語熟達者の計画的な育成が望まれるところである。

外国人の旅行者にとっては、現金の需要も大きい。これについては、主だった観光施設沿いに、24時間お金が下ろせるATMを設置することを基本に考えるべきである。また、郵便局の窓口の活用（対外PR、対外表示が徹底しないと使えない）も有効であろう（郵便切手の購入と両替が1箇所で完結することは、旅行者に

とって非常に利便性が高い）。言葉の障害除去や移動のシームレス化、宿泊施設や飲食施設の情報公開（星による格付け。いくらかかるのか、ということがオープンになっていることほど旅行者にとって心強いことはない）が、Barrier Freeのキーポイントとなろう。

Barrier Freeとは、決して、車椅子の道などに代表される非健常者のためだけの用語ではない。**日本語を十分に解さない外国人観光客と、普通の日本人（成人）旅行客との落差を、少しでも埋めることが、Barrier Freeそのものなのだ。**

——— Easiness ———

ようやく目的とする地域に着いた。ある地域で、そこを訪れた観光客に「ワガママ、気まま、思いのまま」に遊んでもらおうとすれば、一体、どうすれば良いだろうか。それには、**一つの地域をパソコン・インターネットで連結し、バーチャルなディズニーランドを創りあげることが一番**である。具体的に述べてみよう。海に近い一つの温泉地域を仮想する。

午後3時に最寄の新幹線の駅に着く観光客の数と氏名がパソコンから一覧表で打ち出される。それを見て、予め決められた順番に従い、各ホテルが所有しているマイクロバスが（到着人数に応じて）迎えに出る（旅客運送法は、観光構造改革特区として適用除外とする）。マイクロバスは、それぞれのホテルを順次回って観光客を降ろしていく。ホテルに落ち着いた観光客は、翌日の遊ぶコースを自由に決められる。

この地域では、パソコンで24時間ブッキングが可能となっているのだ。午前中、陶芸教室。お昼は名物の蕎麦。午後は2つの寺社巡りを選択する。相乗りで良ければ、移動費が安くなると聞かされたので、了承する。なお、地域内の温泉は原則として、入り放題である。どこへも出かけずに、終日、ホテルでのんびり過ごしても良い。

翌朝、別のホテルのマイクロバスが迎えに来る（この地域が保有するマイクロバスは、コース別に総動員され

ている。足りない分は、タクシーなどを地域で一括してチャーターする。地方では、廉価でスムーズに移動できる「足の確保」が集客上の大きなポイントになる。同じコースを選択した人が乗っている。趣味も合いそうで、和気藹々の1日となった。終日、遊んでホテルに戻ったが、車窓で見た別のホテルに泊まりたくなった。パソコンで調べたら、幸いにも空室があるという。早速、夕食後（夕食込みの宿泊チェンジは前日以前の申し出による）ホテルのマイクロバスで送ってもらった。

この地域では、（地域内であれば）ホテルの変更はいつでも可能である（少し長い目で見れば、同じようなレベルのホテルの間では顧客数は平準化されるだろう）。翌日は、一日中、少し離れた海岸まで（マイクロバスで送迎）泳ぎに行った。ビーチパラソルやデッキチェアのレンタル代金はもちろん、ランチやアイスクリームもサインだけでオッケーであり、お金を持ち歩く必要はまったくない（ポケットの中にお金を持ち歩かなくていいことほど、特に慣れない外国人観光客にとって、リラックスして旅が楽しめることはない！）。

3日目、2軒目のホテルで、初日のホテル代を含め、交通費、飲食費、寺社の入場料、陶芸教室の費用などすべてをクレジットカードで一括して支払った。嬉しいことに、使った費用に応じてマイレージが計算され、即座にその分が地域通貨（使用期限なし。しかも、日本円の1・2倍の購買力がある）で支払われる。お土産を買っても良いし、次回、再訪する時に使っても良い。また、提携先の別の地域（別のバーチャル・ディズニーランド）への旅行にも使える。なお、今回は晴天続きだったが、雨の日は、この地域が天候デリバティブを契約しているので、一定の条件で当日の解約も可能となっている（予定通り、旅行を実行した場合でも、少額の雨天払い戻し金が、やはり、地域通貨で支払われる）。

このように、パソコン・インターネットである地域（ホテル、レストラン、観光施設など）を連結し、どこか1箇所で支払えば（事後清算すれば）圏内総ての観光施設で自由に遊べるようにすれば、「ワガママ、気ままに、思いのまま」の快適でリラックスした旅行が楽しめるのではないか。

このアイデアを、バーチャルな「ディズニーランド」と名付けたことには実は理由がある。ディズニーランドは均質で高品質なサービスを売り物にしている。同様に、バーチャル・ディズニーランドでも、最低限、一定の品質（提供する商品やサービスのレベル）が保障されなければならない。つまり、従来の地理的、行政的な「地域ぐるみ」という発想から決別し、理念やクオリティ基準を共有し、一定の品質を維持（毎年、覆面調査で洗替）することのできるホテルやレストラン、観光施設などが自由意志で連合することに新しい意味があるのである（ホテルやレストランの星の数による格付けも理念は同じである）。

極論すれば、同じ地域に5つ星クラスのサービスを提供するバーチャルランドと3つ星のバーチャルランドが併存するような状況も十分考えられるのである。品質による差別化と徹底した競争原理を持ち込み、理念を共有する各地のバーチャルランドと提携し、バーチャルなディズニーランドを地方に立ち上げて、リピーター客を獲得すること、これが、これからの地域おこしの大きな核となる。こうして創られたバーチャルなディズニーランドが、その地域のProperty Valueそのものとなる。全世界に対するPRは、インターネット上にホームページ（HP）を開設すれば良い。また、そのHPを通じて、旅行の予約を行うことができる。

エービー（ABE）政策の中では、最後のE（Easiness）が、最も重要であると考える。観光産業は、要はシームレスなサービス（空港を出て空港に戻ってくるまで）を提供できるシステム間の競争なのだ。バーチャルなディズニーランドを構想する地域については、最初は、温泉郷などが最も考えやすい。また、国土交通省が選定した「観光交流空間づくりモデル事業」地区を想定しても良い。もちろん、もっと広義にとらえることも可能である。京都から熊野三社に至る熊野古道を再現しても面白いだろうし、東海道五十三次を歩いて、あるいは自転車で安全に旅ができるルートを新しく構想しても良いだろう。

旅は、ロジステ

なお、ワーキング・ホリデー制度は、現在、7カ国（オーストラリア、ニュージーランド、カナダ、韓国、フランス、ドイツ、連合王国）と実施中であり、現在、この制度を利用して約2万人が出国、約5000人が入国している。この制度をアジアを中心に拡大する他、この権限を広く地方に移して、姉妹都市間でも自由に行えるようにすることができれば、広義の観光客や一時滞在者、必要なスタッフを広く集めるという点では、極めて有効であろう。そうなれば、国境を越えた新しい姉妹都市、姉妹地域間（従来の単なる友好の象徴のような関係ではなく、要するに、都市連携地域がここでは意味する）で、ついたオープンな構造を海外に結びこの制度を利用して、介護スタッフや看護スタッフ、語学教師などをその地域の裁量で招聘することが可能となる。

その地域に必要なこれらのスタッフの入国について、何も中央政府がいちいち判断

◇ワーキングホリデー制度

　ワーキングホリデー制度は、2国間の協定に基づき、最長1年間、外国で休暇を楽しみながら、滞在資金を補うために付随的に就労を認めるシステムで、若者の国際的なセンスの涵養や2国間の相互理解と友好を深めることをその目的としている。原則として、18歳から25歳（フランスは30歳）までの青少年が対象で、各国のワーキング・ホリデービザは、一生に1度だけ、発給される。現在、オーストラリア（1980〜）ニュージーランド（1985〜）カナダ（1986〜）韓国（1999〜）フランス（1999〜）ドイツ（2000〜）連合王国（2001〜）の7カ国と協定が結ばれている。アルバイトが認められるので、年間、100万円前後のコストで外国滞在が可能なため、若者の間で、根強い人気を誇っている。なお、韓国は年間1800人、フランス、連合王国はそれぞれ400人、カナダは5000人の枠を設けている。申し込みは、各国大使館に個人で申請することになる。

する必要はない。移動を原則としてその地域に限れば、さしたる問題は生じないものと思われる。また、地域住民の民意を直接反映する地方自治体が、外国人を直接受け入れるのであるから、受け入れ体制や住民の不安等の問題にも、より対処し易いものと考えられる。

おそらく、不法入国者の数も減るだろう。この場合、受け入れ先の都道府県や市町村（もしくはその連合体）が、（新しい）ワーキング・ホリデーのビザを発行し、居住地域や従事できる職業、滞在年限（2～3年が望ましい）をパスポートに記載する。中央政府は、必要があれば、IT技術を駆使して全体を管理すれば、それで足りるのではないか。

わが国は、世界で最も美しい国の一つであり、ハードの観光資源は、無尽蔵に高い水準で維持されている。今、現にある地域の魅力を、より多くのアジア、世界の人々に開放し、世界水準のロジスティクスを整備すれば、わが国は、もっと多くの海外からの観光客を集めることが可能となるだろう。観光は、新たなテーマパーク型1次交流の人口を間違いなく拡大させるし、わが国は、わがままな海外観光客の要求に応えることができるだけの経済的な余裕や潜在能力を十二分に保持している。問題は、海外の旅行者を対象としたロジスティクスがシームレス、有機的に関連付けられていないことにあるのだ。

◇ 廃校の有効利用で小学生を呼び込もう──提案2──

この10年間で、全国でおよそ2000校が少子化の影響などによって廃校となった。廃校の利用については、新潟県の「ミティラー美術館」（インド民族美術）や北海道の「ところ昆虫の家」など全国的にも有名な転用例の外、地域の集会所や福祉施設、宿泊所などとして活用されているケースもあるが、「破棄できない、維持できない、新しい活用方法が見出せない」というトリレンマに陥っているケースも多いものと思量される。

昔の校舎は、建築学的に見ても貴重なストックである場合が多い。廃校を本来の学校として再生し、高齢化が進む地方に元気な小学生など若い世代を呼び込むことができれば、間違いなく地方の活性化に資するものと考えられる。最初のターゲットは、まず、呼び水としての林間学校や臨海学校である。次いで、本命として、長期合宿の制度化を考えたい。

――廃校の改装――

大都市の小学生を、林間学校や臨海学校に呼び込むためには、まず、宿泊施設を整備する必要がある。

また、老朽化した教室の整備も必要である。こうしたイニシャルコストをどのようにして賄うのか。改装（コンバージョン）が上手くいったとしても、毎年、確実にキャッシュフローが見込めるわけではないから、資金の性格としては、エクイティを前提として考えなければならない。

そこで、構造改革特区を活用した「ワクフ」や「ローカルストック」（後述）を、主たる原資として考えてみたい。純粋な公共財ではないのだから、地方自治体の出資は原則として行うべきではないと考える。施設の運営主体は、NPOでも株式会社でも差し支えないが、要は、地域住民が主体的に関わることが重要である。何故かといえば、この施設の競争力は、ハードウェアではなくソフトウェアにこそ求められるからである。元々が廃校であるだけに、ハードウェアで差別化を図ることは正直なところ困難である。宿泊施設へのコンバージョンは、清潔なユースホステルをイメージして行えばそれで十分だろう。

――競争力の決め手はソフトウェア――

現生人類（ホモ・サピエンス）はアフリカのサバンナで生まれた動物であるが、人類の活動全般を取り仕切る大脳は、実はここ１万年ぐらいほとんど進化していないという説が有力である。そこで、大脳の正常な発達のためには、できるだけ自然（サバンナ）に近い環境下で幼少年期を過ごすことが望ましいと言われている。すなわち、アスファルトの校庭ではなく、野原で（裸足で）駆けっこをすることの方が、青少

文部科学大臣には、是非、動物（行動生態）学者を任命して、わが国の教育システム全般を洗い替えて欲しいものだが、それはさておき、大都市に育った子供が農山漁村で、生活を行うことは、たとえ短期間であっても、非常に意義深いことである。また、その逆に、農山漁村の子供が、大都市での生活を体験することも大切であろう（ちなみに、都心にも廃校はある）。
　ところで、大都市の子供達が、農山漁村の生活を真にエンジョイするためには、農山漁村に来ただけでは決定的に不十分であり、優れた指南役が必要となる。釣りの指南役、蝉取りの指南役、山歩きの指南役等である。ワクフや、ローカルストックの出し手が、施設の運営にも携わり、かつ、これらの指南役となることが望ましい。彼らが、これまでの長い人生で得た貴重な生活の知恵を、若い世代に引き継いでいくことはとても大切なことである。また、地域の老世代にとっても、大都市の若い世代と接することは生きていく上での大きな励みとなろう。
　このように、自然生活体験の豊富なメニュー（指南役の多彩さ）を、ソフトウェアとして揃えたところが、自然生活体験の誘致に当たって、強い競争力を持つ。なお、指南役の良き指南を受けて、技量が大幅に向上した生徒には、師範免許（蝉取り名人、岩魚釣り名人など）を授与することなども考慮されて良い。
　砂浜を持つ集落や、水泳教室を開催しても良い。プールと、海や河川はまったく異なる。海や河川での泳ぎ方こそが、いざという時に役立つのである。
　高原の集落なら、乗馬教室なども考えられる。昆虫採集教室や植物採集教室、農作業を体験する教室、郷土料理を作る教室（お米を研いで、薪でご飯を炊く訓練も、いざという時には役立つ）、幾らでも創意工夫の余地はある。夜は、星や蛍を見たり、また、土地の古老から昔話を聞くのも面白いだろう。3度の食事は、当然、その土地の郷土料理がメインとなる。施設の立地条件に照らして、

第2節　4つの地域振興策　204

設の設備（宿泊施設や教室）で競争するのではなく、「自然環境（山河、湖沼、海岸線）」＋「自然食品（地産地消）」＋「オプション（指南役の多彩さや、生活体験の豊富なメニュー）」というソフトウェアで勝負をかけるのである。

次に、本命となる長期合宿の問題を考えてみたい。文部科学省や各地の教育委員会も、真にわが国の青少年の健全な育成を考えるのであれば、日の丸や君が代だけではなく、少なくとも小学生の間は（中学生であっても問題はないが）、1年の内、2〜3カ月は大自然の下で、合宿生活を送れるような自由なカリキュラムを考え出して欲しい。

農山漁村滞在型の林間学校や臨海学校は、これまでは、ともすれば、ゆとり教育の一環として考えられてきた。しかし、**ゆとり教育とは対極にある詰め込み型（？）の教育**にとっても、実は、**農山漁村は、絶好の教育環境にある**。テレビやゲーム機やパソコンもなければ、往復の通学時間というロスもない。静かな環境の中で、目一杯勉学に励み、休日は、大自然の中で思い切り、羽を伸ばす。また、その休日も、土・日連続ではなく、水、日のように自由に設計することが可能となる。

農山漁村には、定年で退職して故郷に帰った先生方もいるだろう。年齢は、必ずしも能力を反映しない。一定の能力チェックを前提に、教職免許を持つ先生方の数を揃えれば、大都市の先生方の休暇や研修も、より計画的なローテーションが組めるだろう。更に一歩進めて、地元の大学などと連携して、特別講義を組むことも考えられて良い。一流の専門家による講義は、子供たちに深い印象を与えることだろう（林間学校や臨海学校は、長期合宿の下見という位置付けであってもよい）。

これまでにも行われてきた林間学校や臨海学校、あるいは修学旅行の変形である農山漁村への体験型の滞在は、もちろん、有意義ではあるが、これからの教育環境を考えれば、少なくとも2〜3カ月の長期合宿を行い、しっかりした学力を身につける、すなわち、**勉学集中型の農山漁村への長期滞在を真剣に構想**

すべきである。長期合宿は、食事や洗濯なども含めれば、地域の総力を挙げた誘致事業となるだろう。欧米では、寄宿舎制の学校も数多い。寄宿舎の環境としては、わが国では農山漁村が最適である。

── 施設の多目的利用 ──

これまでは、林間学校や臨海学校、長期合宿などの誘致を前提に考察してきたが、廃校を改装した施設は、多目的に活用することが可能である。一例を挙げると、次の通りである。

① 子供だけの旅→指南役が最寄の駅まで送迎を行い、滞在中は、土地の人が面倒を見る。子供の自立心を高める上でも、大きな教育効果が期待される。

② 家族の夏休み旅行など、グリーン・ツーリズムの宿泊拠点

③ お祭りの時のように、大勢の観光客が押し寄せる時の宿泊

④ インターネットを完備すれば、放送大学など社会人教育の合宿所にも使える

⑤ 海外からの観光客のユースホステル として活用

⑥ 地域のコミュニティセンターとして活用。集落の集会所など。

これまでに、廃校を活用した宿泊施設は、全国で、約１００カ所あると言われているが、これらの施設が連携して、マイレージサービス（５カ所に宿泊すれば、１カ所無料となるなど）を行うことも考えられよう。

このアイデアのポイントは、地域の定年後世代を想定して、①彼らが、ワクフあるいはローカルストックという形で、資金を拠出する②施設の競争力を、その土地の自然環境を含めたソフトウェアに求める③ソフトウェアの担い手を、主として、出資者に求める、という「三位一体」にある。

地域の定年後世代は、**資金も知恵（アイデア）も労力（場合によっては教員として）も拠出**する。求めるものは、単なる収益ではなく、生き甲斐や郷土愛、次世代への橋渡しなどが収益と上手くブレンドされたものであり、甦った廃校が、その地域のProperty Valueとなる。また、甦った廃校は、今後は、「オーラ

第2節 4つの地域振興策　206

イ！ニッポン」（「都市と農山漁村の共生・対流推進会議（オーライ！ニッポン会議）」22の公益法人などで構成）キャンペーンの拠点として、活用していくことが可能となるだろう。

◇ **食品のブランド化 ― 提案3 ―**

わが国は、高温多湿であり、本来、農林水産業に適した国である。しかも、国土は南北に長く、地形や気象条件なども地域毎に著しく異なるので、本来的には、国際競争力に秀でた多種多様な農林水産物・食品を産出しやすいはずである。しかし、米作一辺倒の過去の誤った画一的な農業政策の結果、わが国農林水産業の国際競争力は地に落ちている。

将来のわが国農林水産業を展望すれば、高付加価値化、高ブランド化以外に生きる道はないと言っても決して過言ではない。基本が食品である以上、安全性が何よりも重視されるのは理の当然だが（トレーサビリティが安全確保の基本ルールとなろう）、農薬を一切使わない有機農法だけでは、高付加価値化、高ブランド化は正直言って難しいのではないだろうか。

また、経済のグローバリゼーションを考えれば、国際的にも十分通用する世界水準の高いブランドの獲得が望ましい。観光の世界水準の最高ブランドは、間違いなく、ユネスコの「世界遺産」であろう。それに匹敵する農林水産物・食品（伝統工芸品を含む）のブランドが無いわけではない。EUで積極的な取り組みがなされている「GIs（Geographical Indications 地理的表示）」がその最も有力な候補であると考える。

― **WTOにおけるGIs** ―

1995年、世界貿易機関（WTO）の創設において、貿易関連ルールの一つとしてTRIPS協定（Agreement on Trade-Related Aspects of Intellectual Property Rights/知的所有権の貿易関連の側面に関する協定）が発効し、その一つに地理的表示（Geographical Indications）を行うことが義務付けられた。地理的表示と

Column

◇GIs（Geographical Identifications, 地理的表示）

　GIsとは、ワインのボルドー、シャブリや、シャンパンのように、その酒類に与えられた品質、評判などが、本質的に地理的な原産地に起因すると認められた場合、その原産地以外で生産された酒類には、誤認の恐れのある表示を含めて一切類似の表示が認められない制度を指す（ボルドー風、ボルドー模造品なども不可）。WTOの全加盟国に適用される。GIsは、産品の産地を特定する機能と、産品の品質、評判などの特性を表象する機能を併せ持ち、GIs商品は、通常より高い価格で販売される。わが国でも、夕張メロン、吉野葛、紀州備長炭、三輪素麺などは、GIs商品の典型と考えられる。この分野で法整備などが最も進んでいるのは、世界遺産同様、EUで、1992年、GIsを主軸とする品質認証システムを導入した。既に、650種類を超える特産品が認定を受けている。EUは、GIsを、酒類以外の農産品にも拡大しようと努めている。一般に、GIsは、名品を作る生産者を保護し、消費者に品質と安全を保証し、地域の観光振興にも資すると考えられている。

◇WTO（The World Trade Organization, 世界貿易機関）

　ガットの後身として、1995年に設立された国際機関で、本部をジュネーヴに置き、148カ国（05年2月現在）が加盟している。第二次世界大戦後、設立されたガットは、累次開催されたラウンドと呼ばれる貿易交渉を通じて、世界の多角的貿易体制を推進、構築してきたが、1986年から94年にかけて行われたウルグアイ・ラウンドで、3万ページに及ぶWTO協定が承認され、WTOの設立が決定された。WTOは、国家間の貿易に関する世界的なルールを所管する唯一の国際機関で、その目的は、世界貿易が円滑、自由に、また予測可能な範囲で行われる状態を確保することにある。世界貿易に関する紛争解決処理も、WTOの重要な役割である。2年に1回、開催される閣僚会議が最高意思決定機関であり、その下に、一般理事会（年、数回開催）が置かれている。この半世紀（1950年～1997年）、世界貿易は驚異的な伸びを示し、貿易総額は、14倍に達した。これは、ガットやWTOの役割の大切さを何よりも雄弁に物語るものである。

は、確立した品質、名声が商品の地理的原産地による場合には、その商品が当該地方を原産地とすることを特定する表示のことである。その保護の内容は二段構成となっており、

① 出所の誤認混同がある場合には保護しなくてはならない（Article 22。全商品について standard level of protection）。

② 誤認混同が無くても保護をしなくてはならない（Article 23。ワイン、スピリッツのみ追加的に保護）（higher or enhanced level of protection）される）。

このワインやスピリッツの地理的表示について、適切な保護を確保するため、他国間の通報・登録制度の設立について交渉する、と規定されている（Article 23・4）。

これを受け、第4回WTO閣僚会議（2001年11月Dohaにて開催）において、どのような多国間通報・登録制度（multilateral register）を構築するのか、追加的保護をワイン、スピリッツ以外の欧州等の旧大陸諸国と、現在の保護レベル維持を主張している米国、新大陸諸国等との間で対立が続いている。

地理的表示の一層の保護強化を主張しているワイン、スピリッツに関する地理的表示の通報登録制度に関しては、2つの案が提案されている。日米加チリ共同提案は、安価で事務負担が軽く、登録により新たな法的効果が生じないデータベース的なものである。対するEU等旧大陸諸国案は、登録の申請についての多国間異議申立制度を含み、登録により新たな法的効果が生じる多国間制度とする案である。もしある国がある名称を登録し、他の国が18カ月以内に異議申立をしなければ、そのGIsを保護する義務を負う。第5回WTO閣僚会議（03年9月Cancunにて開催）までに交渉することとされていたが、意見の収斂は見られず、第6回WTO閣僚会議（05年12月香港にて開催）まで議論は持ち越されることになった。

追加的保護の対象産品をワイン、スピリッツ以外の産品に拡大することをEU、スイス、インド等が主

張。ドーハ閣僚宣言ではこの議論をTRIPS理事会において議題として取り扱うべきかどうか、疑問のままである。しかし議論は対立しており、現在もその状況は変わらない。

ワイン、スピリッツの追加的保護について日本では、酒税の保全及び酒類業組合等に関する法律の規定に基づき「地理的表示に関する表示基準」を設けて対応することになり、中央酒類審議会の答申を受け、1994年12月に基準が定められ、95年7月1日から適用されている。95年6月、国税庁長官が国内で保護する焼酎乙類の産地について、壱岐焼酎の産地である「壱岐」（長崎県壱岐市）、球磨焼酎の産地である「球磨」（熊本県球磨郡人吉市）、琉球泡盛の産地である「琉球」（沖縄県）を定めており、これらの産地を表示する地理的表示は、当該産地において定められた方法で製造された焼酎乙類以外については使用することはできない。また、全製品についての地域ブランドの保護という観点からは、商標法、不正競争防止法、不当景品類及び不当表示防止法（景表法）、農林物資の規格化及び品質表示の適正化に関する法律（JAS法）等の法律が対象となる。

── GIS商品の作り方 ──

GISの歴史は、古代のエジプト古王国まで遡ることができる。エジプト・ギザのピラミッドは、ピラミッドの材料である切石の産地を明記したのがその始まりだと言われている。GISの象徴として、5000年の風雪に耐え、現在に至るまでびくともしない堅牢さを保持し続けている。いかにもふさわしい。

わが国では、前述したように現在、壱岐焼酎、球磨焼酎、琉球泡盛の3品だけが、ある地域が率先して、GISを獲得している。

わが国政府は、WTOの交渉の中では、GISの採用に消極的だが、EUと同じ基準で、自主的にGISを始めてはどうだろうか。すなわち、その地域で官民合い携えて独自の品質認証システムを構築し、ラベリングも、EUに準じて作成し、WTOで交渉が纏まれば、即時にGISを獲得できる準備を整えておくのである。

その場合、現行法で活用可能な制度としては、当面は、団体商標など商標法の活用が、最も現実的であろう。ただし、GISを商標登録する場合、一般にはラベルデザインを含めた登録を行うことが想定されるが、現在の商標法では、ラベルデザインさえ代えれば、同じ地理的名称の他の商標の使用を必ずしも排除できるとは限らない等、いくつかの問題点が残されている。

この他、適用地域は限定されるものの、EUに準じた条例をまずその地域で制定し、それを全国に広げていくという作戦を考えることも面白いと思われる。JAS法による表示規制は、産地保護の視点に欠けるばかりではなく、まがい物が市場に流通して消費者の選択に著しい支障が生ずる恐れがある場合にしか、表示規制がかけられないという難点を有している。不正競争防止法の活用も、考えられなくはないが、法の趣旨そのものがGISの保護とはややニュアンスが異なり、また、GISが具体的に保護されるかどうかの予見可能性が低いものと思われる。

ところで、最終的にGISを獲得するかどうかはともかく、「質の高い商品の差別化」「品質保証」「地理的名称の尊重・保護」の3点が、農林水産物・食品の高付加価値化、高ブランド化のキーワードになるものと考える。まず、GIS獲得を目指す志の高い生産者が集まり、その土地固有の伝統的な手法に基づいている高品質な作物およびその作物から作られる商品で、かつ、生産プロセスが所定の伝統的な手法に基づいている高品質な商品を選び出す必要がある（質の高い商品の差別化）。ここで、重要な点は、従来の地域ぐるみの発想から毅然と決別することである。

土地（生産地域の限定）、作物、生産プロセスのそれぞれに厳密な定義を設け、一定地域の中でも、その厳しい基準に合致した商品だけを取り出すことが成功への鍵となる。したがって、同じ地域で品質の低い商品を作っている生産者は、無理にでも品質を高めて、GISの仲間入りを目指すか、（ブランド名が使えない）二流の汎用商品を生産し続けるかの決断を迫られることになる。地域の昔からの馴れ合い

や談合などで、この差別化のプロセスを、曖昧にすれば、成功は覚束ないであろう。このように厳しく差別化された製品は、自ずと品薄になる（希少性が高まる）。

次に、第三者を中心とした検査（チェック）機関を設けて、商品の品質が常に一定に保たれるようコントロールする必要がある。覆面調査や、抜き打ちテストを行い、基準に合致しない商品を生産した生産者は、直ちに除名するなどの峻厳な措置が取られなければならない（品質保証）。このようにして生産されたその地方特有の特産品は、そのブランド名（地理的名称）が、尊重され、法的にも厚く保護されなければならない。

すなわち、当該ブランドの他の地域における便乗使用や、同一産地内であっても一定の特性を有しない産品の便乗使用は、厳しく排除されるということである。

EUでは、①GISの名声を利用した類似の表示のあらゆる不正使用、模倣の禁止、という3段構えの法的保護が確立しており、違反に対しては、民事上、又は行政上の然るべき措置が取られることになっている。

以上が、GISを尊重する動きが、全国的に高まれば、「松阪牛」や「鹿児島の黒豚」が、恒常的に生産高を上回る流通量を示しているような事態には、間違いなく終止符が打たれるだろう。

GISについては、ボルドーワインやシャンパンなどGIS商品を数多く持つEUが一貫して積極的であるが、最近になってアジアでも新しい動きが生まれつつある。タイは、2003年9月に、地理的表示保護法（Act on Protection of Geographical Indication）を成立させ、同法は04年4月28日から施行されている。これによって「ジャスミンライス（香米）」や「タイシルク」がGISによって保護される道が開かれた。

Column

◇**食品品質認証システム（EU）**

　1992年、EUは、伝統や地域に根ざした高品質の食品の保護とその販売促進を狙いとした統一的な品質認証システムを導入した。これは、伝統的な農業や牧畜の奨励、優れた特産品を生産している生産者の保護、消費者への情報提供や食品選択の手助け、等を直接の目的としたものである。このシステムは、統一デザインのラベリングによって表示がなされるもので、中心となるのは、PDO（Protected Designation of Origin, 原産地名称保護）とPGI（Protected Geographical Indication, 地理的表示保護）である。PDOの方がより要件が厳しい。PDO/PGIを獲得するためには、①生産者（集団）による申請の意思決定。検査機関の設立等を含めた資格要件の整備、確認②各国政府への申請、政府による必要条件等のチェック、EUへの回付③EUでの最終審査、仮登録、異議の受付④半年以内に異議申し立てがなければ、正式登録・保護、という4段階のステップを踏まなければならない。なお、この他に、やや条件の緩いTSG（Traditional Speciality Guaranteed, 伝統的特産品保護）ラベルがあり、2000年には、有機農法（Organic Farming）を保護するラベルが追加された（現在4ラベル）。

このように、GIsは、将来的には、農林水産物・食品だけではなく、伝統工芸品にも適用が可能であることに留意すべきである（わが国には、輪島塗や、清水焼など、適用できる伝統工芸品も数多い）。わが国においても、世界遺産の轍（注を参照のこと）を踏むことのないよう、国内法の整備（地理的表示保護法の制定及びそれに基づく農林水産物・食品・伝統工芸品品質認証制度の確立）を含めて、国民的議論が盛り上がることが期待されている。GIsについての消極方針を転換し、「奇貨居くべし」の精神で戦略的に取り込み、自ら世界のルール作りを先導するぐらいの気概を持って、わが国農林水産業の競争力強化に取り組むべきであると考えるが、いかがなものであろうか。

（注）ユネスコで世界遺産条約が採択されたのは、1972年であるが、わが国は（20年後！の）92年に125番目の条約締結国としてその仲間入りを果たした。明らかに、出遅れであり、わが国の政治家や政府の「感度の鈍さ」を雄弁に物語っている。観光収入の多い諸外国は、押しなべて、世界遺産の数が多く、また世界遺産の活動に熱心に取り組んでいる。ちなみに、観光収入上位7カ国（02年）とその世界遺産数（04年7月）は、以下の通りである。

1位　アメリカ（世界遺産数：18）　2位　スペイン（38）　3位　フランス（28）　4位　イタリア（39）　5位　中国（30）　6位　ドイツ（30）　7位　イギリス（26）‥‥‥31位　日本（12）　（観光白書およびユネスコのHPによる。）

―― GIs商品の売り方 ――

GIs商品は、まず、生産地域が限定されており、かつ生産工程が厳しく管理されるため、一般的には供給不足になりやすいと考えられるので、相対的には高い価格が維持できよう（夕張メロンは、一般品の約2倍強、三輪素麺は、一般品の約1.2倍というデータがある）。

従来の流通ルートを通じて、百貨店やスーパー、小売店に卸していく方法もあるが、生産量が比較的少ない商品の場合には、インターネットを通じた直接販売以外は、その地域外では販売しないという戦略も考えられる（インターネットでの予約についても、一部の有名レストランのように、予約期間を予め定めておくというやり方がある）。

つまり、その商品が欲しければ、その土地を訪れて購入するしか方法がないということになる。GISを、字義通りの地産地消商品として構成するのである。その土地に行かなければ食べられない、その季節でないと食べられないという商品は、なかなか魅力的ではないだろうか。21世紀は、希少性がさらに価値を増す時代であるように思われる。先に述べたバーチャル・ディズニーランドの中に、世界遺産やGISが含まれていれば、更に、集客面での魅力度が増すだろう。GIS商品を産み出す土地や生産設備の総体が、その地域のProperty Valueとなる。

——オーベルジュの開店——

高品質のGIS商品を地産地消で楽しむと仮定して、どこで楽しめば良いのだろうか。城郭や寺社仏閣をプチ・ホテルに改装することを提言したが、地域で1軒ぐらいは、最高級の食事を食べさせるレストランに改装することも一案であろう。

ヨーロッパの3つ星レストランは、都会よりむしろ地方に数多くあり、辺鄙な地域にも存在する。簡易宿泊施設を備えたオーベルジュとなっている場合が多い。人々は、まさに食を楽しむためにだけ、そこを訪れるのだ。

ところで、最高級レストランを開店するためには、相当のイニシャルコストを要する。経営の難しさもあり、ヨーロッパの3つ星レストランでも、パトロン（投資家）が資金を出しているケースが多い。そこではない。そこで、地域の有志が、ローカルストックで、イニシャルコストを負担し、才能あるシェフを

第5章 地域国際化戦略 その理論と実際

公募するなどして（何も、日本人に限る必要はない）、GIS商品や地酒と組み合わせたその地方独特のオーベルジュを創出してはどうだろうか。

わが国では、最高級レストランのほとんどが、東京など大都会に集中している。このいびつな構造を是正するためにも、地域在住の有志の奮起を望みたい。なお、新しく開店するオーベルジュは、当初から世界水準の質を確保するため、ルレ・エ・シャトー（世界一流のオーベルジュや歴史的なシャトーホテルなどの連合体で資格審査が厳格なことでも有名）の会員になることを目指すものとする。

第3節　これからの地域金融

◇ 眠っている資金を引き出す工夫をしよう！

金融の基本は、お金が世の中に出回ることにある。誰もが、宵越しのお金を持たず活況を呈することになる。そこで、これからの地域金融の振興策を考える場合、2つの回路でこの問題を捉えてみたい。まず、既存の金融機関の再生策である。いわば、プロの世界の問題である（第3章、第4章で前述）。もう一つは、アマの世界、すなわち、高齢者の箪笥預金など市中に退蔵されているアマの資金を、世の中にうまく引き出す仕組み作りである。

金融は、法律により厳しく規制されている産業なので、アマの世界については、ここでは構造改革特区を活用して、規制の壁をクリアするという前提で考えてみたい。

ところで、金融の基本的なインセンティブは利子率の高さ、つまりは高い収益力に求められる。今日の世界では、水が高きより低きに流れるように、少しでも高い利回りを求めて、資金が世界中を高速移動し

第3節　これからの地域金融　216

ている。しかし、人がパンのみにて生きるものではないように、金融の世界でも、郷土愛に訴えるような新しいインセンティブ（利回りや収益だけではない）を加味した手法がもっと考えられても良いのではないだろうか。

このようなアマの回路が創設されてうまく循環を始めることが、地域の既存金融機関の再生にも、少なからず、好影響を与えることが期待される。異質の競争や絶え間ない新規参入は、常に進歩の原動力となる。プロの回路とアマの回路が、お互いに手を携えて、これからの地域金融の再生を目指して活発に競争していくことを強く期待したい。

◇ 地域を愛する人に「地域」に投資させるワクフ──提案1──

ワクフとは、もともとアラビア語で「停止」を意味する言葉であって、イスラーム法では「所有権移転の永久停止」を意味する。すなわち、ある個人が公共財・サービスの提供のために、土地・建物・設備などを寄進した場合、その所有権の移転は、以後、永久に停止される（スルタンやアミールなどの権力者であっても、手がつけられない）ことになる。

西欧の都市は、単純化すれば、城壁都市、閉じられた都市であって、公共財・サービスの提供は、都市の定住民がその費用を分担していた。これに対して、イスラームの都市は、オアシス都市に代表されるように開かれた都市の中で、隊商が常に移動するところであった。そこでの公共財・サービスの提供は（そのオアシス都市に世話になった商人が提供した）、モスク、マドゥラサ（学校）、病院、孤児院、水道などワクフが相当な部分を担っていたのである。

わが国では、国、地方を問わず、財政の状況が夙に厳しくなってきている。そこで、わが国でも「ワクフ」を導入してはどうだろうか。愛する故郷に、未来永劫、公共財・サービスを提

217　第5章　地域国際化戦略　その理論と実際

供したい（そして名を残したい）という人は、案外、多いのではないかと思われる。公共財・サービスの提供を目的とする私有財産の寄付は、全額無税とし、寄託された財産を、その目的に沿って管理する仕組みと組み合わせることが重要である。

ある温泉町の有志が、現金や有価証券を寄託し、町内の（複数の）公衆温泉を未来永劫管理するというワクフを考えてみよう。この場合は、地方自治体が分離勘定で財産を管理し、運用益で温泉管理経費を賄うことなどが考えられる。土地・建物を寄託し、博物館などとして活用する場合、NPOなどが、入場料でランニングコストを賄うことが構想されても良い。また、指定管理者制度の活用や公益信託の利用も考えられる。

ワクフは、公共財・サービスの提供に限って認められるものとするが、例えば「廃校の活用」アイデアのように、一部でも公共財・サービスの提供が行われる場合にも認めてよいだろう。そのような例外的なケースは、構造改革特区でワクフを申請する場合に、あらかじめ限定列挙しておけば良いと考える。

◇ ローカルストックの活用―提案2―

地域おこしの場合にも、リスクマネー（エクィティ）の供給がやはり必要不可欠である。そこで、ハイリスク・ハイリターンを基本とする通常のリスクマネーではなく、地域おこしを目的として、郷土愛や、夢を買う精神にも依拠した新しいリスクマネーを考えてみたい。それが、**配当や売却益には一切課税されない、ローカルストック**である。このアイデアは、地域住民の中から、資金も、知恵も、労働力も纏めて引き出すことによって、地域の自立を少しでも促すことにその主眼がある。

ローカルストックの投資対象は、地域おこしのための特定事業に限定する。バーチャル・ディズニーランドや、廃校活用アイデア、GIS商品の生産設備、GISレストランの開店資金など構造改革特区申請

時に、投資対象を個別に限定列挙するものとする。また、ローカルストックの理念から見て当然のことではあるが、これらの列挙された特定事業の経営陣には必ず、地域の人が入っている必要がある。1件当たりの出資金額は、1人、1億円～3億円程度を上限とする（現物出資を含む）。

加えて、大規模な事業（資本金10億円以上）の場合は、1事業の資本金総額に占めるローカルストックの割合は50％以下としたい。プロの資金がまったく入らないような大事業は、やや、その将来性に問題があると言わざるを得ないからである。

また、先にも述べたように、これからの地域金融は、プロの世界とアマの世界が協調することが望ましいからでもある。もちろん、比較的小規模の事業（資本金10億円未満）の場合には、100％、ローカルストックで資本金を構成しても問題は少ないものと考える。

出資者は、ローカルストックの性格上、その地域の在住者に限るものとする。これは、個人だけではなく法人の出資も可能だが、当然に、配当や売却益は課税対象となる。ローカルストックの募集は、地方紙などを通じた公募、あるいは地域住民間の私募、どちらでも良い。あらかじめ、ローカルストック用の、簡単な目論見書の雛形を用意しておくことが望ましい。

ローカルストックに対する他地域の住民の出資は可能だが、その場合は通常の株式の扱いとなる。ローカルストックは、その地域の金融機関（ローカルストック出資先の特定事業者と取引関係にあり、モニタリング機能が十分発揮可能な金融機関であることが望ましい）が、店頭市場を作って対処することがもっとも現実的であろう。

ローカルストックの問題は、流動性をどう担保するかという点にある。ローカルストックの性質上、出資者はそれを持ち続けることが期待されているが、緊急に現金が必要な場合が生じることもあるだろう。その場合は、その地域の金融機関（ローカルストック出資先の特定事業者と取引関係にあり、モニタリング機能が十分発揮可能な金融機関であることが望ましい）が、店頭市場を作って対処することがもっとも現実的であろう。

◇ 医療・介護保険とリバースモーゲージの組み合わせ—提案3—

もし、人生のある時点（カップルの内1人が、わが国の平均的な定年時点である60歳に到達した時点など）で、その後の一生涯の安心が保障されると仮定すれば、人は不必要な貯蓄に励むことはより少なくなるのではないだろうか。またそうなれば、ローカルストックのようなリスクマネーを拠出しやすくなるのではないだろうか。現実に、介護保険制度の導入以降、高齢者が貯蓄を取り崩し始めたという分析もある。

そこで、ある特定の地域について、現在住んでいる土地・住宅を一括売却し、その代金でカップルの「終身住宅利用権」＋「終身医療・介護保険（現物給付受益権）」＋「終身年金（受給権）」という3つの権利（この3つを総称して「生涯安心権」と呼ぶ）を購入する仕組みを構築することとする。

このアイデアの訴求ポイントは、土地・住宅売却に関わる税金が、構造改革特区を活用することにより、通常の売却に比べて、例えば50％軽減されるところにある。生涯安心権は、カップルの購入を前提として制度設計するが、もちろん、単身者の購入も可能である。

① 終身住宅利用権

生涯安心権を購入すると、まず、カップル双方が死去するまでの完全な住宅利用権が保証される。所有権は、生涯安心権購入時点で既に移転しているので、相続などの問題は生じない。固定資産税の心配も不要である。したがって、例えば、相続税支払いなどのために土地を更地にして売却するような事態は起こらない。その結果、町並みがそのまま保存されることになる。空になった住宅は、生涯安心権の一部として、再び、売りに出すことを基本とする（購入者は、大都市からのUターン者等）。

こうした、習慣が広まれば、住宅は、所有権の対象ではなく、利用権の対象であるという考え方が、徐々に市民権を得ていくことが期待される。よく考えて見ればすぐに解ることだが、生涯1軒の住宅に起

第3節 これからの地域金融　220

居するより、職場の変更やカップルの家族構成の変化などに応じて、家具つき住宅（家具は本来、住宅の大きさや、色調、イメージなどに合わせて設置されるべきものであり、また、引越しは家具を傷めることにもなる）を住み替えていくことの方が、遥かに利便性が高い。

わが国では、長い間「庭付き一戸建て住宅」の所有を理想とするような誤った（視野の狭い）住宅政策が継続されてきた一方で、**良質な家具付き賃貸住宅の**（しかも様々なサイズの）**供給はほとんど行われてこな**かった。これからの少子高齢化社会を展望すると、住宅の新築は一切不要であるという極論もあるぐらいであって、既存住宅の高度利用に焦点が移ってくるものと考えられる。このアイデアは、こうした世の中の大きな流れにも沿ったものである。

② 終身医療・介護保険（現物給付受益権）

土地・住宅の売却代金は、終身住宅利用権に次いで、（国の医療保険・介護保険を補完する）カップルの終身医療保険・介護保険の保険料に充当される。保険者は、その地域の共済などが考えられる（保険会社でも問題はない）。この場合は、カップルの健康状態などを勘案して、個別の保険料率を設定する。この医療・介護保険では、現在の民間の保険会社の商品のような現金での給付は一切行わないこととする。

もともと、地域を限定しているので、全て、現物給付（介護は在宅を基本として設計）とすることが可能である。現金給付を一切行わないことによって、ある程度、モラルリスクが排除できる（軽い風邪でも、入院給付金が貰えるので、一泊入院しようかといった誘惑がなくなる）。また、医療保険や介護保険のそもそも本来的なニーズは、現金給付ではなくて、現物給付にあることを忘れてはならない。

更に重要な点だが、この新しい医療保険は生涯安心権の一環なので、（保険とは異なり）無制限に現物給付を行うものの（ただし、実験的に行われている高度先進治療は適用除外とせざ

るを得ないと思われる。こうした医療は極端に費用が嵩むため、保険の根本理論である大数の法則にはなじまないのである)、通常の生活に付随する風邪や、下痢、あるいは神経痛などの日常慢性病などは適用除外とする。

これは、保険本来の趣旨(予測できないリスクに対処するのが、もともと保険本来の趣旨である)を勘案したものであると同時に、モラルリスク(軽い風邪でも、余分に薬を貰ってしまうなど)を排除するためでもある。

また、保険は相互扶助の仕組みでもある。そこで、生涯安心権を購入した健康なカップルは、本人の能力(資格など)と希望に従い、介護などの現物給付サービスに、優先的に従事することができるものとする。もちろん、その場合は、労働に対する対価がきちんと支払われることは、言うまでもない。なお、その場合の対価の支払いを、タイムダラーのような地域通貨で行うことも考えられる。生涯安心権を購入した人々をメンバーシップとする地域通貨を構想すれば、その地域、コミュニティの相互扶助の精神が涵養され、更に住みやすい社会が実現するであろう。

現物給付のレベルをどのように設定するかという問題は、まさに事業主体の理念に関わる問題であるが、ハイクラスの給付から、平均レベルの給付まで、さまざまなバリエーションが可能であろう。この特別な「終身医療・介護保険(現物給付受益権)」が、このアイデアの中核となる。

③ 終身年金(受給権)

終身住宅利用権を購入し、医療・介護保険の保険料に充当される。終身年金の金額は、残った代金の大小に比例する。なお、終身年金に替えて(土地・住宅の一括売却時に)一時金で受け取ることはできないものとする。

何故なら、このスキームは、生涯安心権として三位一体で構成され、税制上の優遇を受ける制度だからである。ただし、土地・住宅の売却代金が、生涯安心権を購入するために不足がある場合は、現金で残余である。

を補填することは、認められてよいだろう。また、１００％現金で生涯安心権を購入することは、何ら問題がない。何故なら、この場合は、（不動産売却益に関わる）税制上の優遇措置とはまったく無関係だからである。

大都市のサラリーマンが引退して、気に入った農山漁村に住み着こうと考えた場合、新たに住宅を建設、もしくは購入するのではなく、生涯安心権（終身年金は希望に従い付加しなくてもよい）を購入する方が、はるかに効率的ではないだろうか。

④ 生涯安心権の活用

生涯安心権は、原則として、現金に交換することはできない。その場合は、カップルの家族構成が変化するなどして、住み替えのニーズが生じてくる場合もあるだろう。その場合は、生涯安心権をいわば現価計算して、住み替えを自由に行えるものとする。同じ地域で、適当な物件（空家）に住み替える、あるいは、例えば、理念を同じくする都心の地域と農山漁村の地域が連携（業務提携）していれば、その間で住み替えることも十分可能であろう。双方の生涯安心権の現価が等価でない場合は、終身年金の金額で調整を行う、あるいは、現金で差額を支払えばよい。

このアイデアは、いわば、バーチャルな生涯安心圏―医療・介護付き高齢者ホーム（壁に囲まれた閉じた空間ではなく、いつでも移動が可能な開かれた自由な空間）を立ち上げることで、高齢者に生涯の安心感を保証し、高齢者が保有している潤沢な貯蓄を地域起こしのために（ワクフやローカルストックの形で）活用しようと企図するものである。また、このようにして立ち上げられたバーチャルな生涯安心圏は、その地域のProperty Valueとなる。このアイデアは、マイアミに見られるような高齢者タウンだけではなく、町並みの保存にも活用が可能であると考える。

事業主体は、自治体、PFI、指定管理者、官民併せたコンソーシャムなど、様々な形態が考えられてよいだろう。福祉や介護サービスが行き届いた地域は、人口吸引力が高いという分析がある。生涯安心権は、大都市の定年退職者を農山漁村に呼び戻す決め手ともなるだろう。

もっとも、わが国では、土地や住宅を子供の代で手放すことにしたいという心情が、なお、支配的であろう。先祖代々受け継いできた土地や住宅を、自分の代で手放すことには、特に地方では強い心理的な抵抗があるかも知れない。したがって、このアイデアを実現するためには、国民の意識改革がある程度必要となるだろう。

しかし、よく考えてみると、全ての子供は、同一のスタートラインに立って、自らの努力で彼らの人生を切り開いていくべきであって、「悔いなし、遺産なし」が、ひょっとすると、最も素晴らしい人生ではないだろうか。遺産が子供をスポイルする事例がないわけでもない。

いずれにせよ、いかなる地域おこしであっても、意識改革なしに行えるものは皆無である、という地平に立脚して、これからは物事を考えるべきである。意識改革なくして地域おこしが可能であるのなら、今日の地方の疲弊はあり得なかったはずである。

◇ **生涯安心権の国際連携──提案4──**

我々が理想とする21世紀の日本は、アジアの人々との交流を、単に、工場の進出などの生産局面だけで考えるのではなく、日常のグローバル化という概念で拡大していく可能性を追求する新しい日本である。

そして、日常のグローバル化を拡大していく主体は、これまでのような中央政府や大企業ではなく、都市連携地域が直接海外に結びつくオープンな構造を模索している。

生涯安心権のケースで、あり得べき具体的な国際連携の姿を、スケッチしてみよう。東京の郊外に住むAさん夫妻が、自宅を売却した代金で、信州のある地域の生涯安心権（終身年金は、厚生年金があるので付加

しなかった）を購入したのには、いくつか理由があった。まず、現在の居住地域が信州の地域と、生涯安心権に関して業務連携を行っていたため、自宅の売却代金について、減税措置が受けられた。売却した自宅は、やはり生涯安心権の中で活用されるので、作り付けの家具や造作なども適切に評価され、売却代金に含まれる（当然、家具や造作なども適切に評価され、売却代金に含まれる）。

次に、信州のその地域が、タイ北部の地域と都市連携（姉妹都市、姉妹地域）を行っており、看護スタッフを、ワーキング・ホリデーの形で信州に受け入れているばかりではなく、タイでの滞在プランも選択できるという制度を有していたことである。

タイでの滞在は、往復の飛行機代も住居費も医療・介護の費用も無料（生涯安心権から支払う）である。3年更新で、何度でも更新は可能だし、3年間で信州に戻って来ることもできる（タイには行かず、ずっと信州にいても良い。また、気候風土が体質に合わなければ、いつでも帰国できるが、その場合は若干の違約金を納める必要がある）。何よりも、安心なのは、信州から、医療スタッフ（歯医者を含めて）が常駐しており、日本語で医療サービスが受けられることである。タイは、物価が安いので、メイドを雇うこともできる。妻が、一生に一度は、メイドのいる暮らしがしてみたいと言っていたので、その希望が叶えてやれそうだ。

また、滞在している日本人も多いので、友達にも事欠かないかもしれない。Aさん夫妻は、最初から、タイ滞在プランを選択した。10年ほど住んでみて、信州に戻ってくるつもりでいる。タイでの住居は、成田発より、バンコク発の方が、チケットが安いという人もいる。海外旅行にしても、成田発より、バンコク発の方が、チケットが安いと聞いたので、子供や孫達もまとめて呼べそうだ。

受け入れるタイの方でも、高所得（厚生年金だけでもタイでは高収入になる）の定住人口の増加による経済振興に大きな期待が寄せられている。また、ワーキング・ホリデー制度で、日本語や日本の習慣を習得した看護士や介護スタッフが、タイに帰国しても引き続きその技能を活用できるので、大層、評判が良い。

人々の往来が盛んになったので、タイ北部のチェンマイ空港と信州の間は、直行便が飛ぶようになった。野菜や果物の交易量も、直行便の就航によって飛躍的に増大した（南方の果物の輸入はもちろん、信州リンゴは、タイでも人気が出てきた）。

信州のその地域には、休日などにタイの人々が憩えるよう、タイ式の仏教寺院を持つ公園が最近完成したばかりである（日本人にとっても既に新しい一つの観光スポットとなっている）。この仏教寺院の建設資金は、ワクフによって賄われた。タイの看護士に世話になった地域の人々が、休日には、お寺に参りたいというタイの人々の願いを聞き届けたのである。地域の人々が労力奉仕も買って出たので、本格的な寺院が比較的安く建設できた。お坊さんも、ワーキング・ホリデー制度を活用して、タイからやってきている。運転資金は、タイの人々の喜捨等で賄えそうであるが、地域のワクフで創設した施設なのて、地域の人々の喜捨も相当見込めそうだ。

このような、生涯安心権を核とした国際連携を構築した地方は、団塊世代の定住者争奪戦にも十分勝ち残れるのではないだろうか。これからの高齢者対策、なかんずく、医療や介護の問題は、日本国内だけで考えるのではなく、自立したそれぞれの地域が、知恵を出し合い、アジアの地域と自由に連携を深めていく中で、解決を模索すべき問題だと考える。

◇コミュニティ・マネー「トラベル」の導入─提案5─

旅の醍醐味は移動にある。見知らぬ空間を自由に移動することこそ、尽きせぬ旅の喜びの源である。何よりも、人類は、ホモ・モビリタス（移動するヒト）とも呼ばれているではないか。しかし、移動には、タクシーにせよレンタカーにせよ、多大のコストがかかる。また、見知らぬ土地については、やはり、地元の人に案内してもらうのが一番である。そこで、外国人の観光客をより多く受け入れるために、タイムダ

第3節 これからの地域金融　226

ラー型のコミュニティ・マネー「トラベル」（仮称）の導入を考えてみたい。

地方の玄関口となる空港や駅および、著名な観光スポットに、コミュニティ・マネーの相談デスクを置く（観光案内所に併設してもまったく問題はない）。希望者には、パスポートのコピーを撮り（事故などの場合に備えるため）、鮮やかな黄色の「トラベル・マネーポート」（仮称、記帳台帳）を発行する。この「トラベル・マネーポート」は、空港、駅、著名観光スポット、あるいは路上などでヒッチ・ハイクを行う場合の目印ともなる。

一方、わが国の地方では、1家1台どころか、1人1台に近いレベルまで、車が普及している。ドライブが好きで、時間に余裕のある人は、「トラベル」に参加、登録して、同様に「トラベル・マネーポート」を受け取る。愛車には、「トラベル」のワッペンと、話せる言語（自主申告で十分）の国旗をフロントガラスの所定の位置に掲示する。飛行機や列車の到着時間に合わせて、空港や駅で待機していてもよいし、幹線をドライブしていてもよい。もちろん、著名な観光スポットで待っていてもよい（しかし、効率性を勘案すれば、相談デスクからの電話連絡を待つのが一番だろう。また、空港等に駐車したら、相談デスクに、待機中である旨、連絡をすればよい）。

「トラベル・マネーポート」を振っている外国人観光客を見かけたら、ヒッチ・ハイクに応じる。そして、目的地に着いたら、ドライブの時間を、双方の「トラベル・マネーポート」に記帳する。同じように、外国語に堪能で観光案内が好きな人も、ガイドとして「トラベル」に参加、登録しておく。なお、外国人旅行者は、車や観光ガイドが必要な場合は、相談デスクに、直接あるいは電話で依頼することとする。

「トラベル・マネーポート」の基本的な仕組みであるが、発行時に、最初の上限（10時間）を設けておき、外国人旅行者が、2～3時間（2～3割）は、**掃除や食器洗いなどで、返却するというルールを作っておく**。具体的に述べれば、「トラベル」は、発行時に、最初の上限（10時間）を設けておき、外国人旅行者が、2～3時間

返却した時点で、次の10時間が、使用可能となるようなシステムが望ましいと思われる(その都度、2～3割返却すれば、無限に使えることになる)。

レストランや、旅館、ホテル、寺社仏閣などで、「トラベル」の労働時間を受け入れるところは、やはり、ワッペンで掲示する。乗せてもらった車の洗車でも、構わない。このような「トラベル」が流通すれば、単に、外国人旅行者の便宜が増すだけではなく、地域住民との草の根の交流が制度的に実現し、双方の異文化理解にとって、またとない機会が得られることになるだろう。

ドライバーや観光ガイドが、貯め込んだ「トラベル」は、ふれあい切符制度のように、その地域で流通するものとする(受けるサービスは、旅行関係に限らない。介護サービスなどでもまったく構わない)。「トラベル」の特徴として、その地域が主催する、観光客受け入れに資する外国語講座や、郷土史講座などの受講時間にも、そのまま振り替えられるというアイデアはどうだろうか。

また、「トラベル」は、原則として、円との交換は行わないものとするが、外国人観光客の受け入れ施策として、例えば、外国人観光客案内、100時間、500時間、1000時間毎に、ブルーワッペン、シルバーワッペン、ゴールドワッペン等のディスカウントなど)を段階的に与えることも十分考慮されてよいだろう。

「トラベル」を導入すれば、タクシー業界からは、猛烈な反発が生じるかも知れない。しかし、外国人観光客の中で、タクシーを使う富裕層と、「トラベル」に頼る層は、元々それほど競合しないのではないか。彼らは、「トラベル」がなければ、気長にバスを待ったり、徒歩で歩いて行くのではないだろうか。「トラベル」の導入によって、外国人観光客が増え、双方の労力提供によって、お互いの交流が深まれば、その地域全体としては、タクシー業界の減収(仮に幾分か影響があるとしても)以上の経済効果が、十分見込まれるように思われる。

「トラベル」は、インターネットなどで、うまく海外にPRすれば（私たちの地域にはヒッチハイカーを喜んで受け入れる○○人のドライバーと○○人のガイドがいます。その代金は、皆さんの汗で支払うことができます！云々）相当の集客効果があるだろう。

ところで、国内の観光客に対して「トラベル」をどう扱うかという問題がある。国内の観光客に対しては、運転免許証などに「トラベル・マネーポート」の発行を裏書きし、かつ、フリーライダー（モラル・リスク）を防ぐために、例えば、1年以内に、使った時間と同じ時間の労力提供を義務付けてはどうだろうか。フリーライダーには、「トラベル・マネーポート」の使用を（ドライバーや観光ガイドが）断るものとする（最初の発行日と残高をチェックすれば、すぐにわかる）。

また、都市連携（姉妹都市、姉妹地域）を行っている海外の地域を旅行する場合、「トラベル」を相互に開放し、同じ持ち時間分の、ヒッチ・ハイクや観光案内を相互に活用できるようにすることも一案であろう。ただし、海外の場合は、治安状況や車の普及率、道路網などベーシックな事情が、わが国とは相当に異なるので、より慎重な取り組みが要請されることはもちろんである。

■参考文献

西部忠（2002）『地域通貨を知ろう』岩波書店

出口治明（2004）『生命保険入門』岩波書店

国土交通省（2004）『観光白書　平成16年版』

国土交通省　http://www.mlit.go.jp/

http://www.maff.go.jp/　農林水産省

厚生労働省　http://www.mhlw.go.jp/

ユネスコ　http://www.unesco.or.jp/

おわりに

本書を終えるに際して、ビジネスモデルの観点から今後の「地域金融と地域づくり」を考えておきたい。ここでは「ビジネスモデル」ということばを、「どのような仕組みのビジネスを理想として追求するか」という意味で使う。当然のことだがビジネスモデルの中には、企業がそのビジネス基盤となっている経済社会との関係をどう捉え、どのように関係を構築してゆこうとしているのか、その考えが含まれている。この点に着目してここでは、①銀行ビジネスモデルの変遷を振り返るなかで地域金融機関が地域社会との関係をどう捉えてきたか②これからの地域金融機関はビジネスモデル構築に際して「地域金融と地域づくり」の関係をどのように取り込むべきか③地域社会・地域経済の側から見て、今後の発展のために地域金融の機能をどう取り込んでゆくべきか、について検討する。

通常、企業はビジネスモデルを目標すべき目標と捉えて、同業他社と競争する。また一方で企業は、ビジネスモデルが劣化・陳腐化した、あるいは、そのビジネスモデルでは自社が競争上優位に立てないと考えると、新たなビジネスモデルを開発して創業者、先行者としてのメリット享受を狙う。こうして、業界内では多様なビジネスモデルが生まれる。しかし、高度成長期に戻ってみると、「メインバンクモデル」が銀行界共通の唯一のビジネスモデルであった。

即ち、銀行の業態上の制約や、実力がないためにメインバンクになれない場合もあったが、そんな場合でも銀行はメインバンクであることを理想とし、また、メインバンク取引を個別融資取引先の収益評価の理想

231　おわりに

的な基準としてビジネスを展開してきた。メインバンクとなっている融資先の質がメイン取引に近い融資先が多ければ多いほど良い銀行と評価された。

また、「メインバンクモデル」のビジネスモデルとしての特徴は、個別の「メイン取引」が銀行全体としての経営の目標でもあった点であり、個別取引の次元と異なる全体としてのビジネスモデルという視点が表に出ていなかった点にある。このように個別取引の深耕・拡大が、即ち全体の経営目標ともなっていた理由は、銀行業への参入規制があり、また、資金調達がノンリスクでリターン一律の規制金利である預金、もしくは預金類似商品によってなされたことに求められよう。即ち「規制業」時代では、融資取引先の拡大とそこからの収益の極大化（メイン化）だけが銀行にとっての主要な経営課題であった。

そのため、地域の市場特性や銀行の資産規模といった経営全体としての経営環境は、ビジネスモデルの中で特に考慮されることはなく、「メインバンクモデル」は都市銀行にも地域金融機関にも通用する「普遍的」なビジネスモデルであった。地域金融機関にとっては、地方公共団体や地元有力企業のメインバンクになることが、経営の理想であり目標であったと言えよう。

しかし高度成長期を終えて以降の銀行業では、金利、業務、更には他の業界からの参入へと自由化・規制緩和が進んできた。最近では、二〇〇五年四月にペイオフが全面解禁された。これで、預金者リスクが明確になり、既に金利の自由化を終えていた預金はリスクについての「自由化」も完了した。また、銀行破綻時の税金投入が不要になって破綻時における政治の介入からも解放されたので、銀行は市場からの退出の「自由」を得たとも言われている。（この「自由化」の過程については西村吉正著『日本の金融制度改革』東洋経済新報社に詳しく述べられている）。

つまり、銀行は「規制業」時代を終えて「自由業時代」に突入した。銀行のビジネスモデルも、規制緩和・自由化の流れに従って変化し、次第に経営全体という次元が導入されるようになり、銀行全体として

の経営環境である市場や経営資源を考慮に入れてビジネスモデルを構築し、その成果の優劣を競う時代を迎えた。地域金融機関では、地域社会・地域経済をビジネスの中にどう取り込んでビジネスモデルを作るかが経営の課題となってきたのである。

以上の概観を踏まえて次には、「自由化」の過程で銀行のビジネスモデルがどのように変化してきたかを、やや詳しく検討してゆこう。

「規制業」時代の銀行ビジネスモデル

① メインバンクモデル1

戦後の日本は「産業の育成と国際競争力強化」を国の政策目標とした。産業部門に潤沢な低金利資金を供給するために、銀行部門から企業部門に低コスト資金を供給するパイプが築かれた。平たく言うと「銀行預金は保護するから、金利は低くても我慢してくれ」という仕組みである。預金者には預金金利が低いという負担はあったが、「全額保護と規制金利のセット」であった。大きな不満はなかったのだろう。銀行行政としては銀行を破綻させなければ預金保護ができるので、銀行「護送船団」を組んで銀行間の競争をコントロールし、銀行の破綻を防ごうとした。

そこで、銀行は潰せない、潰れないという「神話」が生まれた。また銀行は、低金利と預金全額保護の仕組みを通じて、低金利で潤沢な預金を確保できた。こうした仕組みを背景に誕生したビジネスモデルが「メインバンクモデル1」である。

「メインバンクモデル1」では、メインバンクは、取引先の発行する支払手形を自行の手形に集中してもらう。手形発行集約の結果、決済が自行口座に集中するので、決済資金滞留のメリットを受けた。また、

決済が集中する結果、メインバンクは企業の財布の中を覗くこともできた。取引先系列企業や社員との銀行取引は、メインバンクに集中するよう企業側も配慮した。その代わり、企業が業績不振に陥り破綻が懸念されると、メインバンクは資金繰りの面倒をみるなり、経営者を送るなりして破綻懸念先の面倒を見た。

② メインバンクモデル２

しかし、メインバンクになると、企業は親密な（＝メインバンクを狙っている）取引銀行に株式の引受け・買取りを要請した。企業はどの銀行に幾らの取得を期待するかを表明し、親密銀行間の競争心を煽り、また、各行のメインバンク獲得欲の程度を判定・評価した。

銀行の方でも、取引先株式取得で取引先企業に対する影響力を強化することになる。しかし株式投資の益利回り（１株当り税引後利益を株価で割ったもの）は貸出金利に比べて低く、取引先株式を大量に保有すると銀行のそろばんが合わない。そこで逆に、銀行の株式を取引先に保有してもらうことになり、株式持合い関係が生まれた。

企業と銀行が株式を持ち合うことになると、その持合関係を反映して、取引先からの金融収益を銀行間で分配する銀行間の相互理解の仕組みが生まれる。その代わり、取引企業に問題が生ずれば、株式を持ち合っている親密銀行は応分のシェアで企業再生のための負担をすることになる。これが「メインバンクモデル２」である。

しかし、「メインバンクモデル２」は銀行にとって未だ問題が残った。金融収益と保有企業株とのバランスが崩れて株式のウエイトが高まると、儲からないケースが出てくるからだ。そして現実にも、①企業が現先市場など銀行以外で高利の市場運用をするようになって銀行預金が剥落し②大口金利の自由化後で銀行にとって企業預金メリットが減少し③企業が海外市場からの資金調達など取引銀行以外からの低利

での資金調達を行うようになった。その結果、企業からの金融収益が減少して、銀行にとって取引先株式の保有がたいへんなケースが多くなった。大株主として耐えがたいケースが多くなった。銀行の役員が取引先大企業を訪問すると、社長が会ってくれて大切にしてはくれるが、銀行にとっての利益はないということが起きたのである。更には、取引採算がマイナスの有名企業との「看板取引」も増えてきた。しばらくは取引先株価の上昇で銀行の含み益は増えたが、株価が下落すると、「メインバンクモデル2」も一部の銀行とともに破綻したのである。

③貸金（審査）業モデル

1994年10月に当座預金を除く預金金利の完全自由化が終わった。預金者は自由金利を享受するのだから、預金保護が存続するなら預金者メリットは過大といわざるを得ない。金利自由化に合わせてペイオフ解禁をしておくべきであったと思われるが、既に金融機関の不良債権問題が政治課題となっていて、そのときにはペイオフ解禁は実行されなかった。

預金金利が自由化されると、そのままでは銀行のコスト増になるだけだから、銀行は貸出金利にも取引先リスクに応じた自由金利を設定しようと動いた。危ない先への貸出からは高金利を徴収しようということなので、貸金業としての金融業の原点に立ち戻ることであり、「貸金業モデル」である。

また、いざとなったら融資を受けたいという取引先ニーズに対応して、融資枠を設定して「コミットメントフィー」を徴収する銀行ビジネスも日本に輸入された。このビジネスは、メインバンクサービスの一部有料化とも考えられるので、「メインバンクモデル3」と呼ぶことができるだろう。従って「貸金業モデル」は、審査が利益を生むという「審査業モデル」でもあった。

銀行は、取引先企業のリスクを計量化し、そのリスクの程度に応じて格付けし、格付けに見合った金利を徴収しようとした。従って「貸金業モデル」は、審査が利益を生むという「審査業モデル」でもあった。

「貸金(審査)業」モデルは金融業の「原モデル」でありビジネスモデルとしての問題はないのだが、実現するには前提がある。貸出先の企業信用に比べて銀行信用が高いということである。銀行の格付けが高ければ高いほど、銀行の収益が大きくなる。逆に、銀行より高い信用力をもつ企業は自己金融力、調達資金のコストが高くなる。このモデルは実現しない。そして、銀行より高い信用力をもつ企業は自己金融力を持つことになる。また、銀行より低い信用力の企業では借入コストが高まるので、例えばオーナーが自己資金を投入するなどで、高コスト資金を銀行から借り入れることを極力防ごうとする。

現実に起こったことは、銀行に対する信用不安での銀行格付けの極端な低下であった。企業は銀行への資金調達依存を極力圧縮し、その結果企業部門全体で資金超過になった。資金循環統計によれば、民間非金融法人企業は二〇〇四年度一年間で約15兆円の資金超過となっている。

結局、銀行は企業に対する貸し出し金利を思うように引上げることができず、むしろ「金貸しの原点」に立ち続けてきた消費者金融会社にグループの中に入ってもらうとか、自らが消費者金融の世界に飛び込んで行き個人顧客を相手に「貸金業モデル」を実現しようとしている。

では、これからはどうか。銀行が信用力を回復し格付けを上げれば、企業を相手に「貸金(審査)業」モデルは実現できるのか。これからの金融環境については①企業の市場からの資金調達力はこれからも強化されるー②企業の信用格付けと関係なく政策目的に適っていれば低金利で貸出を行う政府系金融機関も存続する、と想定すると、銀行の対企業貸出での「貸金(審査)業」モデル実現に対する制約は重いと思われる。

「自由業」時代の銀行ビジネスモデル

それでは「自由業」時代に生まれた銀行ビジネスモデルとは何か。現在は未だ「自由業」時代突入時点

だから、「自由業時代」突入で生まれたビジネスモデルということになる。しかし、既に銀行のビジネスモデルは業界共有から個別分散へと変化し始めている。

① 証券化モデル

「規制業」時代から「自由業」時代に入って、銀行は「規制業」時代に膨れ上がった資産を削り、受入超過になった預金を減らそうとした。

資産削減の主要な手段は、貸出資産の証券化のために設立された特定目的会社（SPC）に貸出資産を譲渡し、SPCは譲渡資産に基づいて資産担保証券（ABS）などの有価証券を発行して投資家に売り渡すという仕組みである。

また、預金減少の主要な手段は、投資信託などの他の金融商品への振り替えである。例えば、投資信託の販売でみても銀行のシェアは高まっている。契約型公募投資信託の２００５年９月末残高は、銀行経由で販売された株式公募投信残高は17・3兆円で全体の54・3％。また公社債投資信託なども合わせた公募投資信託全体でも、銀行経由販売残高は18・3兆円で全体の37・5％になっている（データは「社団法人投資信託協会統計」）。

銀行は自己の負っているリスクを判断して、過大な貸出資産は証券化して銀行資産から分離し、過大な預金は投資信託などへ振り替えていく。「証券化モデル」である（次ページ図「証券化モデル」参照）。もし、預金に不足を生じて資金調達の必要が出てくれば、有価証券である譲渡性預金（CD）を発行して調達するから、その点でも証券化が進んでくる。

銀行はバランスシートが大きければ大きいほど①貸出資産の証券化による証券が大量に定時発行できるし、投資家のニーズに応じた多様化もできる②預金の貸付信託への振り替え量も増えるから貸付信託の品揃えも多様化でき、バーゲニングパワーも増す③資産負債管理（ALM）の選択肢が増える、ことになる。

237 おわりに

Column

◇証券化 (securitization)

通常の用法としては、契約書などの証拠証券で証明されている債権（貸出債権など）を、有価証券に転換して売却（流動化）することを指す。しかし、「金融の証券化」といったように、有価証券を利用する金融取引の金融取引全体に占める比重が増大することを指すこともある。日本の金融はこの意味でも証券化していると言えるだろう。そして、金融全体の証券化は、経済の「質」を転換するインパクトを持つ。このインパクトを、ヴェルナー・ゾンバルトは「国民経済の証券取引所化」と呼んでいる。（『ユダヤ人と経済生活』金森誠也／監修・訳、安藤勉／訳、荒地出版社1994年発行、98ページ）また同書の中でゾンバルトは、「不特定の個人に対する義務は存在しており、また人は、あらゆる人と取引をすることができる」ということが「ユダヤ債務証券法の基本理念」であり、「無記名証券の法的形式は非人格的な債務関係を表している以上、ローマ法やゲルマン法のもっとも内的な性格とは異質である」とも述べている。（同書132～133ページ）証券化は「経済文化」ともかかわっており、また、「経済文化」に対して大きな影響力を持っていることがよく分かる。証券化によって金融の流動性は増すが、相対取引の「融通性」は失われてゆく。日本の「メインバンクモデル」は銀行と企業の相対取引によって経済全体の「融通性」を高める仕組みであった。「融通性」は日本の「経済文化」とも考えられてきたから、証券化で経済の「融通性」が乏しくなると、日本の「経済文化」は変質するとも考えられる。アメリカの金融市場では日本よりも証券化は進んでいるが、金融界全体を調整する"インナーグループ"によって経済の「融通性」を確保しているようにも見える。今後日本経済の「融通性」をどう確保するのが良いのだろうか。官庁が取り仕切るのが良いのだろうか。政治家が関与するのが良いのだろうか。日本経済の「国際競争力」にもかかわる重要な課題である。

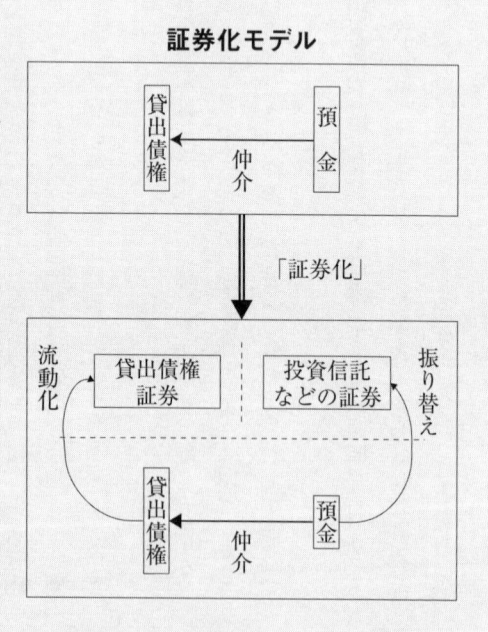

証券化モデル

合併で銀行の規模を大きくすることは、合理化効果だけではなく「証券化モデル」での利益追求にも適うことである。

② 販売業モデル

一方、小規模な銀行には預金を投資信託などの商品へ振り替えるという意味での「証券化」（証券販売）はできるが、貸付債権を証券化して販売することは難しい。もちろんある程度以上の規模の地域金融機関が連携すればメガバンク並みの規模になり、メガバンクに劣らないレベルの貸出債権流動化を行う可能性も考えられる。現に、地域金融機関の貸出債権をまとめて証券化する広域ローン担保証券を「沖縄金融特区」で実現する計画が進んでおり、二〇〇六年初に第一回の証券発行が行われる計画であると報道されている（二〇〇五年五月五日「日経金融新聞」）。

しかし、地域金融機関単体としては、メガバンクや、証券会社が「製造」した商品を地域マーケットで販売するビジネスの方に力が入る。預金が剥落しても、地域金融機関が持つ貸出債権以外の資産（国債など）は潤沢で、資産負債管理上の問題もない。そこで「証券化モデル」のうち、投資信託販売に特化した「販売業モデル」が成り立つ。

もちろん、金融商品販売では競争が激しい。販売チャネルがあれば誰にでも参入のチャンスがあるからだ。既にコンビニにはATMが置かれているが、将来は銀行代理店となることも検討されている。信託代理業や証券仲介業にも異業種から参入可能だ。

③ サービス業モデル

そこで銀行としては、「投資信託を買ってくれれば預金金利を上乗せします」とか「住宅ローン金利を下げます」という抱き合わせ販売をする。また、「販売だけではダメだ、サービスも加えて販売力を差別化しよう」という考え方で、相談係や得意先係を置くとか、大口顧客相手に相談窓口を置くことになる。

239 おわりに

この段階では未だ「販売業モデル」の範疇であるが、「サービス業モデル」ということになる。例えば、顧客管理手数料を貰って「他では得られない情報」を貰うところまで進め、「サービスの対価を貰う」というところまで進めば、「サービス業モデル」ということになる。例えば、顧客管理手数料を貰って「他では得られない情報」を貰うとか、顧客セグメンテーションを行って特定顧客のグループ会を作りメンバーフィーを貰うとかを提供するとか、顧客セグメンテーションを行って特定顧客のグループ会を作りメンバーフィーを貰うといったことである。

規制金利時代には、銀行戦略の柱の一つが、個人顧客を囲い込んで預金量を伸ばすことだったから、銀行の個人営業ノウハウは豊富である。ただし、その当時は、預金さえ貰えれば銀行は利益を確保できたので、サービスに対して手数料を貰うということではなく、むしろサービスした上にお土産まで付けるということであった。

しかし金利自由化が始まった１９９０年代からは、そうはいかなくなった。そこで、国内外の金融機関がサービス有料化を目指して、「プライベートバンキング」を試みることとなった。だが、多くのケースは失敗に終わっている。

プライベートバンキングは欧州で盛んであるが、欧州の富裕層には純然たる投資家が多く、ビジネスを通じて豊富な経済・金融情報を得ている。日本でプライベートバンキングがあまり成功しなかったのは、富裕層には事業家が多く、ビジネスを通じて豊富な経済・金融情報を得ている。日本でプライベートバンキングがあまり成功しなかったのは、富裕層が金融機関経由の情報に魅力を感じないからではないだろうか。

最近、銀行経由の投資信託販売が進んだことを受けて、また「プライベートバンキング」に挑戦しようとする銀行もあるようだ。「サービス業」モデルは日本の銀行にとっては未完のモデルであり、日本モデルを完成させながら展開していく必要があることを忘れないで欲しい。

240

地域金融機関のこれからのビジネスモデル

① 既存の銀行ビジネスモデルの組み合わせと応用

地域金融機関にとって当面の経営課題は、ビジネスモデル開発ではなく、経営戦略の確立だろう。本稿で今まで検討してきた銀行ビジネスモデルのうち「メインバンクモデル3」「貸金(審査)業モデル」「証券化モデル」「販売業モデル」「サービス業モデル」の5つを組み合わせて戦略を立ててゆくことになるだろうが、地域金融機関の規模や立地で多様な組み合わせが出てくるだろう。

ところで金融庁は、地域金融機関については「メインバンクモデル1・2」に近い「リレーションシップバンキング」の存在意義を認めている。確かに「メインバンクモデル1・2」のビジネスモデルは、①資金が特定地域金融機関に集中②取引先からの金融収益が確保されている③株式持合いがない、もしくは持ち合いの負担が過重ではない、という条件が満たされれば、地域金融市場の中で維持できるだろう。だが、このような条件が満たされているということは、地域金融市場が競争不足であるということではないだろうか。地域経済にとっては、むしろ銀行代理店を置くなどして地域金融市場の競争状況を確保し、地域の金融市場の「活性化」に取り組まなければいけない状況である。また、地域独占的な地域金融機関自身にとっても、地域における停滞企業のラストリゾート役という役どころにはまってしまうことにもなりかねない。地域独占状態を喜ぶのではなく、それを危惧し、競争相手の参入を歓迎すべきではないだろうか。

② 新しいビジネスモデル

今後5年先、10年先を考えると、「自由業」時代が進んで銀行の規模、立地などによって地域金融機関のビジネスモデルは多様化していくだろう。今までのビジネスモデルが身の丈に合わなくなり、また流行

遅になり、ビジネスモデル変革が必要になるだろう。

それでは、これから地域金融機関はどのようなタイプのビジネスモデルを研究していくべきなのだろうか。二つの例でそのイメージを示そう。

(1) 地域版会社型投資信託の例

地域金融機関のバランスシートを単純化してみると、資産サイドは国債と貸出債権、負債サイドは預金である。国債は市場で売却できるから売却できるものは売却する。貸出債権のうち売却できるものは期限が到来したら償還する。こうして得られた資金を、金融資産運用に回す。実力のある運用マネージャーを雇って、取締役会で運用方針を決定する。方針が悪ければ、株主代表が取締役を解任する、運用が悪ければ運用マネージャーを代えればよい。株式は地域の証券市場で売買される。結局、「脱銀行」で会社型投資信託ができる。預金は全部株式に転換して預金者は株主になってもらう。

何も銀行全体を会社型投信に転換する必要はない。ポイントは、会社型投資信託はサイズが精々何千億円くらいで、かつ経営者の顔が見えるところで成功し易いビジネスだ、ということである。株式投資信託一般について言えることであるが、規模が余りにも大きくなってしまうと、インデックス運用に近くなりがちである。また、投資家にとっての会社型投資信託の魅力は、会社の経営者が目で見え信頼できる点にある。地域版であれば、会社型投資信託の魅力が発揮できるのではないだろうか。

(2) 地域カードの例

カードビジネスは典型的な「規模のビジネス」と受け止められてきた。販売額に応じてフィーが入って

くるからだ。しかしこれからは、カードを購入手段としてだけではなく、サービスの媒体として使う時代だろう。既に、会員制サービス業では、会員証としてクレジットカードを使い、料金をカード会社経由でチャージするところがある。

そこで、地域で受けられるサービスをメニュー化し、地域サービスをカードで受けられる「地域サービスカード」を発行したらどうだろうか。「ショッピングカード」の地域サービス版である。カードホルダーのメリットは、地域サービスがメニュー化されているので、地域にどのようなサービスがあるのかが簡単に分かる点である。サービスの種類をタイプ分類して、索引化しておくとカードホルダーにとってはより便利だろう。サービス評価会社が、サービスに評価点を付ければ、更に利用者の便宜が増すし、まじめなサービス会社にとっては努力目標ができる。

カードは会員相互のサービス交換の媒体になれるだろうし、他のカード会員に対して提供したサービスを貯めておいて将来他の会員からサービスを返してもらうという「サービスバンキング」もできるだろう。「地域通貨効果」も期待できる。資金を仲介するのではなく、情報を仲介するので「脱銀行」になるだろうが、地域金融機関に相応しいビジネスではないだろうか。

③ シナジー効果からフュージョン効果へ

新ビジネスモデルは、地域経済や地域社会のイメージを喚起するため二つの例を示したが、新しい地域金融機関のビジネスモデルは、地域経済や地域社会を取り込むタイプのモデルになるから「脱銀行」になるだろう、というところが要点である。「脱銀行」で他の業種・業態のビジネスモデルを取り込むことになるから、他の業種・業態のビジネスモデルと銀行ビジネスを融合した「フュージョン型モデル」でもあるだろう。参入に際しては「シナジー

銀行はかつて、銀行子会社や関連会社で他業種・他業態に参入した。参入に際しては「シナジー

(synergy：相乗)効果」が期待された。しかしこれからは、銀行本体が自分の資源を他業種・他業態と融合させることによる「フュージョン（fusion：融合）効果」を目指すべきである。「自由業」の時代とは、業種・業態の壁を自ら打ち破り、真剣な相互の参入意欲がぶつかり合って付加価値を生む時代である。

「地域経済戦略」と地域金融

① 地域経済に戦略はあるか

地域経済では、地域市場に依存している小売業やサービス業は停滞し、商店街は衰退傾向である。若者人口が減っている上に、若者が地元の商店街を訪れることは稀である。また、高齢者は町を楽しむエネルギーを失いがちである。高齢者の貯蓄は多いと言われるが、なかなか使う機会がない。学生やファミリーであればライフステージに応じてまとまった消費が出てくるが、高齢者の消費はあまりにも個性的で気紛れなので、地域市場ばかりでなく消費産業全体としても、未だうまく高齢者消費を捉え切れてはいない。

少子高齢化は行政需要にも大きな影響を与える。例えば、初等教育などの全国一律で供給できる行政サービスが増大することになる。個人の実情に応じたサービスは国ではなく、地域で供給することになった行政サービスが増大することになる。かつては中央経由の意思決定や、サービスの規格化が経済的であったが、少子高齢化とともに経済性を失い、地域でのサービス供給が経済的になっているのである。

したがって、地域経済の課題は、市場でも、行政でも、個別でバラバラの個性的な需要に応じたサービスをどう提供するかにある。地域経済に責任を持つ「戦略センター」がある訳ではないが、まずは、中央経由の仕組みをより早くより広く解除して、地域経済を経済活動のセンターとすることが「地域経済戦略」となることは確かだろう。

244

また、膨張した公的債務の削減も少子高齢化で急務になるから、地域での行政財産の売却、公営企業の民営化、行政サービスの民間委託が必要になる。これもできるだけ早く、広く行うことが「地域経済戦略」となるだろう。民財化、民営化、民業化、は効率化だけではなく、地域のなかでの資産・資源利用の多様化、地域における新たな経済関係の創造、地域の持つ潜在的な資源の顕在化、といった「波及効果」を生み出すことも期待される。

　したがって、少子高齢化時代の「地域経済戦略」は、広範な地域経済のサプライサイド改革を目指すことになる。地元経済が衰退しているからといって、一時的に需要の盛り上げを図っても、イベント効果だけに終わってしまうだろう。

②金融の役割

　サプライサイド改革における、金融の役割とは何だろうか。まずは改革に伴う資金ニーズに応えることであるが、資金量だけではなく、どのような形態での金融か、またどのようなモニタリング（監視）を行うか、という金融の形・質もサプライサイド改革の成功にとって重要である。中央経由の経済を地域へ持ってきても、行政財産を民間売却しても、受け皿が放漫であれば改革効果はなくなり、中央経由、官中心の方が良かったということになりかねない。

　例えば、第三セクターの経営を例として挙げて見よう。第三セクターに対して、銀行は株式を取得し、融資を行う。場合によっては人も出す。しかし通常、銀行が「しっかり厳しく監視してください」と頼まれることはない。多くのケースで、地方自治体と長い付き合いのある地元銀行が主幹事銀行となるが、地元銀行にとって地方自治体は大事な顧客であり、地方自治体の気分を害することは一番言いそうもない金融機関である。こうなると、第三セクターの経営状態が悪くなっても地方自治体自身が「なんとかしなければ」と思うまでは放って置かれることになる。

245　おわりに

仮に第三セクターの資金調達が全額、公開の株式市場で行われたとしたらどうだろう。事業に見込みがなければ、当初の引受け手も不足するだろう。また、株式には担保がいくらか、投資先はどうなっているかを常時監視する。株主は、株価がないと思えば売却してしまう。結果的にどちらが、第三セクターにとって良かったのであろうか。株主総会では経営責任を追及するし、将来性がないと思えば売却してしまう。

サプライサイド改革の効果を出したければ、できれば公開の株式市場で調達するのが良いし、また借り入れをするなら、地域社会との関係の薄い金融機関に頼むのが良い。外資系金融機関であれば、「国際基準」に即した厳しい監視をしてくれるのではないだろうか。もっとも、地域金融機関も「貸金（審査）業モデル」段階にある。地方自治体だけが、昔のメインバンク取引を当然とする理由もなくなりつつある。

③ 新たな「国際化」への飛躍

金融機関の監視機能と同じように、地域市場全体が競争状態にあることは、サプライサイド改革の成功にとって重要である。競争不足では「談合」を防ぐことは難しい。大都市圏では、比較的競争状態を確保できるが、地方では競争相手がなく独占状態になってしまうこともあるだろう。そのためにも、地域社会を他の地域社会と多くの分野で結びつけ、できるだけ多くの人たち、多くの組織が他の地域から入ってくるようにすることが「経済戦略」としても重要である。

その観点から、地域社会が海外とのつながりをできるだけ広く多様にかつ頻繁に持つことが地域改革のためにも必要だということになるだろう。国内の他地域との関係では得られない「創造的な」競争関係を結べる可能性があるからだ。地域国際空港の間をリージョナル・コミューターが飛び交う。近隣諸国に立派なサービス業（例えば高度治療病院）があって、国内で満たされないサービス需要が容易に、場合によってはより安価に満たされる。セカンドハウスや老後のケアハウスを簡単に近隣諸国に求めることができる。こうした効果を発揮できるなら、地域版FTAを推進すべきだろう。

人間よりもお金の方がより速くより遠くへ動くことができるのだから、人間にとって近隣諸国との交流が重要なら、地域金融機関は世界全体を視野に入れて金融ビジネスのチャンスを考えて欲しい。それが地域改革の推進力にもなる。現在、地方金融機関の多くは、「BIS規制があるから、うちは国際化に縁がない」と考えているかもしれない。しかし、「証券化」のメリットは金融業における国際的な展開が可能になるということでもある。

ニューヨークやロンドンに店舗を出して、海外進出する地元企業に融資をするという古典的な海外業務ではなくて、例えば「地域版会社型投資信託」の国際版や「アラブ金融」の地域での受入れを地域金融機関に考えて欲しい。「脱銀行」まで考えるなら、BIS規制の枠を突破するのは当然だ。1990年前後にブームだった地方銀行の海外事務所はリストラの結果ほとんど閉鎖されてしまったが、地方銀行の海外展開は別のバージョンで再開すべき時期に来ている。地域金融の新たな「国際化」によって、思いもよらない「ビジネスモデル」が地域金融機関に生まれることを期待したい。

■ **参考文献**

黒川和美『黒川和美の地域激論 日本の問題、地方の問題』(ぎょうせい 2002)

西村吉正『日本の金融制度改革』(東洋経済新報社 2003)

編著者

黒川和美【くろかわ・かずよし】
法政大学経済学部教授〈「はじめに」「第1章」〉
1946年岐阜県生まれ。横浜国立大学経済学部卒業、慶應義塾大学大学院博士課程修了。法政大学助教授を経て現職。
公共選択学会会長、日本計画行政学会会長、経済政策学会常任理事。
内閣府規制改革・民間開放推進会議委員、財務省財政制度等審議会・独立行政法人評価委員会委員、国土交通省交通政策審議会臨時委員、農林水産省食料・農業・農村政策審議会臨時委員、総務省情報通信審議会委員、東京都土地評価審議会委員等。
相模原市さがみはら都市みらい研究所所長。
主な著書『公共部門と公共選択』(三嶺書房)『農業大革命』(PHP)『黒川和美の地域激論』(ぎょうせい)他多数

著　者

木村恒弍　金融ジャーナル顧問〈「第3章」「第4章」〉
國田廣光　東京財団研究推進部調査役〈「おわりに」〉
出口治明　大星ビル管理株式会社取締役〈「第5章」〉
松野由希　法政大学大学院社会科学研究科〈「第2章」〉

地域金融と地域づくり
二層の広域連携時代における地域金融の課題と役割

平成18年1月5日　　発行

編著者　　黒川和美
発　行　　株式会社　ぎょうせい
　　　　　　本社　東京都中央区銀座7-4-12(〒104-0061)
　　　　　　本部　東京都杉並区荻窪4-30-16(〒167-8088)
　　　　　　　　　電　話　編集 (03) 5349-6616
　　　　　　　　　　　　　営業 (03) 5349-6666
　　　　　　　　　URL：http://www.gyosei.co.jp

印刷　ぎょうせいデジタル(株)　　©2006 Printed in Japan
★乱丁・落丁本はおとりかえします。
ISBN 4-324-07831-9
(5106975-00-000)
〔略号：地域金融〕

自治体の経営を再建し、多様化する住民のニーズに応えるために……
市町村合併時代の今、あらためて「広域行政」を検証する。

広域行政と自治体経営

財団法人東京市町村自治調査会/監修
牛山久仁彦（明治大学助教授）/編著
A5判・定価2,100円（本体2,000円+税）

◆非近接市町村の連携、県域を超える広域行政、広域行政による
　サービスと負担など、想定されるさまざまな課題について検討。
◆市町村合併のメリット・課題を再検証し、広域行政の位置づけ
　を問いなおす解説書。
◆各地域の先進的な取組みがわかるコラムを多数収録。
◆図・グラフを多用したわかりやすいレイアウト。

―― 目　次 ――

第1章　自治体の経営と広域行政
第2章　広域行政の制度と市町村合併
第3章　市町村連携の現状と多様性
第4章　分権時代の市町村連携
第5章　広域行政の可能性と改革方策

株式会社ぎょうせい

本社　東京都中央区銀座7-4-12　〒104-0061
本部　東京都杉並区荻窪4-30-16　〒167-8088
電話（03）5349-6663・6666　FAX（03）5349-6677
URL:http://www.gyosei.co.jp